A PSICOLOGIA DO DINHEIRO

A PSICOLOGIA DO DINHEIRO

Como tomar
decisões
financeiras
mais
inteligentes

DAN ARIELY
E JEFF KREISLER

Título original: *Dollars and Sense*

Copyright © 2017 por Dan Ariely e Jeff Kreisler
Copyright da tradução © 2019 por GMT Editores Ltda.

Todos os direitos reservados. Nenhuma parte deste livro pode ser utilizada ou reproduzida sob quaisquer meios existentes sem autorização por escrito dos editores.

Este livro busca fornecer aos leitores uma visão geral do pensamento financeiro e de como ele funciona. Não foi criado para ser um guia de investimentos definitivo nem para substituir os conselhos de um consultor financeiro qualificado ou de outro profissional versado no assunto. Dado o risco envolvido em qualquer tipo de investimento, não há garantia de que os métodos sugeridos neste livro serão rentáveis. Deste modo, nem a editora nem os autores assumem a responsabilidade por qualquer tipo de prejuízo que possa ocorrer da aplicação dos métodos propostos aqui, rejeitando assim qualquer responsabilidade dessa natureza.

tradução: Ivo Korytowski
preparo de originais: Ellen Kerscher
revisão: Ana Grillo, Luis Américo Costa e Melissa Lopes
adaptação de projeto gráfico e diagramação: DTPhoenix Editorial
capa: Milan Bozic
adaptação de capa: Gustavo Cardozo
impressão e acabamento: Bartira Gráfica

CIP-BRASIL. CATALOGAÇÃO NA PUBLICAÇÃO
SINDICATO NACIONAL DOS EDITORES DE LIVROS, RJ

A746p

Ariely, Dan
    A psicologia do dinheiro / Dan Ariely, Jeff Kreisler ; tradução Ivo Korytowski. - 1. ed. - Rio de Janeiro : Sextante, 2023.
    272 p. ; 23 cm.

    Tradução de: Dollars and sense
    ISBN 978-65-5564-703-7

    1. Moeda - Aspectos psicológicos. 2. Finanças pessoais - Aspectos psicológicos. I. Kreisler, Jeff. II. Korytowski, Ivo. III. Título.

23-83969

CDD: 332.024
CDU: 330.567.22

Meri Gleice Rodrigues de Souza - Bibliotecária - CRB-7/6439

Todos os direitos reservados, no Brasil, por
GMT Editores Ltda.
Rua Voluntários da Pátria, 45 – 14º andar – Botafogo
22270-000 – Rio de Janeiro – RJ
Tel.: (21) 2538-4100
E-mail: atendimento@sextante.com.br
www.sextante.com.br

AO DINHEIRO

Pelas coisas maravilhosas que você faz para nós,
pelas coisas terríveis que causa em nossa vida
e por tudo mais que nos traz.

SUMÁRIO

INTRODUÇÃO   9

PARTE I
O QUE É O DINHEIRO?

1 NÃO APOSTE NELE   15
2 A OPORTUNIDADE BATE À PORTA   19
3 UMA PROPOSIÇÃO DE VALOR   26

PARTE II
COMO ESTIMAMOS O VALOR DE FORMAS
QUE POUCO TÊM A VER COM VALOR

4 ESQUECEMOS QUE TUDO É RELATIVO   33
5 COMPARTIMENTALIZAMOS   52
6 EVITAMOS A DOR   71
7 CONFIAMOS EM NÓS MESMOS   99
8 SUPERVALORIZAMOS O QUE TEMOS   116
9 PREOCUPAMO-NOS COM ESFORÇO E JUSTIÇA   135

10 ACREDITAMOS NA MAGIA DA LINGUAGEM E DOS RITUAIS   153

11 SUPERVALORIZAMOS AS EXPECTATIVAS   170

12 PERDEMOS O CONTROLE   185

13 SUPERENFATIZAMOS O DINHEIRO   199

PARTE III

E AGORA? CONSTRUINDO COM BASE NO PENSAMENTO FALHO

14 APLIQUE SEU DINHEIRO ONDE SUA MENTE ESTÁ   213

15 CONSELHO GRÁTIS   223

16 CONTROLE-SE   224

17 NÓS CONTRA ELES   233

18 PARE E PENSE   249

AGRADECIMENTOS   255

NOTAS   257

INTRODUÇÃO

Em 1975, Bob Eubanks apresentou um programa de auditório chamado *The Diamond Head Game*, em referência ao famoso vulcão de mesmo nome situado no Havaí. O programa trazia uma rodada de prêmios bem peculiar chamada "O Vulcão de Dinheiro". Os participantes entravam numa cabine de vidro que logo se transformava em um túnel de vento forte, com dinheiro voando por todos os lados. As notas rodopiavam e tremulavam pela cabine enquanto os participantes se esforçavam para agarrar o maior número que conseguissem antes que o tempo se esgotasse. Era divertidíssimo: durante 15 segundos ficava claro que nada no mundo era mais importante do que o dinheiro.

Até certo ponto, estamos todos nessa cabine. Vivemos dentro do Vulcão de Dinheiro de uma forma menos óbvia, mas a verdade é que temos jogado esse jogo por muitos anos, de inúmeras maneiras. A maioria de nós pensa em dinheiro quase o tempo todo: quanto temos, de quanto precisamos, como conseguir mais, como manter o que temos e quanto nossos vizinhos, amigos e colegas recebem, gastam e guardam. Extravagâncias, contas a pagar, oportunidades, liberdade, estresse: o dinheiro afeta todos os aspectos da vida moderna, dos orçamentos familiares à política nacional, das listas de compras às contas de poupança e outros tipos de aplicação.

E há algo novo em que se pensar a cada dia, à medida que o mundo financeiro torna-se mais complexo, que contratamos diferentes tipos de financiamento, empréstimos e seguros e que vivemos mais, passando mais tempo aposentados e nos defrontando com tecnologias financeiras e investimentos cada vez mais complicados.

Pensar muito sobre dinheiro seria ótimo se isso nos ajudasse a tomar decisões melhores. Mas não é o que acontece. A verdade é que tomar más decisões nessa área é algo próprio da natureza humana. Somos Ph.D.s em bagunçar nossas vidas financeiras.

Dito isso, considere as seguintes perguntas:

- Você acha que faz diferença usar cartão de crédito ou dinheiro para pagar suas compras? Afinal, você vai gastar o mesmo valor, certo? Na verdade, estudos mostram que estamos dispostos a gastar mais quando usamos cartão de crédito. O uso do cartão aumenta a nossa tendência a subestimar ou esquecer quanto gastamos.
- Para você, qual seria o melhor negócio: um chaveiro que abre uma porta em dois minutos e cobra R$ 100,00 ou um que leva uma hora e cobra os mesmos R$ 100,00? A maioria das pessoas acha que aquele que leva mais tempo é o melhor, porque trabalha com mais cuidado e custa menos por hora. Mas e se o chaveiro que levou mais tempo teve que tentar várias vezes, quebrou um monte de peças ou ferramentas antes de conseguir e, por isso, acabou cobrando R$ 120,00? Surpreendentemente, a maioria das pessoas ainda acha que usar esse chaveiro é mais vantajoso do que aquele mais rápido, embora tudo que ele faça seja gastar uma hora do nosso tempo com sua incompetência.
- Você acha que estamos poupando o suficiente para quando nos aposentarmos? Temos noção, ainda que vagamente, de quando vamos parar de trabalhar, de quanto teremos recebido e poupado, de quanto nossos investimentos terão rendido e quais serão nossas despesas para o número exato de anos que viveremos depois? Não? Ficamos tão assustados com o planejamento da aposentadoria que, de modo geral, poupamos menos de 10% do que precisamos, não temos confiança

de que estejamos guardando o bastante e acreditamos que vamos ter que trabalhar até os 80 anos, ainda que nossa expectativa de vida seja menor. Bem, aí está um jeito de reduzir as despesas na aposentadoria: nunca se aposente.
➢ Você acha que somos espertos quando o assunto é o gerenciamento do nosso tempo? Ou na verdade passamos mais tempo correndo atrás de um posto de gasolina que cobre alguns centavos a menos do que tentando achar um financiamento imobiliário com taxas mais baixas?

Pensar em dinheiro não nos ajuda a tomar boas decisões financeiras e, além disso, o simples fato de pensar em dinheiro nos modifica de modo profundo e inquietante.[1] Nos Estados Unidos, o dinheiro é o maior motivo de divórcios[2] e a causa número um de estresse.[3] No Brasil, o dinheiro também é uma das principais causas de estresse, juntamente com o medo da violência e do desemprego. É comprovado que somos piores em resolver qualquer tipo de problema quando estamos passando por complicações financeiras.[4] Uma série de estudos mostrou que os mais ricos, particularmente quando lembrados de que são ricos, costumam agir de forma menos ética do que as pessoas com renda mediana,[5] ao passo que outro estudo constatou que, só de verem imagens de dinheiro, as pessoas ficam mais propensas a roubar do lugar onde trabalham, a contratar um colega de caráter duvidoso ou a mentir para obter vantagem.[6] Pensar em dinheiro literalmente mexe com a nossa cabeça.

Dada a importância do dinheiro – para nossa vida, para a economia e para a sociedade – e dados os desafios de pensar sobre ele de forma racional, o que podemos fazer para melhorar nossa forma de pensar? A resposta padrão para essa pergunta costuma ser "educação financeira". Infelizmente, lições de educação financeira, à semelhança daquelas sobre como comprar um carro ou obter um financiamento imobiliário, tendem a ser esquecidas rapidamente, com impacto de longo prazo quase nulo sobre as nossas ações.

Assim sendo, este livro não tem a intenção de "educar financeiramente" ou lhe dizer o que fazer com seu dinheiro cada vez que abrir a carteira. Em vez disso, vamos explorar alguns dos erros mais comuns que cometemos em relação ao dinheiro e, mais importante, por que os cometemos. Dessa forma, quando enfrentarmos nossa próxima decisão financeira, talvez sejamos mais capazes de entender as forças em jogo e de fazer escolhas melhores. Ou ao menos de fazer escolhas com base em mais informação.

Vamos lhe apresentar algumas pessoas e compartilhar as histórias delas. Mostraremos o que elas fizeram em determinadas situações. Depois explicaremos o que a ciência nos diz sobre as experiências de cada uma. Algumas dessas histórias são verídicas; outras são, como nos filmes, "*baseadas em fatos reais*". Algumas dessas pessoas tomam atitudes razoáveis. Outras são bem menos espertas. Elas podem se enquadrar em alguns estereótipos porque vamos enfatizar, até exagerar, algumas dessas características para realçar certos comportamentos comuns. Esperamos que todos reconheçam a humanidade, os erros e a promessa em cada uma dessas histórias e entendam como elas se refletem em nossa vida.

Este livro revela como pensamos sobre dinheiro e os erros que cometemos ao pensar nele. Ele discute as lacunas entre a nossa compreensão consciente de como o dinheiro funciona, como realmente o usamos e como deveríamos pensar sobre ele antes de usá-lo. E apresenta os desafios que enfrentamos ao raciocinar sobre dinheiro e os erros mais comuns que cometemos ao gastá-lo.

Você saberá gastar o seu dinheiro com mais sabedoria depois de ler este livro? Com certeza. Talvez. Um pouco. Provavelmente.

No mínimo, acreditamos que revelar as forças complexas por trás das decisões financeiras pode melhorar a relação com as nossas finanças. Acreditamos também que, entendendo o impacto do dinheiro sobre nosso pensamento, seremos capazes de tomar melhores decisões *não financeiras*. Por quê? Porque nossas decisões em relação a dinheiro envolvem mais do que apenas dinheiro. As mesmas forças que moldam nossa realidade nessa área também influenciam a maneira como valorizamos o que é importante no resto de nossa vida: como passamos nosso tempo, gerenciamos nossa carreira, aceitamos outras pessoas, desenvolvemos relacionamentos, ficamos felizes e, enfim, como entendemos o mundo à nossa volta.

Em termos mais simples, este livro vai fazer com que tudo melhore. Não é um excelente custo-benefício?

PARTE I

O QUE É O DINHEIRO?

1

NÃO APOSTE NELE

George Jones precisa relaxar. O trabalho é estressante, as crianças estão brigando o tempo todo e o dinheiro anda apertado. Assim, numa viagem a trabalho para Las Vegas, ele vai direto para um cassino. Estaciona, de graça, no final de uma rua movimentada e entra distraidamente, de cabeça baixa, no universo paralelo do cassino.

O som o desperta do seu estupor: música dos anos 1980 e barulho de caixas registradoras misturados ao tilintar de moedas e ao retinir de mil máquinas caça-níqueis. Ele não sabe há quanto tempo está no cassino. Não há relógios, mas, a julgar pelas pessoas mais velhas curvadas em frente às máquinas, pode já ter sido uma vida inteira. Foram provavelmente cinco minutos. Talvez não esteja longe da entrada, mas ele também não consegue ver a entrada... ou a saída... ou portas, janelas, corredores ou quaisquer outros meios de se mandar dali. Apenas luzes cintilantes, garçonetes em trajes sumários levando bebidas e pessoas que estão ou em êxtase ou sofrendo... mas nunca nada entre essas duas situações.

Máquinas caça-níqueis? Claro, por que não tentar? Na primeira tentativa, *por pouco* não ganha uma bolada. Assim, ele passa 15 minutos colocando mais notas na máquina para recuperar o dinheiro perdido. Ele não consegue ganhar, mas *quase* acerta algumas vezes.

Depois que a carteira fica livre das notas de valor mais baixo, George saca US$ 200,00 num caixa eletrônico – sem se preocupar com a tarifa de US$ 3,50 porque vai recuperá-la na primeira mão vencedora – e senta-se à mesa de *blackjack*, também conhecido como Vinte e Um. Em troca de 10 notas novinhas de US$ 20,00, a crupiê lhe dá uma pilha brilhante de fichas de plástico vermelhas. Elas ostentam uma foto do cassino, com algumas penas, um arco e também uma tenda indígena. Cada uma vale US$ 5,00, mas elas não se parecem nada com dinheiro. Parecem brinquedos. George as manuseia, brinca com elas na mesa, observa as pilhas dos outros oscilarem e cobiça o estoque multicolorido da crupiê.

Uma garçonete bonita e simpática leva algumas bebidas de cortesia para George. De graça! Que ótimo negócio! Ele já está levando vantagem. Então dá de gorjeta para ela uma pequena ficha de plástico.

George aposta. George se diverte. George sente um pouco do inverso da diversão. Ele ganha um pouco, perde mais. Às vezes, quando as chances parecem estar a seu favor, dobra a aposta, arriscando quatro fichas em vez de duas, seis em vez de três. Acaba perdendo os US$ 200,00. De algum modo evita repetir as façanhas dos seus colegas de mesa de acumularem pilhas gigantes de fichas num minuto para logo depois estenderem bolos de notas para comprar mais um monte de fichas novas. Alguns deles estão de bom humor, outros ficam irados quando erram a mão, mas nenhum parece do tipo que pode se dar ao luxo de perder US$ 500,00 ou US$ 1.000,00 em uma hora. Mesmo assim, isso se repete, de novo e de novo e de novo.

Naquela mesma manhã, George tinha deixado de tomar café na lanchonete porque poderia economizar US$ 4,00 usando a cafeteira do quarto do hotel. Mas na mesma noite ele se desfez de 40 fichas de US$ 5,00 sem pestanejar. Sério, deu até uma ficha à garçonete por ser tão legal!

O QUE ESTÁ ACONTECENDO AQUI?

Os cassinos aperfeiçoaram a arte de tomar nosso dinheiro, portanto é um pouco injusto da nossa parte começar por esse exemplo. Mesmo assim, a experiência de George nos dá um vislumbre rápido e claro de alguns dos erros psicológicos que cometemos, mesmo em ambientes menos maliciosos.

Eis alguns fatores em jogo sob as luzes deslumbrantes do salão do cassino. Examinaremos cada um deles com mais detalhes nos capítulos seguintes:

Contabilidade mental. George está preocupado com as finanças dele – como mostra sua decisão de economizar dinheiro no café da manhã –, mas gasta tranquilamente US$ 200,00 no cassino. Essa contradição ocorre, em parte, porque ele coloca aquele cassino em uma "conta mental" diferente daquela do café. Ao pegar seu dinheiro e converter em fichas de plástico, abre um fundo de "entretenimento", enquanto seu outro gasto é considerado algo como "despesas diárias". Esse truque o ajuda a se sentir de modo diferente em relação a cada um dos dois tipos de despesa, mas ambos os modos fazem realmente parte de uma só conta: "o dinheiro do George".

O preço do que é grátis. George fica empolgado por estacionar de graça e ganhar bebidas de cortesia. Certo, ele não está pagando por isso diretamente, mas essas coisas "grátis" deixam George de bom humor no cassino e prejudicam seu julgamento. Esses itens "gratuitos" na verdade caracterizam um alto preço a se pagar. Existe um ditado que diz que as melhores coisas da vida são de graça. Pode ser. Mas o que parece grátis muitas vezes acaba nos custando caro de formas que a gente nem imagina.

A dor do pagamento. George não sente que está gastando dinheiro ao usar as fichas coloridas do cassino para apostar ou dar gorjetas. Sente só que está brincando. Sem sentir a perda de dinheiro a cada ficha, sem ter plena noção do que está gastando, ele fica menos consciente de suas opções e menos atento às implicações de suas decisões. Gastar fichas de plástico não dá a sensação real de pagar com notas de papel, então ele continua e não para de gastar.

Relatividade. Aquela gorjeta de US$ 5,00 que George deu à garçonete – por uma bebida grátis – e a tarifa de US$ 3,50 no caixa eletrônico não parecem altas comparadas com as pilhas de fichas que o cercam na mesa de *blackjack* ou os US$ 200,00 que ele sacou no caixa eletrônico. Aquelas são quantias *relativamente* baixas, e por pensar nelas em termos relativos, fica mais fácil para ele ir em frente e gastar. No início do dia, porém, os US$ 4,00 do cafezinho, comparados com o café grátis no quarto do hotel, pareciam um gasto relativamente alto.

Expectativas. Cercado pelos sinais e sons do dinheiro – máquinas caça-níqueis, luzes brilhantes, símbolos de dólar espalhados pelo ambiente –, George imagina que é James Bond, o agente 007, charmoso e fatal, vencendo contra todas as chances os supervilões à mesa de jogo.

Autocontrole. Jogar, é claro, é um problema sério – um vício até – para muitas pessoas. Para nosso objetivo neste livro, porém, podemos simplesmente dizer que George, influenciado pelo estresse e pelo ambiente, pelos funcionários simpáticos e pelas oportunidades "fáceis", sente dificuldade em resistir à tentação de apostar por impulso em vez de pensar nos benefícios a longo prazo de dispor desses US$ 200,00 a mais quando se aposentar.

Todas essas situações podem parecer exclusivas de um cassino, mas na verdade o mundo "real" é bem mais parecido com um cassino do que gostaríamos de admitir: afinal, em 2016, os Estados Unidos elegeram um dono de cassino como presidente. Embora nem todos aliviem o estresse apostando, enfrentamos desafios de tomada de decisões semelhantes em termos de contabilidade mental, gratuidade, dor do pagamento, relatividade, autocontrole e mais. Os erros que George comete no cassino acontecem em muitos aspectos do nosso cotidiano. Esses equívocos estão fundamentalmente enraizados em nossa má interpretação básica da natureza do dinheiro.

Embora a maioria de nós acredite ter uma noção razoável sobre esse assunto, a verdade surpreendente é que não entendemos o que o dinheiro é e o que faz a nosso favor – e, mais surpreendentemente, o que ele causa em nós.

2

A OPORTUNIDADE BATE À PORTA

Então, o que exatamente é o dinheiro? O que faz a nosso favor e o que causa em nós?

Esses questionamentos, sem sombra de dúvida, nunca passaram pela cabeça de George no cassino e raramente passam pela nossa cabeça, se é que passam alguma vez. Mas são perguntas importantes, e um ótimo ponto de partida para este livro.

O dinheiro representa *VALOR*. Ele em si não tem valor. Apenas *representa* o valor de outras coisas que podemos obter com ele. É só um mensageiro de valor.

O dinheiro torna fácil avaliar bens e serviços, permitindo sua troca. Ao contrário dos nossos antepassados, não precisamos gastar um tempo permutando, pilhando ou saqueando para satisfazer as nossas necessidades básicas.

Existem certas características especiais do dinheiro que o tornam útil:

- ➢ Ele é **genérico**: Podemos trocá-lo por quase tudo.
- ➢ Ele é **divisível**: Pode ser aplicado a quase qualquer artigo de qualquer tamanho, não importa quão grande ou quão pequeno este seja.

- ➢ **É intercambiável**: Não precisamos de uma peça de moeda específica, porque ele pode ser substituído por qualquer outra peça representando o mesmo valor. Qualquer nota de R$ 10,00 vale tanto quanto outra nota de R$ 10,00, não importa onde e como a obtemos. Isso se chama fungibilidade.
- ➢ **É armazenável**: Pode ser usado a qualquer momento, agora ou no futuro. O dinheiro não fica velho nem se deteriora, ao contrário de carros, móveis, vegetais orgânicos ou uniformes de colégio.

Em outras palavras, qualquer quantidade de qualquer dinheiro pode ser usada a qualquer momento para comprar (quase) tudo. Esse fato essencial nos ajudou, como *Homo irracionalis*, a parar de permutar mercadorias uns com os outros diretamente e, em vez disso, a usar um símbolo – o dinheiro – para trocar bens e serviços de modo bem mais eficaz. Isso, por sua vez, dá ao dinheiro seu aspecto final e mais importante: é um *BEM COMUM*, ou seja, pode ser usado por qualquer um e para (quase) qualquer coisa.

Quando consideramos todas essas características, é fácil ver que não haveria vida moderna como a conhecemos sem o dinheiro. O dinheiro nos permite poupar, testar coisas novas, compartilhar e nos especializar – como professores ou artistas, advogados ou fazendeiros. O dinheiro nos libera para usar nosso tempo e nosso esforço para praticar todo tipo de atividade, para explorar nossos talentos e paixões, para aprender coisas novas e para desfrutar a arte, o vinho e a música, que não seriam facilmente acessíveis sem ele.

O dinheiro mudou a condição humana tanto quanto qualquer outro avanço – como a prensa tipográfica, a roda, a eletricidade ou até mesmo os *reality shows*.

Embora seja necessário reconhecer a importância e a utilidade do dinheiro, infelizmente alguns dos seus benefícios são também a fonte de suas maldições. Elas criam muitas das dificuldades que o acompanham. Como disse o "grande filósofo" e rapper americano Notorious B.I.G., "mais dinheiro, mais problemas".

Para examinarmos as bênçãos e maldições do dinheiro – pois existem literalmente os dois lados da moeda – vamos parar para refletir sobre sua natureza genérica. Não há dúvida de que a capacidade de trocar dinheiro por uma variedade quase infinita de objetos e serviços é algo crucial e maravilhoso, mas também significa que a complexidade das decisões envolvendo dinheiro é incrivelmente alta.

Apesar da expressão popular, comparar alhos com bugalhos é realmente bem fácil. Por exemplo, se estivermos diante de um prato de frutas e alguém perguntar se preferimos laranja ou maçã, será fácil responder. Mas, se nessa equação estiver envolvido dinheiro e precisarmos decidir se estamos dispostos a pagar R$ 1,00 ou R$ 0,50 por aquela maçã, a decisão ficará mais difícil. Se o preço da maçã for R$ 1,00 e a laranja custar R$ 0,75, a questão fica ainda mais complexa. Sempre que o dinheiro é acrescentado, *qualquer* decisão fica mais difícil!

OPORTUNIDADE PERDIDA

Por que essas decisões envolvendo dinheiro tornam-se mais complicadas? Por causa dos CUSTOS DE OPORTUNIDADE.

Quando levamos em conta as características especiais do dinheiro – que ele é genérico, divisível, armazenável, intercambiável e, sobretudo, que é um bem comum –, fica claro que podemos fazer quase qualquer coisa com ele. Mas o fato de podermos fazer *quase qualquer coisa* com ele não significa que possamos fazer *tudo*. Precisamos realizar escolhas. Precisamos fazer sacrifícios. Precisamos escolher coisas que vamos *deixar* de fazer. O que significa que com certeza precisamos, conscientemente ou não, examinar os custos de oportunidade sempre que usamos dinheiro.

Custos de oportunidade são alternativas. São coisas de que nos privamos, agora ou mais tarde, para que possamos fazer outras coisas. São as oportunidades que sacrificamos quando temos que optar por isto ou aquilo.

A forma como *deveríamos* pensar sobre o custo de oportunidade do dinheiro é que, quando gastamos dinheiro num item, não podemos gastar esse mesmo montante em outro item, nem agora nem em qualquer momento futuro.

Imagine, de novo, que estamos diante do prato de frutas, mas agora num mundo que só possui dois produtos: uma maçã e uma laranja. O custo de oportunidade de comprar uma maçã é renunciarmos à laranja, e o custo de oportunidade de comprar uma laranja é renunciarmos à maçã.

De forma semelhante, os US$ 4,00 que nosso amigo do cassino, George, poderia ter gastado com café na lanchonete talvez fossem usados na passagem de ônibus, ou em parte do almoço, ou nos petiscos nas reuniões dos Jogadores Anônimos às quais comparecerá daqui a uns anos. Ele não estaria abrindo mão de US$ 4,00, mas sim abrindo mão das oportunidades que aquele valor poderia fornecer agora ou no futuro.

Para termos uma ideia melhor da importância do custo de oportunidade e por que deixamos de levá-lo em conta, imagine que você separe R$ 1.000,00 todas as segundas-feiras e que esse seja todo o dinheiro que pode gastar na semana. No começo da semana, você pode não pensar nas consequências de suas decisões. Você não percebe do que está abrindo mão, na segunda-feira, ao pagar o jantar, tomar um drinque ou adquirir aquela camisa bonita que estava namorando. Mas, conforme os R$ 1.000,00 vão diminuindo e a sexta-feira se aproxima, você se vê com apenas R$ 8,00 sobrando. Aí fica bem mais claro que os custos de oportunidade existem e que o que você gastou no início da semana está afetando o que ainda pode gastar agora. Sua decisão de pagar pelo jantar, pelos drinques e pela camisa na segunda-feira deixa você com uma escolha difícil no domingo: dá para comprar o jornal ou uma média com pão na chapa no bar da esquina, mas não as duas coisas. Na segunda-feira, você tinha um custo de oportunidade para ponderar, mas isso não estava tão claro para você. Agora, no domingo, quando o custo de oportunidade enfim está claro, é tarde demais.

Assim, os custos de oportunidade são aquilo em que *deveríamos* pensar ao tomarmos decisões financeiras. Deveríamos levar em conta as alternativas de que estamos abrindo mão ao optarmos por gastar dinheiro agora. Mas não pensamos suficientemente nos custos de oportunidade, ou nem sequer pensamos neles. Esse é nosso maior erro envolvendo dinheiro e a razão pela qual cometemos tantos outros erros. É a base frágil sobre a qual nossas casas financeiras se erguem.

Alguns anos atrás, Dan e um auxiliar de pesquisa foram a uma concessionária da Toyota e perguntaram às pessoas presentes do que elas abririam mão se comprassem um carro novo. Quase ninguém soube responder. Nenhum dos compradores havia dedicado tempo significativo a refletir que os milhares de dólares que estavam prestes a gastar num carro poderiam ser usados em outras coisas. Assim, Dan tentou ir mais fundo na próxima

> **UM QUADRO MAIS AMPLO**
>
> Os custos de oportunidade não se restringem ao domínio das finanças pessoais. Eles têm ramificações globais, como o presidente americano Dwight Eisenhower observou em um discurso, em 1953, sobre a corrida armamentista:
>
> Toda arma que é produzida, todo navio de guerra lançado, cada foguete disparado significa, no fim das contas, um roubo daqueles cuja fome não é saciada, daqueles que sentem frio e não são agasalhados. Este mundo armado não está gastando dinheiro sozinho. Está gastando o suor dos seus trabalhadores, o talento dos seus cientistas, as esperanças das suas crianças. O custo de um bombardeiro pesado moderno é este: uma escola de tijolos moderna em mais de 30 cidades. São duas centrais elétricas, cada uma servindo uma cidade com população de 60 mil habitantes. São dois ótimos hospitais, plenamente equipados. São uns 80 quilômetros de estrada com pavimento de concreto. Pagamos por um único avião bombardeiro meio milhão de alqueires de trigo. Pagamos por um só destróier novas casas que poderiam ter abrigado mais de 8 mil pessoas.
>
> Sorte nossa que a maioria das interações pessoais, em termos de custos de oportunidade, está mais para o preço de uma maçã do que para o custo de artefatos bélicos.

pergunta e indagou quais produtos e serviços específicos não conseguiriam obter se fossem em frente e comprassem aquele Toyota. A maioria das pessoas respondeu que, se comprassem um Toyota, não poderiam comprar um Honda, ou algum outro carro. Poucas pessoas responderam que não poderiam viajar à Espanha naquele verão e ao Havaí no ano seguinte, ou que não poderiam jantar num bom restaurante duas vezes por mês nos próximos anos, ou que teriam que abrir mão de quitar o financiamento do imóvel. Pareciam incapazes de pensar, ou talvez até relutantes em pensar, no dinheiro que estavam para gastar como uma capacidade potencial que tinham de adquirir uma série de outros bens e experiências no futuro. Isso ocorre porque o dinheiro é tão abstrato e genérico que temos dificuldade em imaginar os custos de oportunidade ou levá-los em conta. Basicamente, nada específico vem à mente quando gastamos dinheiro, exceto aquilo que estamos pensando em comprar, seja um produto ou serviço.

Nossa incapacidade de levar em conta os custos de oportunidade, bem como nossa resistência geral em fazê-lo, não se limita à compra de um carro. Quase sempre deixamos de analisar plenamente as alternativas. E, infelizmente, ao deixarmos de examinar esses custos de oportunidade, há grandes chances de que nossas decisões não atendam a nossos melhores interesses.

Vamos pensar agora na experiência de compra de um sistema de som descrita por Shane Frederick, Nathan Novemsky, Jing Wang, Ravi Dhar e Stephen Nowlis em um artigo apropriadamente intitulado "Opportunity Cost Neglect" (Negligência do custo de oportunidade). No experimento, pediram a um grupo de participantes que decidissem entre um sistema de som da marca Pioneer custando US$ 1.000,00 e um da marca Sony no valor de US$ 700,00. Um segundo grupo precisou escolher entre um Pioneer de US$ 1.000,00 e um pacote em que, por US$ 1.000,00, poderiam obter o Sony *mais* um crédito de US$ 300,00 a ser gasto apenas em CDs.

Na realidade, os dois grupos estavam optando entre formas diferentes de gastar aqueles US$ 1.000,00. O primeiro grupo optou entre gastar tudo num Pioneer ou gastar US$ 700,00 num Sony e US$ 300,00 em outras coisas. O segundo grupo optou entre gastar tudo num Pioneer ou gastar US$ 700,00 num Sony e US$ 300,00 em música. Os resultados mostraram que o sistema de som Sony foi uma escolha bem mais popular quando acompanhado por US$ 300,00 em CDs do que quando vendido sem eles. Por que isso é estranho? Bem, a rigor, US$ 300,00 sem restrição de uso valem mais do que US$ 300,00 que só podem ser gastos em CDs, porque podemos comprar qualquer coisa com o dinheiro irrestrito – inclusive CDs. Mas, quando os US$ 300,00 foram apresentados como destinados a CDs, os participantes os acharam mais atraentes. Isso porque US$ 300,00 em CDs é bem mais concreto e definido do que apenas US$ 300,00 em "qualquer coisa". No caso do valor para compra de CDs, sabemos o que estamos obtendo. É tangível e fácil de mensurar. Quando a destinação do valor é abstrata e genérica, não evocamos as imagens específicas de como iremos gastá-lo e as forças emocionais ou motivacionais em nós são menos impactantes. Esse é apenas mais um exemplo de como, quando representamos o dinheiro de forma genérica, acabamos por subestimá-lo, ao contrário do que ocorre quando temos uma representação específica desse dinheiro.[1]

Sim, o experimento fala de CDs, produtos já um tanto obsoletos, mas o fato é: as pessoas se surpreendem quando são lembradas de que existem formas diferentes de se gastar dinheiro, seja em férias ou com uma pilha de CDs. Essa surpresa indica que as pessoas não costumam ponderar naturalmente as alternativas – e, sem ponderá-las, não conseguem levar em conta os custos de oportunidade.

Essa tendência a negligenciar os custos de oportunidade mostra uma falha básica no modo como pensamos. Acontece que o que é maravilhoso sobre o dinheiro – o fato de que podemos trocá-lo por tantas coisas diferentes agora e no futuro – é também o maior motivo de o nosso comportamento ser tão problemático em relação a ele. Embora devêssemos estar pensando nos gastos em termos de custo de oportunidade – que gastar dinheiro agora em algo impede que o gastemos em algo diferente no futuro –, tal pensamento é abstrato demais. Difícil demais. Então simplesmente não levamos isso em consideração.

Para piorar as coisas, a vida moderna nos proporcionou instrumentos financeiros infinitos, como cartões de crédito, financiamentos imobiliários e de carros e créditos estudantis, que obscurecem ainda mais – muitas vezes de propósito – a nossa capacidade de entender os efeitos futuros do gasto presente de dinheiro.

Quando não conseguimos, ou não queremos, pensar como deveríamos nas decisões que envolvem dinheiro, recorremos a todo tipo de atalho mental. Muitas dessas estratégias nos ajudam a lidar com a complexidade do dinheiro, embora não nos ajudem necessariamente a fazê-lo das formas mais desejáveis ou lógicas. E com frequência nos levam a avaliar as coisas de modo incorreto.

3

UMA PROPOSIÇÃO DE VALOR

Durante um voo, o filho caçula de Jeff pediu que ele lhe contasse uma história. Como os livros da criança estavam na bagagem que tinha sido despachada, Jeff inventou a seguinte brincadeira, baseada no livro do Dr. Seuss *There's a Wocket in My Pocket!* (título que poderia ser traduzido como *Tem um folso no meu bolso!*):

Quanto você pagaria por um drebli? Um zabli? Um nabli? Um quebli recheado?
Ou que tal um zorqui? Um norqui? Um blorqui albanês de três dedos importado?

Embora possa parecer que Jeff estivesse apenas torturando os outros passageiros perto deles (sem falar na criança), que diferença têm essas perguntas daquelas com que nos deparamos na vida real?

Como sabemos quanto pagaríamos por uma Coca-Cola ou um mês de Netflix ou um iPhone? O que são essas palavras? O que são essas coisas? Como avaliamos itens que, para um visitante de outro planeta, pareceriam tão absurdos como um "Zoste atrás de um Poste" ou uma "Larrafa numa

Garrafa"? Se não tivéssemos a menor ideia do que era uma coisa, qual era seu preço ou quanto outras pessoas haviam desembolsado por ela, como saberíamos o que pagar por essa coisa?

E quanto à arte? Em que uma pintura de Jackson Pollock difere de um blorqui albanês de três dedos importado? Ela é igualmente singular e incomum... e provavelmente tão útil quanto um blorqui. No entanto, a arte tem um preço. Em 2015, um comprador gastou 179 milhões de dólares no que a revista *The New Yorker* chamou de um Picasso "mais ou menos, de seu período já mais velho e apenas razoável".[1] Outro sujeito pegou fotos de usuários do Instagram – fotos postadas em perfis públicos acessados *gratuitamente* –, ampliou-as e vendeu-as por 90 mil dólares.[2] Houve até uma fotografia de uma batata vendida por 1 milhão de euros. Quem define esses preços? Como esses valores são fixados? Alguém aí está a fim de comprar uma fotografia de algumas batatas que tiramos com o celular?

Nós todos sem dúvida ouvimos falar muito sobre "valor". O valor reflete a importância de algo, o que estaríamos dispostos a pagar por um produto ou serviço. Em essência, o valor *deveria* refletir o custo de oportunidade. Deveria refletir precisamente do que estamos dispostos a abrir mão para adquirir um produto ou uma experiência. E *deveríamos* gastar nosso dinheiro de acordo com o valor real de diferentes opções.

Num mundo ideal, avaliaríamos precisamente o valor de cada compra. "O que isto vale para mim? Do que estou disposto a abrir mão por isto? Qual é o custo de oportunidade aqui? Pagarei tanto por isto." Mas, como as revistas de saúde e bem-estar nos lembram, não vivemos num mundo ideal: não temos aquela barriga tanquinho perfeita, assim como não avaliamos precisamente o valor das coisas.

Eis algumas das formas históricas como os seres humanos têm avaliado incorretamente as coisas:

- ➢ Os indígenas brasileiros trocaram riquezas preciosas por espelhinhos e lâminas (facas e machados). Como poderiam avaliar coisas de que nunca haviam ouvido falar e das quais não tinham nenhuma referência?
- ➢ O preço do aluguel de um apartamento em algumas metrópoles pode chegar a R$ 10.000,00 mensais e há quem não pareça hesitar

pagar. Mas se o preço da gasolina aumentar R$ 0,50, isso certamente poderia influenciar o resultado das próximas eleições em âmbito nacional.

- Pagamos R$ 10,00 por um café numa cafeteria chique, quando a mesma bebida básica está disponível por R$ 3,50 na padaria mais próxima.
- Startups de tecnologia sem nenhuma receita são regularmente avaliadas como valendo centenas de milhões, até bilhões de dólares, e nos surpreendemos quando não correspondem a essas expectativas.
- Algumas pessoas gastam R$ 30.000,00 ou mais nas férias, mas rodam 20 minutos diariamente procurando uma vaga sem cobrança de tarifa nem flanelinha para estacionar.
- Comparamos preços de smartphones. Achamos que temos uma ideia do que estamos fazendo e, ao final, sentimos que fizemos a escolha certa.
- O rei Ricardo III estava disposto a vender seu reino... por um cavalo. Um reino *inteiro* por um cavalo!

Sempre avaliamos preços de formas não necessariamente relacionadas ao valor.

Se fôssemos criaturas perfeitamente racionais, um livro sobre dinheiro seria sobre o valor que atribuímos a produtos e serviços, porque, de modo racional, dinheiro equivale a custos de oportunidade, que equivalem a valor. Mas não somos racionais, como observou Dan em seus outros livros (*Positivamente irracional* e *Previsivelmente irracional*). Pelo contrário, usamos todos os tipos estranhos de truque mental para descobrir o valor que damos às coisas – ou seja, quanto estamos dispostos a pagar. Assim, este livro é sobre as formas estranhas, extravagantes e, sim, completamente irracionais com as quais abordamos as decisões de gastos e sobre as forças que nos fazem supervalorizar algumas coisas e subvalorizar outras.

Consideramos essas forças, esses truques e atalhos, "sinais do valor". São sinais que acreditamos estarem associados ao valor real de um produto ou serviço, mas que muitas vezes não estão. Claro que alguns sinais do valor são razoavelmente exatos. Mas muitos são irrelevantes e enganadores, e outros são intencionalmente manipuladores. Mesmo assim, permitimos que esses sinais mudem a nossa percepção do valor.

Por quê? Não é porque gostamos de cometer erros ou infligir dor a nós mesmos. Seguimos esses sinais por ser tão difícil analisar os custos de oportunidade e definir o valor real. Além disso, torna-se ainda mais difícil descobrir quanto estamos dispostos a pagar por algo quando o mundo financeiro está tentando nos confundir e distrair.

Esta dinâmica é fundamental: estamos, é claro, constantemente lutando contra a natureza complexa do dinheiro e contra a nossa incapacidade de levar em conta os custos de oportunidade. Pior, estamos também constantemente combatendo forças externas que tentam fazer com que gastemos mais, com mais frequência e de forma mais liberal. Existem inúmeras forças que querem que percebamos incorretamente o verdadeiro valor das coisas, porque há muitos que lucram quando gastamos irracionalmente. Dados todos os desafios que enfrentamos, é espantoso que não estejamos todos perambulando por apartamentos conjugados de 1 milhão de reais, bebendo Larrafa numa Garrafa de um blorqui de R$ 1.000,00.

PARTE II

COMO ESTIMAMOS O VALOR DE FORMAS QUE POUCO TÊM A VER COM VALOR

4
ESQUECEMOS QUE TUDO É RELATIVO

Susan Thompkins é a tia Susan de alguém, e todo mundo conhece alguém parecido com ela. Tia Susan é uma mulher feliz e generosa, que inclui presentes para os sobrinhos sempre que faz compras para si e seus filhos. Ela adora fazer compras na JCPenney, uma das maiores redes de lojas de departamentos dos Estados Unidos. Ela compra lá desde criança, quando acompanhava seus pais e avós, ajudando-os a achar pechinchas. Afinal, a JCPenney sempre ofereceu muitas ofertas espalhadas por toda a loja para os clientes. Era uma brincadeira divertida, quando menina, correr por todos os lados procurando o número mais alto perto do símbolo de porcentagem e encontrar, orgulhosa, a pilha do tesouro secreto.

Nos últimos anos, tia Susan levava com ela os filhos do seu irmão, mostrando a eles suéteres feios e trajes que não combinavam, mas que não poderiam "deixar escapar porque eram ofertas tão boas!". Embora as crianças não gostassem, ela adorava. Conseguir as melhores pechinchas na JCPenney ainda era uma grande emoção para tia Susan.

Até que, um dia, Ron Johnson, o novo CEO da JCPenney, decidiu descontinuar todas as ofertas. Ele instituiu o que denominou de preços "justos e corretos" para todos os artigos. Nada de promoções, pechinchas, cupons ou descontos.

Em pouco tempo Susan se sentiu triste. Depois ficou brava. E então parou de ir à JCPenney. Chegou a formar um grupo on-line com suas amigas chamado "Odeio Ron Johnson". E não foi a única. Muitos clientes deixaram a JCPenney. Foi um período ruim para a empresa. Foi um período ruim para Susan. Foi um período ruim para Ron Johnson. E um período ruim para os suéteres feios também: ninguém os comprava. Os únicos que se beneficiaram foram os sobrinhos de Susan.

Um ano depois, tia Susan ouviu dizer que os descontos haviam retornado à JCPenney. Com cautela e desconfiança, ela voltou. Percorreu um cabideiro de conjuntinhos, examinou alguns xales e olhou uma vitrine com pesos de papel. E observou os preços. "Descontos de 20%". "Valor reduzido". "Promoção". Comprou só umas coisinhas naquele primeiro dia, mas desde então retornou ao seu antigo eu de quando comprava na JCPenney. Ficou contente de novo. E isso significa mais saídas para compras, mais suéteres feios e mais agradecimentos constrangidos de seus entes queridos.

UMA MOEDINHA PELOS SEUS PENSAMENTOS

Em 2012, Ron Johnson, o novo CEO da JCPenney, acabou mesmo com a prática tradicional e, sim, ligeiramente enganadora de marcar os produtos com preços altos para depois reduzi-los. Nas décadas antes da chegada de Johnson, a JCPenney sempre ofereceu a clientes como tia Susan cupons, ofertas e descontos nas lojas. Estes reduziam os "preços normais" da Penney, que eram artificialmente inflados para parecerem "grandes ofertas", quando na verdade, após os descontos, os preços estavam alinhados com aqueles de todas as outras lojas. Para chegar ao preço final de varejo de um produto, os clientes e a loja encenavam esse teatro de aumentar os preços primeiro e depois reduzi-los de todas as formas criativas, com diferentes cartazes, porcentagens, ofertas e descontos.

Aí Ron Johnson tornou os preços da rede "justos e corretos". Nada de recortar cupons, caçar pechinchas e outros artifícios de vendas. Só o preço real, mais ou menos igual ao da concorrência e mais ou menos igual aos seus preços "finais" anteriores. Johnson acreditava que a nova prática que estava instituindo era mais clara, mais respeitosa e menos manipulativa para seus clientes (e claro que ele tinha razão).

Só que clientes fiéis como tia Susan odiaram a nova prática. Eles detestaram o "justo e correto". Abandonaram a rede, resmungando que se sentiam enganados, iludidos e traídos, e não gostando dos preços honestos, justos e corretos. Depois de um ano, a JCPenney perdeu espantosos 985 milhões de dólares e Johnson perdeu o emprego.

Quase imediatamente após sua demissão, o preço de tabela da maioria dos produtos na JCPenney aumentou em 60% ou mais. Uma mesinha de cabeceira que custava US$ 150,00 aumentou para um "preço normal" de US$ 245,00.[1] Não apenas os preços normais aumentaram, mas houve mais opções de descontos: em vez de um só valor, a loja oferecia preços de "promoção", preços "originais" e "avaliados em". Claro que, quando levamos em conta os descontos oferecidos – via promoção, cupom ou oferta especial –, os preços eram mais ou menos os mesmos. Só que não pareciam assim. Agora parecia que a rede de lojas tinha voltado a ter ofertas maravilhosas.

A JCPenney de Ron Johnson oferecia produtos a preços mais honestos e foi rejeitada em favor de artifícios de vendas. Tia Susan até hoje o detesta. Pense nisto: os clientes da JCPenney votaram com suas carteiras e escolheram ser manipulados. Eles queriam ofertas, pechinchas e promoções, ainda que isso significasse trazer de volta os preços normais inflados – exatamente o que a rede acabou fazendo não muito depois.

A JCPenney e Ron Johnson pagaram um preço alto por não entenderem a psicologia dos preços. Mas a empresa acabou aprendendo que poderia desenvolver um negócio baseado na nossa incapacidade de avaliar racionalmente valores. Ou, como disse certa vez o crítico social H. L. Mencken: "Ninguém nunca foi à falência subestimando a inteligência do público americano."

O QUE ESTÁ ACONTECENDO AQUI?

A história de tia Susan e da JCPenney mostra alguns dos muitos efeitos da *RELATIVIDADE*, uma das forças mais poderosas que nos fazem avaliar valores de formas que pouco têm a ver com o valor real. Na JCPenney, tia Susan avaliava os preços baseada no valor *relativo*, mas relativo a quê? Relativo ao preço original informado. A JCPenney a ajudava a fazer a comparação informando o desconto como uma porcentagem e acrescentando cartazes como "promoção" e "oferta única" para ajudar a concentrar sua atenção no preço relativo incrivelmente oferecido.

Qual destas você compraria? Uma camisa social custando R$ 120,00 ou a mesma camisa social cujo preço fosse de R$ 200,00, mas "Em promoção! 40% de desconto! Apenas R$ 120,00!"?

Não deveria importar, certo? Uma camisa de R$ 120,00 é uma camisa de R$ 120,00, não importam o texto e a imagem na etiqueta. Sim, mas como a relatividade atua sobre nós em um nível bem profundo, não vemos essas duas alternativas da mesma forma e, se fôssemos um cliente habitual como tia Susan, compraríamos a camisa em promoção todas as vezes – e ficaríamos indignados com a mera presença daquela por honestos R$ 120,00.

Trata-se de um comportamento lógico? *Não*. Faz sentido depois que você entende a relatividade? *Sim*. Ocorre com frequência? *Sim*. Custou o emprego de um executivo? *Com certeza*.

Muitas vezes não conseguimos avaliar o valor de bens e serviços por si próprios. Num vácuo, como poderíamos descobrir o preço de uma casa ou um sanduíche, de serviços de saúde ou de um blorqui albanês de três dedos importado? A dificuldade de descobrir como avaliar coisas corretamente nos leva a buscar meios alternativos de definir o valor. É aí que a relatividade entra em cena.

Quando é difícil medir o valor de algo diretamente, nós o comparamos com outras coisas, como um produto concorrente ou outras versões do mesmo produto. Quando comparamos itens, criamos valores relativos. Isso não parece tão problemático, certo?

O problema não está no conceito de relatividade em si, mas em como o aplicamos. Se comparássemos todas as coisas com todas as outras, levaríamos em conta nossos custos de oportunidade e aí estaria tudo certo. Mas não comparamos. Comparamos o item com apenas um outro (às vezes dois). E é aí que a relatividade pode nos enganar.

Pense só: R$ 120,00 é relativamente barato comparado com R$ 200,00, mas lembra dos custos de oportunidade? Deveríamos estar comparando R$ 120,00 com zero, ou com todas as outras coisas que poderíamos comprar com os mesmos R$ 120,00. Mas não comparamos. Não quando, como tia Susan, usamos o valor relativo para comparar o preço atual de um produto com quanto ele custava antes da promoção (ou disseram que custava), como um meio de definir seu valor. É assim que a relatividade nos confunde.

Os preços promocionais da JCPenney ofereciam um importante sinal do valor aos clientes. Não apenas um sinal *importante*, mas com frequência o *único* sinal. O preço de venda – e as economias que a JCPenney anunciava – fornecia aos clientes um contexto da ótima oferta que era cada compra.

Os cartazes de promoção da JCPenney forneciam aos clientes um contexto, e, sem contexto, como poderíamos descobrir o valor de uma camisa? Como poderíamos saber se ela vale R$ 120,00 ou não? Não podemos. Mas, comparada com uma camisa de R$ 200,00, uma de R$ 120,00 com certeza parece um valor muito bom, não parece? Caramba, é quase como obter R$ 80,00 de graça! Vamos todos comprar uma para que nossos sobrinhos sejam ridicularizados na escola!

Ao eliminar as promoções e "economias", a JCPenney removeu um elemento que ajudava seus clientes a sentirem que suas decisões eram certas. Ver um preço de promoção junto a um preço "normal" dava uma indicação de que estavam tomando uma decisão inteligente. Embora não estivessem.

RELATIVAMENTE FALANDO

Vamos deixar nossas carteiras de lado por um momento e examinar o princípio da relatividade de forma mais geral.

Uma das nossas ilusões de óptica favoritas é esta imagem de círculos pretos e cinza:

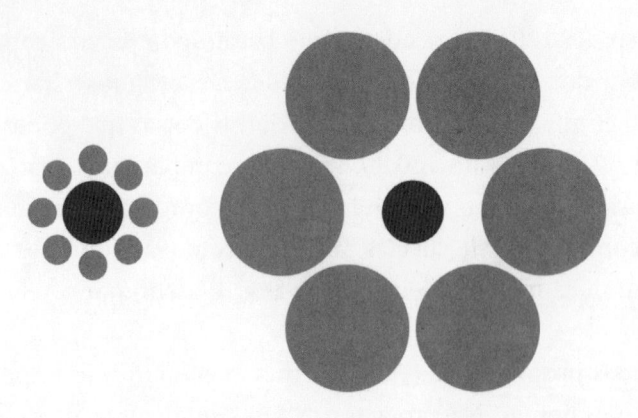

É bem óbvio que o círculo preto da direita é menor que o da esquerda, certo? Mas não é. Ambos os círculos pretos têm exatamente, e quase inacreditavelmente, o mesmo tamanho. Se você duvida, cubra os círculos cinza e compare ambos. A gente espera.

A razão pela qual essa ilusão nos engana é que não comparamos os dois círculos pretos diretamente entre si, e sim com o que está logo ao redor. Nesse caso, os círculos cinza. O círculo preto da esquerda é grande comparado com seus círculos cinza e o círculo preto da direita é pequeno comparado com eles. Uma vez que tenhamos enquadrado seus tamanhos dessa maneira, a comparação entre os dois círculos pretos é entre seus tamanhos relativos, e não absolutos. E é isso que chamamos de relatividade visual.

E já que adoramos tanto as ilusões visuais, eis outra de nossas favoritas: a ilusão do tabuleiro de xadrez de Adelson. Envolve um tabuleiro de xadrez básico com um cilindro num lado lançando uma sombra sobre as casas. (Fiel ao tema deste capítulo, nossa versão usa um suéter feio em vez de um cilindro.) Duas casas têm letras definidas. A casa A fica fora da sombra, enquanto a B fica dentro. Quando as comparamos, fica claro que a letra A é bem mais escura, certo? O fato é que não é. A e B têm exatamente, e de novo quase inacreditavelmente, a mesma tonalidade. Se você duvida, cubra todas as outras casas. Agora compare A com B. Estamos esperando.

A relatividade funciona como um mecanismo geral para a mente, de muitas maneiras e em muitas áreas diferentes da vida. Por exemplo, Brian Wansink, autor de *Por que comemos tanto?*,[2] mostrou que a relatividade pode também afetar a medida da nossa cintura. Decidimos quanto comer não simplesmente em função de quanto alimento realmente consumimos, mas em comparação com suas alternativas. Digamos que precisemos escolher entre três hambúrgueres de 200, 250 e 300 gramas do cardápio. Tendemos a escolher o hambúrguer de 250 gramas e a ficar perfeitamente satisfeitos ao final da refeição. Mas, se nossas opções forem 250, 300 e 350 gramas, tendemos de novo a escolher a opção do meio, e de novo ficamos igualmente contentes e satisfeitos com o hambúrguer de 300 gramas ao final da refeição, embora tivéssemos comido mais, o que não era necessário para nossa nutrição diária ou para nos sentirmos satisfeitos.

As pessoas também comparam alimentos com outros objetos em seus ambientes. Por exemplo, as pessoas comparam a quantidade de comida com o tamanho do prato. Em um dos seus experimentos, Wansink colocou tigelas de sopa na mesa, pedindo às pessoas que se servissem até que se fartassem. Algumas pessoas simplesmente tomaram sopa até não quererem mais. Mas um grupo de participantes estava, sem saber, servindo-se de tigelas com tubinhos minúsculos conectados ao fundo. Enquanto se alimentavam, Brian estava lentamente injetando um pouquinho de sopa em suas tigelas em quantidades imperceptíveis. A cada colher de sopa ingerida, um pouco mais entrava. No final, aqueles que receberam as tigelas de sopa ilimitada ingeriram bem mais do que aqueles com as tigelas normais, que não eram reabastecidas. E, quando ele os fez parar depois de tomarem um montão de sopa (e ele *teve* que pará-los), disseram que ainda estavam com fome. Os que receberam as tigelas de sopa ilimitada não obtiveram seus sinais de satisfação ou da fome sentida a partir da quantidade de sopa consumida. Em vez disso, julgaram a própria satisfação com base no nível de redução da sopa na tigela.

Esse tipo de comparação tampouco se limita a objetos da mesma categoria básica, como sopa ou hambúrgueres. Quando o negociante de diamantes italiano Salvador Assael tentou vender as agora famosas pérolas negras do Taiti, nenhum comprador se habilitou. Assael não desistiu, nem meramente incluiu algumas pérolas negras nas remessas das brancas esperando que pudessem se popularizar. Em vez disso, convenceu seu amigo, o joalheiro Harry Winston, a exibir as pérolas negras em sua vitrine da Quinta Avenida, em Nova York, cercadas de diamantes e outras pedras preciosas. Em pouco tempo, as pérolas fizeram sucesso. O preço delas disparou. Um ano antes, não valiam nada – provavelmente menos do que as ostras das quais procederam. Subitamente, porém, o mundo acreditou que, se uma pérola negra é considerada suficientemente sofisticada para ser exibida junto com um elegante pingente de safira, deve ser bem valiosa.

Esses exemplos mostram que a relatividade é um cálculo básico da mente humana. Se ela afeta nossa compreensão do valor de coisas concretas como comida e joias, provavelmente também afeta de forma poderosa nosso pensamento sobre o que fazer com o dinheiro.

RELATIVIDADES FINANCEIRAS RELATIVAMENTE COMUNS

Além da obsessão de tia Susan por pechinchas, veja a seguir algumas das muitas maneiras como podemos deixar que o valor relativo obscureça o valor real.

➤ Numa concessionária de automóveis, nos oferecem itens opcionais como assentos de couro e teto solar, seguro para os pneus, rodas de liga leve, etc. Os vendedores de carros – talvez o grupo mais malicioso de psicólogos amadores junto com os vendedores de colchões – sabem que quando estamos gastando R$ 50.000,00, compras adicionais, como um aparelho de CD de R$ 300,00, parecem baratas, até inconsequentes, em comparação. Normalmente compraríamos um aparelho de CD de R$ 300,00? Alguém ainda ouve CDs? Não e não. Mas a apenas 0,6% do preço de compra total, quase não reagimos. E essa falta de reação pode aumentar rapidamente o custo final.

➢ Quando estamos de férias numa pousada elegante, costumamos não nos incomodar quando nos cobram R$ 8,00 por um refrigerante, embora custe R$ 5,00 em outros lugares. Em parte, isso ocorre porque somos preguiçosos e gostamos de relaxar com ostentação na praia. Mas também porque, comparados com os milhares de reais que estamos gastando no restante das nossas férias, R$ 8,00 parecem um trocado relativamente pequeno.

➢ As ofertas nas caixas de supermercados nos desafiam a resistir às revistas de fofocas e a todo tipo de doce usando a mesma abordagem. Comparados com os R$ 300,00 por uma semana de alimentos, R$ 5,00 por uma caixa de pastilhas ou R$ 8,00 por uma revista de viagem não parecem grande coisa.

➢ Não se esqueça do vinho! Um vinho fino num restaurante custa bem mais do que em uma loja de vinhos. É lógico pagar mais pela conveniência do vinho acompanhando o jantar, mas também é um tributo ao valor relativo *versus* o valor absoluto. Possivelmente não pagaríamos R$ 120,00 por uma garrafa de vinho mediano quando estamos também comprando batatas chips e amendoim, mas se estamos jantando num restaurante exclusivo e badalado, pagando centenas de reais pela comida, uma garrafa de vinho tão cara não parece algo tão absurdo pela bebida e pela experiência naquele local.

Falando em supermercados, Jeff recentemente teve uma experiência interessante ao fazer compras. Durante anos, o cereal matinal de que mais gostava era o Optimum Slim, algo que poderia ser traduzido como Esbelteza Ideal. Para um homem moderadamente rechonchudo, não tão jovem e com ambições de exercícios físicos limitadas, aquele cereal prometia a quantidade certa de esbelteza. A quantidade ideal.

A caixa sempre custou US$ 3,99 no mercado do bairro em que ele morava. Até que um dia Jeff procurou no local de costume e não conseguiu achar. Procurou e procurou. Nada. Ele teve um miniataque de pânico, até que um funcionário apontou para uma caixa nova no local antigo. Havia um cereal ali com o nome Nature's Path Organic – Low Fat Vanilla (algo como Caminho Natural e Orgânico – Sabor Baunilha e Baixo Teor de Gordura) e no canto superior esquerdo uma figura minúscula da antiga caixa do Optimum Slim e a legenda: "Novo Visual – Mesmo Sabor Delicioso".

Que alívio! Ele guardou seu calmante e pegou a caixa. Aí um cartaz na prateleira atraiu seu olhar. "Nature's Path Organic Optimum Slim – Preço Normal US$ 6,69. *PROMOÇÃO US$ 3,99*".

Seu cereal preferido, que sempre custou US$ 3,99, agora tinha um novo visual *e* um preço novo de... US$ 3,99. E caiu de um preço "normal" de... US$ 6,69! Uma coisa seria a empresa lançar uma embalagem nova como motivo para elevar o preço. Outra coisa é a loja fingir que o preço normal era uma promoção para aumentar as vendas. Mas fazer as duas coisas ao mesmo tempo... Isso é usar uma certa quantidade de relatividade. A quantidade ideal.

A loja e o fabricante dos cereais não estavam tentando atrair Jeff com aquele cartaz. Ele já gostava do cereal. Estavam atrás de clientes novos que não tivessem como julgar o valor daquele cereal "novo". Sem qualquer referência – sem terem como saber se era saboroso ou saudável ou quanto valia –, esperavam que os clientes se impressionassem com o novo nome, comparassem os US$ 6,69 com os US$ 3,99 e decidissem: "Uau, este cereal agora está com um valor ótimo!"

Digamos que encontremos algo que sempre quisemos. Vamos chamá-lo de **item** (um termo comum em livros tradicionais de economia representando um produto genérico, visando a encobrir o fato de que tem valor questionável). Nosso item está em promoção! E com 50% de desconto! Dá uma animada, não dá? Mas pare por um segundo. Por que nos importamos com a promoção? Por que nos importamos com o que custava *antes*? Quanto custava no passado não deveria importar, já que não é quanto custa agora. Mas, por não termos como saber realmente quanto vale esse item precioso, comparamos o preço *atual* com o preço anterior à promoção (chamado de preço "normal") e tomamos isso como indicador de seu alto e incrível valor atual.

Pechinchas também fazem com que nos sintamos especiais e espertos. Elas nos levam a crer que estamos encontrando um valor que os outros não encontraram. Tia Susan, por exemplo, ao poupar R$ 80,00 em uma camisa de R$ 200,00, parecia estar ganhando R$ 80,00 para gastar em outra coisa. Em um nível mais racional, não deveríamos avaliar o valor do que *não* estamos gastando – os R$ 80,00 – e sim os R$ 120,00 que *estamos*. Mas não é assim que nossa cabeça funciona e não é isso que fazemos.

Outro lugar onde vemos esse tipo de comparação é em descontos sobre quantidades maiores. Se um frasco de xampu caro custa R$ 50,00 e outro com o dobro do volume custa R$ 85,00, de repente o frasco maior e mais caro parece uma grande oferta, fazendo com que esqueçamos facilmente a questão de se realmente precisamos daquela quantidade ou daquela marca de xampu. Além disso, a prática do desconto sobre o volume maior também serve para ocultar o fato de que não temos ideia de como avaliar o coquetel de substâncias químicas que compõem o xampu.

Se Albert Einstein tivesse sido economista em vez de físico, poderia ter mudado sua famosa teoria da relatividade de $E = MC^2$ para *R$ 100,00 > Metade de R$ 200,00*.

VALORES E PORCENTAGENS

Poderíamos olhar para esses exemplos e pensar: "Tudo bem, entendo como é um erro usar a relatividade." Isso é bom! "Maaaas...", você provavelmente está pensando, "essas escolhas fazem sentido porque, como porcentagem do que estou gastando, o que estou desembolsando a mais é algo minúsculo." Bem, sim, mas R$ 1,00 deveria ser R$ 1,00, não importa o que mais estejamos gastando ou fazendo. Gastar R$ 300,00 num aparelho de CD só porque por acaso estamos comprando um carro de R$ 50.000,00 é o mesmo raciocínio irrelevante de gastar R$ 300,00 num aparelho de CD só porque estamos comprando uma camisa xadrez. Uma coisa não tem nada a ver com a outra.

Imagine que saímos de casa numa manhã de sábado com duas tarefas. A primeira é comprar os tênis de corrida que estávamos namorando há um tempo. Nós vamos à loja e escolhemos um par de tênis de R$ 200,00. A pessoa que está nos ajudando confidencia que em outra loja no bairro vizinho exatamente o mesmo par está em promoção por R$ 150,00. Vale a pena dirigir cinco minutos para poupar R$ 50,00? Se formos como a maioria das pessoas, a resposta é sim.

Agora que compramos nossos tênis, embarcamos na segunda tarefa. Vamos comprar móveis para a varanda, para o quintal e para a área da churrasqueira porque a época mais quente do ano enfim chegou! Encontramos o conjunto perfeito de cadeiras e uma mesa com guarda-sol na loja de móveis por R$ 1.200,00. De novo, alguém nos informa sobre uma promoção em outro local a cinco minutos de distância. Podemos obter o mesmo conjunto na concorrência por R$ 1.150,00. Vale a pena gastar cinco minutos para poupar R$ 50,00 dessa vez? Se formos como a maioria das pessoas, a resposta é não.

Nos dois casos, não olhamos o valor real, absoluto, apresentado a nós: R$ 50,00 por um percurso de carro de cinco minutos. Em vez disso, consideramos os R$ 50,00 em comparação com os R$ 200,00 e os R$ 1.200,00, respectivamente. Comparamos a vantagem relativa do tênis de R$ 150,00 com o tênis de R$ 200,00 e decidimos que o dinheiro vale o tempo. Depois comparamos a vantagem relativa do conjunto de móveis de terraço de R$ 1.150,00 com aquele de R$ 1.200,00 e achamos que não vale. A primeira é uma economia de 25%, a segunda é de 4,1% –, mas o dinheiro poupado (R$ 50,00) é, em ambos os casos, idêntico.

Essa também é a razão pela qual o comprador que não hesitou em levar o aparelho de CD de R$ 300,00 poderia andar duas quadras para economizar R$ 0,50 num saco de batatas fritas ou discutir sobre uma gorjeta de R$ 5,00 ou R$ 8,00 num restaurante. Quando a relatividade entra em jogo, podemos nos ver tomando decisões rápidas sobre compras grandes e decisões lentas sobre as pequenas, tudo porque pensamos na porcentagem do gasto total, não na quantidade real.

Essas são escolhas lógicas? *Não.* São as escolhas certas? *Com frequência, não.* São escolhas fáceis? *Com certeza.* A maioria de nós opta quase sempre pela escolha fácil. Esse é um de nossos maiores problemas.

O CAMINHO MAIS FÁCIL

A qual pergunta responderíamos mais rápido e decisivamente: "O que você quer para o jantar?" ou "Você quer frango ou pizza para o jantar?".

Na primeira, temos opções ilimitadas. Na segunda, precisamos apenas comparar as duas opções e decidir qual é relativamente mais atraente para nós no momento. A segunda pergunta obteria uma resposta rápida. É uma comparação fácil.

A relatividade baseia-se em dois conjuntos de atalhos de decisão. Primeiro, quando não conseguimos definir o valor absoluto, usamos comparações. Segundo, tendemos a escolher a comparação *fácil*. Aylin Aydinli, Marco Bertini e Anja Lambrecht estudaram a relatividade examinando vendas por e-mail, como as ofertas do Groupon – o que chamavam de "preços promocionais" –, e descobriram que elas criam um impacto emocional particularmente revelador. Para ser mais específico, quando encontramos preços promocionais, gastamos menos tempo analisando opções diferentes. Além disso, se mais tarde nos pedem que nos lembremos de detalhes da oferta, nós nos lembramos de menos informações sobre o produto.[3]

Parece que os descontos são uma poção para a estupidez. Eles simplesmente simplificam nosso processo de tomada de decisões. Quando um item está "em promoção", agimos mais rapidamente e pensamos ainda menos do que quando o produto custa a mesma quantia, porém está marcado como um preço normal.

Basicamente, por ser tão difícil para nós definirmos o valor real de quase tudo, quando algo está em promoção – quando somos apresentados a uma avaliação relativa – optamos pela saída fácil e tomamos nossa decisão com base naquele preço promocional. Como os clientes da JCPenney adoravam fazer, em vez de tentarmos nos esforçar para descobrir o valor absoluto de um item, diante de uma escolha tomamos o caminho de resistência relativamente menor.

DISTRAÇÕES SEDUTORAS

A relatividade e a nossa inclinação a fazer a escolha fácil nos deixam suscetíveis a vários tipos de intervenções externas e manipulações por aqueles que fixam os preços, incluindo chamarizes. Em *Previsivelmente irracional*,

Dan usou ofertas de assinatura da revista *The Economist* para ilustrar o problema da relatividade. Naquele exemplo, os leitores podiam obter uma assinatura on-line por US$ 59,00, uma assinatura impressa por US$ 125,00 ou uma assinatura impressa *e* on-line por US$ 125,00.

Se fôssemos espertos como os estudantes de pós-graduação do Instituto de Tecnologia de Massachusetts (Massachusetts Institute of Technology – MIT) testados por Dan, 84% de nós escolheríamos a versão impressa *e* on-line por US$ 125,00, ninguém escolheria a versão apenas impressa de US$ 125,00 e apenas 16% escolheriam a versão apenas on-line. Não somos mesmo espertos?

Mas e se nossa escolha fosse apenas entre a oferta on-line por US$ 59,00 e a opção impressa e on-line por US$ 125,00? Subitamente, se fôssemos como aqueles que pagaram milhares de dólares em anuidades por alguns anos extras solucionando conjuntos de problemas no MIT, agiríamos de forma bem diferente: 68% escolheriam apenas a on-line, enquanto somente 32% escolheriam as versões impressa e on-line de US$ 125,00, bem menos do que os 84% do primeiro cenário.

A simples inclusão da opção claramente inferior da versão apenas impressa – *que ninguém escolheu* – fez com que *The Economist* quase triplicasse as vendas da versão impressa e on-line. Por quê? Porque a versão apenas impressa era um chamariz explorando a relatividade para nos direcionar à oferta do combo.

Um preço de US$ 125,00 pela versão impressa *e* on-line é obviamente uma escolha melhor do que os US$ 125,00 só pela versão impressa. Percebemos que essas duas opções são semelhantes e fáceis de comparar. Elas criam valor relativo. Tomamos nossa decisão baseados na comparação e sentimos que fizemos uma escolha inteligente. E nos sentimos ainda mais inteligentes depois de lermos alguns exemplares (e, com certeza, pareceremos mais espertos para nossos amigos quando deixarmos um exemplar à mostra pela casa). Mas como saber se não somos realmente participantes involuntários de um estudo que prova que não somos tão espertos assim?

O experimento de Dan mostrou como a relatividade pode ser (e muitas vezes é) usada contra nós. Comparamos a versão somente impressa com o combo impressa + on-line por ser a forma mais simples, óbvia e fácil. Como essas opções se assemelhavam mais na substância e no preço, eram simples de comparar. Com isso ficava mais fácil esquecer, ignorar ou evitar a outra opção, aquela que exigiria uma comparação mais complexa. Quando nos vemos diante de comparações fáceis, esquecemos o contexto maior, as opções alternativas – nesse experimento, a opção de US$ 59,00 e a opção de *não gastarmos* dinheiro algum com a assinatura da revista. Seguimos o caminho da relatividade. Gostamos de nos contar histórias de por que fazemos as coisas, e diante da relatividade a história é fácil de contar. Somos levados a justificar nossas ações desse modo, ainda que a justificativa faça pouco sentido.

ASSINATURAS

Bem-vindo ao
Centro de Assinaturas da *The Economist*

Escolha o tipo de assinatura que deseja adquirir ou renovar.

❏ **Assinatura de Economist.com** - US$ 59,00
Um ano de assinatura da Economist.com
Inclui acesso on-line a todos os artigos da *The Economist* desde 1997.

❏ **Assinatura da versão impressa** - US$ 125,00
Um ano de assinatura da edição impressa da *The Economist*.

❏ **Assinatura da versão impressa** & **on-line** - US$ 125,00
Um ano de assinatura da edição impressa da *The Economist* e acesso on-line aos artigos da *The Economist* desde 1997.

Outra situação em que nos deixamos seduzir pela comparação fácil – usando a relatividade para definir o valor quando não existe outro meio fácil de fazê-lo – é quando temos muitas opções e não conseguimos avaliar facilmente nenhuma delas. Dan usou o exemplo de televisões: uma Panasonic de 36 polegadas por US$ 690,00, uma Toshiba de 42 polegadas por US$ 850,00 e uma Philips de 50 polegadas por US$ 1.480,00. Diante dessas opções, a maioria das pessoas escolhe a opção do meio, a Toshiba de US$ 850,00. Os itens mais baratos e mais caros são sinalizações canalizando-nos para a opção do meio. Nesse caso, a relatividade não nos induz a comparar um produto específico com outro. Pelo contrário, direciona-nos para atributos específicos de produtos, como preço ou tamanho, e faz com que examinemos a amplitude desses atributos de forma relativa. Dizemos a nós mesmos: "O preço varia de 690 dólares a 1.480 dólares" ou "O tamanho está entre 36 e 50 polegadas". Depois escolhemos em relação à amplitude – geralmente algo no meio.

Quando não temos a menor ideia de quanto algo deveria custar, acreditamos que estamos tomando a melhor decisão se não gastamos demais no modelo de luxo nem muito pouco no modelo básico. Assim, optamos pelo modelo do meio, que é muitas vezes o que os vendedores que definiram as opções queriam nos vender desde o princípio. Ainda que não tenhamos ideia de se é isso que queríamos ou se vale o preço, escolher a opção do meio parece razoável. Não é necessariamente a escolha errada, mas é uma escolha feita por razões que pouco têm a ver com o valor real. É como comprar uma camisa de R$ 120,00 porque antes custava R$ 200,00, escolher o hambúrguer do meio quer as opções sejam 200, 250 e 300 gramas ou 250, 300 e 350 gramas, ou comprar um pacote de pipoca por R$ 13,00 no cinema só porque estão também vendendo um megapacote de R$ 17,00 que parece grande demais. Quando existem duas opções, a relatividade é perfeita. Essas decisões não envolvem o valor absoluto de nossa escolha, mas alternativas relativas.

Assim, com frequência preferimos a comparação fácil. Vendedores, criadores de cardápios e políticos sabem disso e usam esse truque ao planejarem suas estratégias. Agora conhecemos esse truque também e, com esse conhecimento, podemos olhar o mundo um pouco mais objetivamente. Agora que você o conhece, talvez o campo do jogo comercial esteja ligeiramente mais nivelado.

OS COMBOS

A relatividade também afeta nossa definição do valor quando os produtos estão combinados, ou seja, quando os produtos oferecem vários recursos e opções. Nessas situações, a relatividade parece oferecer uma fuga da complexidade. Entretanto, o que cria mesmo é oportunidade para outro tipo de problema e mais confusão.

Vejamos os "combos promocionais" de lanchonetes fast-food. Poderíamos pedir dois itens separados – mas não é melhor comprá-los juntos e acrescentar um terceiro por uns poucos reais a mais? Quer um hambúrguer e um refrigerante? Por que não acrescentar batatas fritas? Gostaria de um tamanho família? Combos assim são armadilhas porque não sabemos onde exatamente situar o valor. Quando nos deparamos com um combo desse tipo, não conseguimos avaliar facilmente os componentes individuais, porque, se removermos um item, toda a estrutura de preço muda. Se três itens custam individualmente R$ 8,00, mas juntos custam apenas R$ 21,00, qual deles está supervalorizado a R$ 8,00? Em qual deles obtemos o desconto? Ou estamos obtendo uma oferta em todos os três? Quanto vale um refrigerante, com que tamanho? E qual o valor do copo colecionável?

Se identificamos combos dessa maneira, logo reconheceremos que a vida está repleta desses pacotes, muitos dos quais parecem criados para nos confundir. Quando financiamos um apartamento de R$ 500.000,00, essa não é a quantia real, total que gastaremos, mas é o valor em que confiamos. Na prática, pagamos um sinal, depois uma quantia mensal, por até 35 anos, que inclui certa porcentagem do financiamento do banco mais os juros a uma taxa anual que pode ou não mudar. Ainda há o seguro e impostos, que também mudarão com o tempo. E despesas de encerramento como avaliações, inspeções, pesquisa em cartórios e certidões, comissão dos corretores, honorários do advogado, taxas de pesquisa, taxas de caução, taxas de financiamento e outras taxas que inventarem. Seria difícil separar cada uma delas para procurarmos a melhor oferta, de modo que agrupamos tudo e dizemos que estamos financiando um apartamento de R$ 500.000,00.

Claro que todos os prestadores de serviços preferem ocultar suas taxas dentro dessa soma grande, para que esses custos passem despercebidos ou, se os percebemos, para tirarem vantagem da nossa tendência a usar a relatividade.

Ou pense na compra de um telefone celular. É praticamente impossível comparar um telefone e seu plano de serviço único com os celulares e planos dos concorrentes. Deliberadamente, cada item é difícil de avaliar por si só: qual o valor das mensagens de texto comparadas com gigabytes de dados? Redes 4G, taxas de excesso de uso, minutos, *roaming*, cobertura, jogos, espaço de memória... Quanto valem? E o serviço, as taxas e a reputação do provedor? Como podemos comparar um iPhone na operadora X com um Android na operadora Y? Existem muitos elementos pequenos integrados para conhecermos o valor relativo de cada um, de modo que acabamos comparando o custo total do telefone e do serviço mensal. Se é que conseguimos descobri-los.

SUCESSO RELATIVO

A lista das coisas que são afetadas pela relatividade vai além de produtos como telefones celulares e suéteres feios. A relatividade afeta nossa sensação de autoestima também. Temos amigos que cursaram algumas das melhores faculdades do país. Tudo indica que alguns desses amigos estão se saindo muito bem. Alguns, porém, pensam neles mesmos somente em comparação com os colegas mais "bem-sucedidos" – os membros dos clubes mais exclusivos e *habitués* das viagens mais badaladas – e assim com frequência acham que não estão se dando bem. Jeff lembra vivamente, e com tristeza, da festa de aniversário de um amigo. Quando estava no escritório de seu apartamento de cinco quartos num prédio com porteiro na Park Avenue, em Nova York, cercado por amigos que o apoiavam e uma família bonita, saudável e feliz, o aniversariante suspirou e confessou: "Eu achava que estaria num apartamento melhor a esta altura da vida."

Na prática, ele deveria estar celebrando seu sucesso. Mas, em relação a alguns outros poucos colegas, considerava-se um fracasso. Felizmente, como comediante e escritor, Jeff não pode se comparar a seus amigos investidores. Isso lhe proporciona certa perspectiva e permite que esteja relativamente contente com sua vida. Ainda melhor, a esposa de Jeff não pode compará-lo com um investidor, embora alegue que conhece alguns comediantes mais engraçados.

O fato é que a relatividade se infiltra em todos os aspectos da nossa vida, e de forma poderosa. Uma coisa é gastar demais num aparelho de som. Outra é lamentar nossas escolhas de vida. A felicidade parece muitas vezes ser menos um reflexo da nossa felicidade real e mais um reflexo de como nos comparamos com os outros. Na maioria dos casos, essa comparação não é saudável nem boa. Na verdade, nossa tendência a nos compararmos com os outros é tão evidente que tivemos que criar um mandamento de não cobiçar as coisas do próximo.

Em certos aspectos, o conceito de arrependimento é outra versão da comparação. Com o arrependimento, nos comparamos – nossa vida, nossa carreira, nossa riqueza, nosso status – não com outras pessoas, mas com versões alternativas de nós mesmos. Comparamo-nos com os eus que poderíamos ter sido se tivéssemos feito escolhas diferentes. Isso tampouco é saudável ou útil.

Mas não vamos ficar nos aprofundando e filosofando. Não vamos nos preocupar com a felicidade e o sentido da vida. Ao menos, não agora. Pegue essas emoções e guarde-as numa caixinha. Compartimentalize essas coisas.

Como nós fazemos.

5
COMPARTIMENTALIZAMOS

Jane Martin não odeia o emprego dela. Apenas odeia o que às vezes precisa fazer no emprego. Ela é coordenadora de eventos de uma faculdade estadual, mas uma vez ou outra parece que tudo que coordena são regras, regulamentos e a frequência com que ela e seus colegas dizem não uns aos outros. Ela precisa de aprovação para obter dinheiro do fundo para atividades, do fundo geral ou do fundo dos ex-alunos. Cada pequeno item, de entretenimento a toalhas de mesa e transporte, deve passar por uma hierarquia de burocracia orçamentária. E não são apenas os departamentos da faculdade, os grupos de ex-alunos e os estudantes que a observam implacavelmente, prontos a reagir a qualquer erro. São também as regras estaduais e federais. É uma constante briga sobre finanças e procedimentos, porque todos necessitam de um quadrado ticado junto ao próprio nome. Ela adora organizar eventos. Ela odeia se preocupar com a burocracia.

Em casa, porém, a história é diferente. Jane é mestre em detalhes. Ela é rigorosa no orçamento e adora! Sabe que todo mês sua família pode gastar certo montante de dinheiro em certas coisas, como US$ 200,00 em entretenimento, US$ 600,00 em supermercado. Ela reserva dinheiro para reparos domésticos, impostos e despesas de saúde todo mês, ainda que não venha a ter tais despesas. Também chega a separar o dinheiro para cada categoria em envelopes etiquetados, de modo que, se ela e o marido quiserem jantar fora, precisam ver quanto resta no envelope "jantar fora" para saber se podem ir. Ela não deixa a família planejar as férias com muita antecedência. Ao final de cada ano, caso tenha sobrado dinheiro nos envelopes de reparos domésticos, impostos ou despesas de saúde, ela junta tudo para uma viagem no ano seguinte. Com essa abordagem, conseguiu poupar o suficiente para algumas viagens maravilhosas nos últimos 10 anos – exceto em 2011, quando sua filha precisou fazer uma cirurgia no joelho após se machucar no futebol, de modo que aquilo esgotou todos os fundos de férias.

Jane não gosta do mês de outubro, porque são sete aniversários de amigos e familiares naquele mês e ela sempre esgota o envelope de presentes. Este ano, em vez de não dar nada ao primo Lou ou pegar dinheiro emprestado do envelope de entretenimento para lhe dar um presente, ela passou quatro horas preparando um bolo para ele. O primo adorou ganhar o bolo. Ela ficou exausta.

O QUE ESTÁ ACONTECENDO AQUI?

Jane nos mostra um exemplo extremo de CONTABILIDADE MENTAL, outra forma de pensarmos no dinheiro que pouco tem a ver com o valor real. A contabilidade mental pode ser uma ferramenta útil, mas com frequência leva a decisões ruins, especialmente quando não percebemos que a estamos usando.

Lembra da fungibilidade, a ideia de que o dinheiro é intercambiável? Uma moeda de R$ 1,00 obviamente tem o mesmo valor de qualquer outra moeda de R$ 1,00. Em teoria, isso é verdade. Na prática, porém, não costumamos atribuir o mesmo valor a cada um de nossos reais. A forma como vemos cada real depende da categoria a que associamos primeiro esse real – ou, em outras palavras, como o contabilizamos. Essa tendência de pôr diferentes reais em diferentes categorias – ou, no caso de Jane, envelopes – certamente não é o modo racional de lidar com dinheiro. Mas, dada a dificuldade de descobrir os custos de oportunidade e o valor real, essa estratégia nos ajuda a fazer um orçamento. Ajuda a tomar decisões mais rápidas sobre como gastamos nosso dinheiro. Isso pode ser bom, mas, ao jogarmos o jogo da contabilidade mental, também violamos o princípio da fungibilidade. E nos negamos seus benefícios – simplificamos as coisas e no processo nos abrimos para todo um novo conjunto de erros financeiros.

A ideia da contabilidade mental foi introduzida por Dick Thaler. O princípio básico é que operamos em nosso comportamento financeiro de forma parecida com as organizações e empresas. Se trabalhamos para uma pequena organização, como a faculdade estadual de Jane, sabemos que anualmente cada departamento tem seu orçamento, gastando-o na medida do necessário. Se um departamento esgota seu dinheiro cedo demais, pior para ele. O chefe do departamento não receberá uma nova parcela até o início do ano seguinte. Mas se tiverem dinheiro extra ao final do ano, todos recebem um notebook novo, ou a festa de fim de ano pode incluir um bufê requintado em vez de salgadinhos e doces da padaria.

Como essa abordagem para orçamentos aplica-se à nossa vida financeira pessoal? Em nossa vida privada, também alocamos nosso dinheiro a categorias, ou contas. Geralmente fixamos um orçamento para roupas e entretenimento, aluguel e contas, investimentos e luxos. Não seguimos necessariamente esse orçamento, mas o fixamos. E, como as empresas, se esgotamos todo o dinheiro de uma categoria, pior para nós. Não podemos repô-lo (e, se o fazemos, nos sentimos culpados). Por outro lado, se sobra dinheiro em certa categoria, é facílimo gastá-lo. Talvez não cheguemos ao extremo de separar o dinheiro em envelopes etiquetados como Jane, mas todos usamos a contabilidade mental, ainda que não percebamos.

Eis um exemplo: imagine que acabamos de gastar R$ 100,00 em um ingresso para o mais novo e badalado espetáculo musical da cidade. Quando chegamos ao teatro no dia da estreia, procuramos na carteira e constatamos horrorizados que perdemos o ingresso. Felizmente, temos outra nota de R$ 100,00 na carteira. Será que compraríamos outro ingresso? Quando indagadas a respeito, a maioria das pessoas diz que não. Afinal, gastaram o dinheiro no ingresso, o ingresso se perdeu e isso já é ruim o suficiente. Agora, se pedimos às pessoas que imaginem que foram em frente e compraram um ingresso novo, quanto diriam que aquela noite teatral lhes custou? A maioria das pessoas diz que a experiência custou R$ 200,00 – o custo combinado dos dois ingressos.

Agora imagine que as coisas transcorreram de outra forma no dia do espetáculo. Não compramos um ingresso antes, mas estamos igualmente empolgados com a produção. Chegamos ao teatro, abrimos a carteira e percebemos que perdemos uma das duas notas novinhas de R$ 100,00 que estavam lá. Estamos agora R$ 100,00 mais pobres. Felizmente, ainda temos outra nota de R$ 100,00. Então, compraríamos o ingresso ou voltaríamos para casa? Nesse caso, a maioria das pessoas disse que compraria o ingresso. Afinal, o que perder uma nota de R$ 100,00 tem a ver com ir ao teatro? E se, como a maioria das pessoas, fôssemos em frente e comprássemos o ingresso, quanto sentiríamos que pagamos por ele? Nesse caso, a resposta mais comum é R$ 100,00.

Embora as pessoas reajam de maneira distinta a essas duas situações, elas são essencialmente iguais, de uma perspectiva puramente econômica. Em ambas, existe um plano de ir a um espetáculo e a perda de um pedaço de papel no valor de R$ 100,00 (um ingresso ou uma nota de dinheiro). Mas, de uma perspectiva humana, existe uma diferença clara. Em um caso, o pedaço de papel perdido se chamava ingresso de teatro; no outro, era dinheiro – a nota de R$ 100,00. Como o tipo de pedaço de papel pôde fazer tamanha diferença? Como esse fenômeno pôde fazer com que fôssemos ao espetáculo em um caso e fôssemos para casa no outro?

Voltemos, por um segundo, às empresas e a seus orçamentos. Se temos um orçamento para ingressos de teatro e esgotamos esse orçamento (gastamos no ingresso), não o repomos. Portanto, não compramos um ingresso novo. Mas, se o dinheiro é perdido de nossa carteira – em vez de ser gasto num item específico –, não sentimos que foi tirado de alguma categoria orçamentária específica. Consequentemente, não vemos a necessidade de punir qualquer uma das categorias orçamentárias. O que significa que resta dinheiro em nossa conta de teatro, porque o dinheiro perdido veio da conta de despesas gerais. Assim, a perda não nos impede de curtir o espetáculo.

Essa lógica de contabilidade mental parece bem lógica. Então, o que há de errado com ela?

CONTAS ENGANOSAS

De uma perspectiva perfeitamente racional, nossas decisões de gastos não deveriam ser influenciadas por contas orçamentárias imaginárias, não importa como essas contas possam variar em forma, local ou tempo. Mas são.

Fazemos esse tipo de contabilidade mental o tempo todo. Pense em algumas das formas como mantemos nosso dinheiro em contas diferentes:

1. Depositamos certa quantia de dinheiro em contas de poupança com rendimentos baixos e ao mesmo tempo mantemos um saldo devedor em cartões de crédito com taxas de juros altas.
2. Jeff às vezes leva a família junto quando dá palestras ou apresenta espetáculos em cidades interessantes, como em uma viagem recente a Barcelona. Quando isso acontece, não importa quanto ganhe ou quanto custe a viagem, ele sempre gasta demais. É fácil gastar mais dinheiro do que ganha com seu espetáculo, porque está ganhando e gastando o dinheiro ao mesmo tempo. A conta de ganhos crescente ofusca a conta para despesas de férias, de modo que todas as regras de gastos desapareçam. Em sua mente, o dinheiro para cada refeição ou atração não está vindo do orçamento de viagens, educação ou moradia. Está vindo dos honorários da palestra – todas as vezes. Se estivessem em uma simples viagem de família, ele teria maior consciência financeira ou ao menos faria mais perguntas passivo-agressivas do tipo: "Precisamos realmente de outra taça de Cava?"
3. Toda a cidade de Las Vegas é um ótimo exemplo de contabilidade mental. Os executivos de turismo da cidade sabem que fazemos isso. Eles têm até um slogan de marketing que pretende nos ajudar a compartimentalizar: "O que acontece em Vegas fica em Vegas." Eles encorajam nossos impulsos mais baixos, e de bom grado os satisfazemos. Vamos a Vegas e colocamos nosso dinheiro todo em uma conta mental de Vegas. Se ganhamos nas mesas de jogo, ótimo, foi sorte. Se perdemos, tudo bem, já contávamos aquele dinheiro como gasto ao incluí-lo naquela conta de Vegas. A verdade é que, não importa a conta mental em que o incluímos, ele continua sendo nosso dinheiro.

Só que não é essa a sensação. Aconteça o que acontecer com o dinheiro enquanto estamos em Vegas – se perdemos ou ganhamos alguns milhares de dólares –, ele na verdade volta conosco para casa. Ele não fica em Vegas.

Gary Belsky e Thomas Gilovich recontam a história do homem que vai apostar na roleta com 5 dólares, começa com um incrível surto de sorte e, a certa altura, está com quase 300 milhões.[1] Ele aí faz uma má aposta e perde tudo que ganhou. Ao retornar ao seu quarto no hotel e sua esposa perguntar como se saiu, ele diz: "Perdi 5 dólares." Se isso acontecesse conosco, certamente sentiríamos que perdemos mais do que US$ 5,00, mas provavelmente não sentiríamos como se tivéssemos perdido 300 milhões. Temos a impressão de que só os US$ 5,00 eram "nosso dinheiro" – a quantia com que começamos naquela noite. Nós categorizaríamos cada dólar ganho naquela noite, do primeiro até o tricentésimo milionésimo, como "ganhos". Assim, nesse cenário, podemos ter perdido 300 milhões de dólares dos nossos ganhos, mas sentiríamos que perdemos apenas 5 dólares do nosso próprio dinheiro. Claro que perdemos também a capacidade de nos comunicarmos honestamente com nossa esposa, mas isso fica para um outro livro.

Nenhum desses cenários faz sentido se considerarmos que todo o dinheiro sendo gasto, poupado, apostado ou bebido realmente vem do mesmo grande acervo chamado "nosso dinheiro". Não deveria importar como rotulamos o dinheiro, já que na realidade é todo nosso. Mas – como já explicamos – atribuímos a ele categorias mentais, e essa categorização controla como pensamos sobre ele a partir daquele ponto: quão à vontade nos sentimos gastando esse dinheiro, em que gastamos e vendo quanto resta ao final do mês.

CONTABILIDADE MENTAL: UM PROBLEMA SINGULAR

Ao contrário da maioria dos problemas discutidos neste livro, a contabilidade mental é mais complexa do que um simples erro. A contabilidade mental – como os outros mecanismos – não é uma abordagem racional sobre dinheiro, mas, quando levamos em conta a realidade da nossa vida e nossas limitações cognitivas, *pode* ser uma estratégia útil – desde que seja usada sabiamente. Claro que não costumamos usá-la com sabedoria, razão da existência do restante deste capítulo. Por ora abordemos por que a contabilidade mental é particularmente singular.

Imagine que existem três tipos de pessoa: 1) a pessoa perfeitamente racional – *Homo economicus*; 2) a pessoa um tanto racional com limitações cognitivas – ela consegue tomar a melhor decisão se tiver tempo e capacidade mental para refletir a respeito; e 3) a pessoa um tanto racional com limitações cognitivas *que também possui emoções* – ou seja, *um ser humano*.

Para uma pessoa perfeitamente racional, a contabilidade mental é inequivocamente um erro. Em um mundo perfeitamente racional, deveríamos tratar o dinheiro de uma conta da mesma forma como tratamos o dinheiro de outra conta. Afinal, dinheiro é dinheiro. É totalmente intercambiável. Em um mundo perfeitamente racional temos uma capacidade infinita para os cálculos financeiros, sendo portanto um erro compartimentalizar, pois isso viola o princípio da fungibilidade e nos nega esse grande benefício do dinheiro.

Porém, para a pessoa com limitações cognitivas, com os limites da vida real e da nossa capacidade cerebral para conter e processar informações, a contabilidade mental pode ajudar. No mundo real, é muito difícil descobrir os custos de oportunidade e os dilemas multifacetados de cada transação financeira. A contabilidade mental nos fornece uma heurística – ou atalho – útil para qual decisão devemos tomar.

Cada vez que compramos algo como um cafezinho, não podemos de modo prático pensar: "Ah, isto poderia ser uma passagem de ônibus ou o valor para baixar um filme do iTunes ou um litro de gasolina ou qualquer outra coisa do número infinito de compras no presente ou no futuro." Em vez disso, podemos usar a contabilidade mental para pensar nesse cafezinho como parte da nossa conta intitulada "Alimentação". Assim, só precisamos avaliar os custos de oportunidade dentro dessa conta. Com isso nosso pensamento fica mais limitado, porém mais plausível de ser controlado. "Ah, isto poderia ser metade do meu almoço hoje ou aquele cafezinho extra na tarde de sexta." Os cálculos ficam mais simples. Dessa perspectiva, a contabilidade mental continua não sendo racional, mas é sensata, especialmente dadas as nossas limitações computacionais.

Quando compartimentalizamos para simplificar, não precisamos pensar em todo e qualquer custo de oportunidade cada vez que gastamos dinheiro. Seria exaustivo. Só precisamos pensar sobre nosso orçamento menor – para cafés ou comer fora ou entretenimento – e os custos de oportunidade dentro dele. Não é perfeito, mas ajuda. Na verdade, uma vez que reconheçamos que a contabilidade mental não é racional mas pode ser útil, podemos pensar em como aplicá-la de uma forma mais positiva.

O que nos traz ao nosso terceiro tipo de pessoa, aquela com emoções e estresse e aborrecimentos e prazos e *um monte de outras coisas para fazer*! Em outras palavras: nós, as pessoas *de verdade*. Embora menos impossível do que descobrir os custos de oportunidade abrangentes de cada transação, pensar nisso o tempo todo mesmo dentro de categorias menores, é, no mínimo, irritante. Se tivermos que pesar os prós e os contras das nossas decisões toda vez que quisermos comprar um item específico – café, gasolina, um aplicativo, este livro –, será uma chatice insuportável. Assim como exigir de quem faz dieta que conte cada caloria muitas vezes resulta em frustração e em uma reação contrária de compulsão por comida, também a criação de categorias orçamentárias complexas acaba levando a pessoa a desistir do orçamento. Não é a solução que queremos.

Na verdade, quando as pessoas nos contam que têm dificuldade em controlar seus gastos, reconhecemos que poderiam fazer um orçamento para tudo, mas também dizemos que aquilo será tão maçante que acabarão desistindo. Em vez disso, sugerimos que decidam quanto querem gastar numa categoria ampla de "itens discricionários" ou "irrestritos": as coisas sem as quais *podem* viver, como um café especial, sapatos elegantes ou uma noite de bebedeira. Pegue essa quantia semanalmente e coloque-a num cartão de débito pré-pago. Agora, para essa categoria de gastos discricionários, elas contarão com um orçamento novo toda segunda-feira. O saldo do cartão mostrará como vem sendo usado e os custos de oportunidade *dentro dessa categoria geral*, assim, o custo de oportunidade das decisões será imediatamente conhecido: basta olhar o saldo dos gastos discricionários. Ainda requer esforço, mas não é tão maçante como contas separadas para café, cerveja, Uber e a versão digital deste livro. Essa é uma das formas de usarmos a contabilidade mental a nosso favor, reconhecendo a complexidade e as pressões da nossa vida real.

> **MAIS SOLUÇÕES ADIANTE**
>
> Como você pode ver, a contabilidade mental é uma falha singular na forma como pensamos em dinheiro: em geral, não deveríamos nos envolver com contabilidade mental, mas, como ela simplifica a vida, nos envolvemos. Isso significa que deveríamos estar atentos aos erros que cometemos ao fazê-lo. Reconhecer esse fato mostra como podemos remodelar o modo como usamos dinheiro ao levarmos em conta e ao aceitarmos a nossa natureza gastadora.
>
> Ofereceremos mais dicas como essa – meios de levar em conta o nosso pensamento financeiro falho e de usá-lo a nosso favor – na última parte deste livro. Mas agora vamos continuar explorando as nossas irracionalidades com relação ao dinheiro.

LAVAGEM DE DINHEIRO

Nossa categorização do dinheiro afeta como o tratamos e como o usamos, mas nem sempre dispomos de meios claros para categorizá-lo. Ao contrário de uma empresa, nossas vidas não estão cheias de materiais de escritório e folhas de pagamento. Separamos nosso dinheiro em contas mentais diferentes, com regras diversas, dependendo de como o obtemos, de como o gastamos e da sensação que nos dá. Obtivemos esse dinheiro de um emprego ou de um bilhete de loteria achado na calçada? Ou vem de uma herança, de um desfalque ou de apostas?

Por exemplo, se ganhamos um vale-presente para a Amazon ou o iTunes, provavelmente compraremos coisas que normalmente não compraríamos se essa mesma quantia tivesse vindo do nosso salário. Por quê? Porque um vale-presente vai para a nossa conta de presentes, enquanto o dinheiro ganho com o esforço do nosso trabalho vai para uma conta mais protegida e menos fútil. Essas contas têm regras de gasto diferentes (embora, repetindo, tudo nelas contenha o nosso próprio dinheiro, que é intercambiável).

Uma descoberta curiosa sobre como categorizamos o dinheiro é que as pessoas que se sentem culpadas sobre como o obtiveram com frequência doam parte dele à caridade.[2] Pense nisto: como gastamos o dinheiro depende de como nos *sentimos* em relação a ele. Sim, outro fator oculto que influencia nossa compartimentalização do dinheiro é a sensação que nos dá. Nós nos sentimos mal ao obtê-lo porque ele chegou sob circunstâncias negativas? Sentimos que é dinheiro que pode ser gasto livremente porque ganhamos de presente? Ou nos sentimos bem porque trabalhamos duro por ele e fizemos por merecê-lo?

As pessoas tendem a gastar algo como o salário em coisas de caráter "responsável" como pagar contas, porque a sensação é de "dinheiro sério". Por outro lado, dinheiro que parece divertido – como aqueles 300 milhões ganhos no cassino – tenderá a ser gasto em coisas divertidas, como mais apostas.

Jonathan Levav e Pete McGraw descobriram que, quando obtemos dinheiro que dá uma *sensação* negativa, tentamos "lavá-lo". Por exemplo, quando herdamos dinheiro de um parente amado, a sensação do dinheiro é boa e estamos prontos para gastá-lo. Mas, se o recebemos de uma fonte de que não gostamos – no experimento deles, foi da empresa de cigarros Philip Morris –, a sensação do dinheiro é ruim. Assim, para limpá-lo das sensações negativas, primeiro gastamos uma parte de formas positivas, como comprando livros para estudo ou doando para a caridade, em vez de gastá-la de formas egoístas, como com sorvete. Uma vez que parte do dinheiro foi usada para o bem, achamos perfeitamente justo gastar o resto em coisas mais egoístas como férias, joias... e sorvete.

Jonathan e Pete chamam isso de CONTABILIDADE EMOCIONAL. A lavagem emocional de dinheiro pode assumir várias formas. Poderíamos limpar o dinheiro poluído gastando-o primeiro com coisas sérias, como quitar uma dívida, ou nobres, como comprar sorvete... para um orfanato. Quando fazemos algo que consideramos bom, eliminamos os maus sentimentos associados ao dinheiro, ficando livres para gastar. Esse tipo de lavagem emocional do dinheiro certamente não é racional, mas faz com que nos sintamos bem.[3]

Eis uma afirmação razoavelmente precisa sobre como tratamos o dinheiro em muitas situações: não lidamos com ele de uma forma que faça sentido, mas de uma forma que nos passe uma sensação boa. (Isso provavelmente se aplica a como lidamos com a maioria das coisas na nossa vida também, mas não está na hora de filosofar.)

UMA ROSA COM QUALQUER OUTRO NOME CONTINUARIA CUSTANDO MAIS

De algumas formas lastimáveis, agimos como os departamentos contábeis das empresas, buscando brechas para pagar menos impostos. Mas quando usamos artifícios contábeis para manipular o sistema visando ganho pessoal, aí somos como certas empresas específicas, como a Enron. A notória empresa de energia – o exemplo típico de fraude corporativa na década de 2000 – tornou os detentores de informações privilegiadas obscenamente ricos usando esquemas contábeis fraudulentos. Os executivos da Enron criaram contas no exterior para ocultar despesas e criar receitas falsas. Eles enganosamente negociavam derivativos de produtos basicamente fictícios. Toda a sua operação contábil era "mantida sob controle" por uma empresa de auditoria que eles próprios financiavam. Eram tão bons nessa trapaça que até começaram a acreditar na lógica de sua abordagem contábil fraudulenta.

Grande parte da crise financeira de 2008 nos Estados Unidos foi gerada por golpes contábeis – por algumas pessoas no setor financeiro ganhando dinheiro do próprio dinheiro, apenas fazendo-o circular, dividindo-o e vendendo-o. Desviavam dinheiro e embaralhavam recursos entre contas quando conveniente, quando rentável e quando os beneficiava.

Realizamos truques contábeis semelhantes. Usamos nosso cartão de crédito para diferentes compras e depois rapidamente esquecemos delas. Pegamos emprestado do que pretendíamos poupar. Não pensamos nas grandes contas quando não estão em nosso orçamento mensal. Transferimos dinheiro entre contas-correntes, contas de poupança e fundos de emergência para podermos fazer algo "especial" com ele. Na maioria das vezes, porém, nossos truques contábeis não causam desastres econômicos mundiais – apenas prejudicam nosso futuro financeiro pessoal.

Tudo bem, talvez não sejamos tão ruins como a Enron e seus colegas da virada do século, mas agimos de maneira questionável em relação à nossa contabilidade mental. Somos facilmente desencaminhados por emoções, egoísmo, impulsos, falta de planejamento, pensamento de curto prazo, autoilusão, pressão externa, autojustificação, confusão e ganância. Podemos considerá-los os Dez Pecados Financeiros. Não Pecados Mortais, mas certamente ruins.

E, como as Enrons da vida, nosso departamento contábil mental é controlado somente por auditores preguiçosos que não querem pensar demais, adoram o prazer de gastar e são afetados por um conflito de interesses intrínseco. *Nós* somos nossos próprios auditores. Somos a raposa vigiando nosso galinheiro financeiro.

Imagine que está na hora do jantar e estamos com fome. No dia anterior pedimos comida de um restaurante e planejamos cozinhar esta noite, mas não fizemos compras. Nosso orçamento diz que não deveríamos comer fora, especialmente não naquele novo restaurante badalado da nossa rua. Sim, nossos amigos vão jantar fora hoje, mas deveríamos improvisar algo em casa e destinar o dinheiro não gasto à conta de aposentadoria, que renderá juros compostos até chegarmos aos 80 anos. Aí sim teremos dinheiro para comer fora sempre que quisermos. Mas nos esquecemos de perguntar a nós mesmos: "O que uma pessoa sensata faria?" Assim, arranjamos alguém para cuidar dos nossos filhos e uma hora depois estamos sentados à mesa com um coquetel sofisticado na mão.

Prometemos a nós mesmos que comeremos comidas baratas e saudáveis. Mas veja só este cardápio! Pensávamos em comer frango, mas aquela lagosta com molho de vinho e manteiga nos chama e enrola suas garras suculentas em torno da nossa garganta faminta. "Preço de mercado." Nada mau. Ouvimos falar que foi um bom ano para a pesca. Assim, pedimos a lagosta e sugamos até a última gota do molho com algumas fatias grossas de pão tostadinho. Também achávamos que poderíamos sobreviver com água da casa, mas dizemos "Claro que sim" a uma garrafa daquele vinho caro. Deveríamos ter recusado a sobremesa, mas quem resiste àquele suflê caramelizado?

No momento em que a conta chega, fomos bem além dos R$ 10,00 que dois pratos de massa e duas laranjas nos custariam em casa. Violamos nossas próprias regras de dieta e financeiras, mas não há ninguém para nos fiscalizar por perto.

Não nos sentimos mal por comermos e gastarmos. Afinal, temos que comer algo e merecemos um agrado após uma longa semana, certo? Além disso, depois de bebermos um pouco além da conta, perdemos a capacidade cognitiva de pensar sobre coisas maçantes como poupanças ou contas a pagar.

Ainda que irracional, a contabilidade mental, assim como a corporativa, pode ser útil se usada sensatamente. Categorias orçamentárias podem nos ajudar a planejar nossas finanças e a controlar nossos gastos. Mas, à semelhança da contabilidade corporativa, a mental não é uma cura para todo mal, porque ainda oferece uma grande área nebulosa. Assim como algumas empresas exploram brechas com a "contabilidade criativa", fazemos o mesmo com a nossa lógica de gastos flexíveis. Gerimos mal nosso dinheiro quando não usamos nenhuma categoria, mas mesmo quando as usamos manipulamos a classificação das nossas despesas. Modificamos as regras e criamos histórias que combinam com os nossos caprichos.

Mark Twain descreve um desses casos de manipulação criativa das regras. Tendo se limitado a um charuto por dia, começou a procurar charutos cada vez maiores, até conseguir que cada um deles fosse produzido em tal proporção que "poderia tê-lo usado como uma muleta".[4] Os cientistas sociais chamam esse tipo de escrituração criativa de *CONTABILIDADE MENTAL MALEÁVEL*. Brincamos com a contabilidade mental maleável quando nos permitimos classificar as despesas ambiguamente e quando, de modo criativo, atribuímos despesas a diferentes contas mentais. De certa forma, isso nos ajuda a enganar o dono da conta (nós mesmos). Se nossa contabilidade mental não fosse maleável, estaríamos rigorosamente presos às regras de receita e despesas. Mas, por ser maleável, manipulamos nossas contas mentais para justificar nossos gastos, dando-nos ao luxo de gastarmos demais e nos sentirmos bem com isso.

Em outras palavras, ainda que soubéssemos que nosso orçamento não o deveria permitir, achamos um meio de viabilizar nosso jantar. Talvez transferíssemos a refeição da conta de "alimentação" para a de "entretenimento". Talvez decidíssemos que não é nossa responsabilidade enviarmos nossos filhos a uma universidade privada. Essencialmente, agimos como uma Enron autossuficiente, dando uma maquiada nos nossos planos financeiros para satisfazer desejos imediatos. Não vamos ser presos por causa disso, mas violamos nossas próprias regras. Derrubamos o muro entre comida e entretenimento e perdemos o controle.

Não apenas mudamos a forma como usamos diferentes categorias, mas também mudamos as regras que definem essas categorias. Quando temos um hábito não muito bom como comprar bilhetes de loteria ou cigarros, costumamos fixar regras arbitrárias de quando nos permitiremos comprá-los. "Só apostarei na loteria se o prêmio acumulado for maior do que 100 milhões de reais." Claro que essa regra é uma furada, porque a loteria é uma má decisão não importa o montante do prêmio. É como dizer: "Só vou fumar cigarros em dias parcialmente nublados." Mas as regras fazem com que nos sintamos melhor sobre o que sabemos ser uma má escolha.

Claro que inevitavelmente burlamos essas regras que criamos sempre que podemos justificar nossa decisão – quando nosso escritório organiza um bolão da loteria, quando estamos esperando numa longa fila para pagar contas, quando estamos mais sonhadores que o normal ou quando o dia foi difícil e nos sentimos merecedores. Como somos nós que criamos as regras, e muitas vezes as únicas pessoas que sabem de sua existência, é notadamente fácil mudá-las, reformulá-las ou substituí-las por regras novas sem nenhuma repercussão. ("A regra do prêmio mínimo de 100 milhões de reais deve ser suspensa para todos os jogos de loteria feitos usando calças marrons.") Nosso poder legislativo interno com certeza aprovará, independentemente de rancor partidário ou de falta de deliberação.

O MAU DINHEIRO PERSEGUINDO O BOM DINHEIRO

Digamos que a gente tenha de fato dado uma baita sorte, como ganhar um modesto prêmio da loteria ou ser convidado para dar uma palestra remunerada em Barcelona. Sem pensar muito, podemos gastar facilmente várias vezes essa quantia, deixando que a sensação boa da conta generosa e livre de culpa do prêmio ofusque nossas outras contas. Gastamos com ostentação, dizendo a nós mesmos que todas essas compras foram abençoadas pela sorte, mesmo bem depois de termos zerado aquela conta. Por exemplo, em Barcelona Jeff justificou diversas compras extras imaginando cada uma delas como uma simples retirada da conta da palestra. Foi fácil, no momento, conceber cada compra como uma despesa especial para celebrar o convite como palestrante. Na realidade, todas aquelas extravagâncias individuais somadas resultaram num montante bem grande, no entanto ele não tinha pensado nelas dessa maneira. Ao menos, não até pagar a fatura do cartão de crédito no mês seguinte. (Mais sobre cartões de crédito adiante.)

A contabilidade mental maleável também permite que saquemos de nossas poupanças de longo prazo para suprir qualquer necessidade ou desejo atual que possamos ter. Permite gastarmos em serviços de saúde quando uma emergência se apresenta. Permite criarmos categorias orçamentárias inteiramente novas sem mais nem menos. Ainda pior, depois que dispomos dessa nova categoria, gastar dinheiro dessa conta torna-se mais fácil no futuro. Quem é que sabia que existia uma categoria para "Celebrar que Sobrevivemos à Quarta-feira com uma Happy Hour" e que ela se repetia a cada semana?

Às vezes, quando conseguimos poupar dinheiro de alguma maneira, nós nos recompensamos gastando em itens supérfluos que normalmente não compraríamos, embora o objetivo de economizar em uma conta mental não seja gastar de outra. Quando isso acontece – o que não é o tempo todo, porém com certa frequência –, estamos recompensando o bom comportamento com um mau comportamento que solapa diretamente o bom. Economizar R$ 200,00 numa semana é um bom começo, mas celebrar a poupança gastando R$ 100,00 em algo que normalmente não compraríamos – como um jantar ou um presente – não ajuda em nada as nossas finanças em geral.

Outra forma como nos entregamos à contabilidade criativa é conhecida como *INTEGRAÇÃO*. É quando racionalizamos que duas despesas diferentes são na verdade uma só, basicamente atribuindo a despesa menor à mesma categoria da maior. Desse modo, podemos nos induzir a acreditar que estamos sofrendo uma só compra grande, algo psicologicamente menos perturbador do que uma compra grande *e* outra pequena.

Por exemplo, acrescentamos nosso aparelho de CD de R$ 300,00 à compra do nosso carro de R$ 50.000,00 e o consideramos simplesmente parte do carro. Ou compramos uma casa de R$ 500.000,00 e móveis de R$ 1.200,00 para podermos curtir nosso novo quintal. Enquadramos a coisa toda como uma compra de casa, sem separar as compras da casa das da mobília. Ao combinarmos as compras assim, sentimos que não sofremos duas perdas – a casa *e* os móveis – de duas contas: moradia *e* decoração do lar. É uma só. Ou, após um dia exaustivo de compras, gastamos em um jantar caro... e depois sobremesa... e depois um drinque no barzinho. E agrupamos todos esses prazeres numa conta mental vagamente reconhecida como "Seduzido Novamente pelas Festas de Fim de Ano".

Também trapaceamos em nossa contabilidade pela classificação incorreta. Por exemplo, Jane não queria gastar dinheiro com um presente para o primo Lou, por isso passou horas preparando um bolo para ele. Esse tempo e esse esforço têm um valor: são quatro horas em que poderia estar fazendo algo diferente, de relaxar a visitar sua família ou até ganhar dinheiro. Em termos financeiros, seu tempo vale mais do que os R$ 25,00 que poderia ter gastado em um porta-retratos para o primo? Provavelmente (embora exista certamente um valor emocional em preparar um presente pessoal para a família). No que se refere apenas a dinheiro – que é o foco de Jane –, trocar R$ 25,00 por quatro horas de trabalho cansativo é uma má decisão, que ela tomou por culpa da classificação incorreta.

Nossas regras de contabilidade mental pessoal não são específicas nem rigorosamente cumpridas. Com frequência existem como pensamentos vagos em nossa mente, sendo portanto fácil achar brechas quando precisamos ou queremos. Como já vimos, quando temos uma chance, a maioria de nós escolherá a saída fácil: escolheremos a opção imediatamente mais tentadora, depois usaremos uma ginástica classificatória para justificá-la sem prestar muita atenção, ainda que as decisões que estamos tomando signifiquem enganar a nós mesmos.

Não existe limite para o esforço que as pessoas fazem só para evitarem pensar.

Isso não quer dizer que sejamos pessoas ruins. A maioria de nós não é conscientemente gananciosa, estúpida ou mal-intencionada por natureza. Não violamos aberta ou imprudentemente nossas regras de contabilidade mental, mas usamos a maleabilidade dessas regras para justificar decisões financeiras que não se enquadram nelas.[5] Como quando saímos da dieta, tiramos proveito da nossa criatividade, usando-a para justificar quase qualquer coisa facilmente. Afinal, merecemos aquela casquinha de sorvete, já que comemos salada no almoço esta semana, certo? E o carrinho de sorvetes é um negócio local que deve ser apoiado, certo? E só é verão uma vez por ano. Portanto, vamos aproveitar!

TIMING É TUDO

Não dá para esticar o tempo, dá? Tentamos constantemente. Na verdade, talvez a forma mais comum de trapacearmos em nossa contabilidade mental venha da forma errada como pensamos sobre o tempo. Especificamente, o intervalo de tempo entre o pagamento de um item e seu consumo.

Uma das características mais interessantes de como classificamos nossas decisões financeiras está ligada à conta mental em que colocamos uma compra e à sensação que isso nos dá, que muitas vezes está relacionada à quantidade de tempo entre o momento em que fizemos a compra e aquele em que a consumimos, e não ao valor real do item. Por exemplo, Eldar Shafir e Dick Thaler estudaram o vinho e constataram que compras antecipadas de vinho são muitas vezes consideradas "investimentos".[6] Meses ou anos depois, quando uma garrafa daquele vinho é aberta, despejada no cálice, saboreada e elogiada, aquele consumo parece gratuito. Nenhum dinheiro foi gasto em um vinho fino naquela noite. Pelo contrário, o vinho foi o fruto de um investimento inteligente feito tempos antes. Se, porém, tivéssemos que comprar aquele vinho naquele mesmo dia – ou, que azar, deixássemos a garrafa cair e se quebrar –, aquela compra pareceria ter vindo do orçamento de *hoje*. Nesse caso, não estaríamos nos vangloriando de um investimento inteligente – porque não houve tempo entre a compra e o consumo para colocá-la em uma categoria diferente. Em qualquer situação em que bebemos vinho – comprar antes e beber hoje; comprar hoje e beber hoje; comprar antes e quebrar hoje – gastamos dinheiro com uma garrafa de vinho, mas, dependendo do momento da compra e do intervalo de tempo entre a compra e o consumo, pensamos no custo de formas bem diferentes.

O timing não é importante só quando se trata de gastar dinheiro – ele também importa ao ganhá-lo. O que assalariados prefeririam: um aumento de R$ 1.000,00 por mês ou um bônus de R$ 12.000,00 no fim do ano? A opção racional é preferir os R$ 1.000,00 mensais porque, se obtemos o dinheiro antes do fim do ano, podemos poupá-lo, investi-lo, pagar dívidas ou usá-lo para nossas necessidades mais prementes.

Entretanto, se perguntamos às pessoas como usariam uma bolada de R$ 12.000,00 em comparação com R$ 1.000,00 mensais adicionais, a maioria diz que gastaria a bolada em algo especial que as deixasse mais felizes. Isso ocorre porque um pagamento único não chegaria junto com as flutuações mensais de ganhos e despesas – situando-se fora do nosso sistema contábil normal. Se, por outro lado, o dinheiro é recebido mensalmente, seria categorizado como salário – e a maioria das pessoas o usaria para pagar despesas normais. Os bônus não têm esse enquadramento de tempo mensal, podendo assim ser gastos em prazeres que desejamos mas nos sentimos culpados de comprar (como vinho e sorvete, de acordo com as sugestões deste capítulo).

PAGANDO DE GRAÇA

Aqueles que vivem na cidade e têm um carro sabem quão caro pode ser possuir um veículo. Pagamos prêmios de seguro mais altos na cidade. Dirigir no meio urbano desgasta os carros, aumentando os custos de manutenção. Pagamos guardadores, estacionamentos – e pagamos multas injustas por infrações não cometidas, tendo que passar pela burocracia que é recorrer aos órgãos autuadores. Além disso, muitos moradores da cidade não usam regularmente seus carros, recorrendo ao transporte público. Racionalmente, muitos moradores da cidade deveriam usar táxis ou serviços como Uber e alugar carros apenas para a ocasional aventura de fim de semana ou as férias. O total dessas despesas seria bem menor do que o custo de manter um carro. Mesmo assim, sempre que os moradores da cidade usam seus carros – para fazer compras, viajar num fim de semana ou visitar amigos em bairros mais distantes – sentem como se a viagem não custasse nada. Acham que estão economizando dinheiro com táxi e aluguel em locadora e que esses passeios no próprio carro estão saindo de graça. Isso acontece porque pagaram por aquelas viagens em outros momentos, quando renovaram o seguro e pagaram os impostos, por exemplo, e não na hora da viagem.

De forma semelhante, nos clubes de hospedagem pagamos uma grande quantia inicial pelo direito de usar uma propriedade quando quisermos. De graça! Bem, sim, não pagamos nada na semana em que estamos usufruindo da propriedade, mas pagamos um valor – uma bolada – geralmente uma vez por ano. Só que parece de graça porque os momentos da compra e do uso são diferentes.

CONTAS A PAGAR

A contabilidade mental tem um impacto descomunal sobre nossas decisões financeiras. Ela direciona e desencaminha nossa atenção e nosso pensamento sobre o que gastar ou não gastar. Mas lembre-se: ela nem sempre é ruim. Dadas as nossas limitações cognitivas, às vezes a contabilidade mental permite que criemos atalhos úteis e mantenhamos certo nível de ordem financeira. Mas com isso costumamos criar regras contábeis flexíveis que podem influenciar negativamente nossa capacidade de definir valores. Isso é ainda mais verdadeiro quando separamos – seja pelo tempo, pelo método de pagamento ou pela atenção – o prazer de consumir algo da dor de pagar por aquilo.

Ah, você não percebeu que pagar pelas coisas causa dor? Então, segure bem sua carteira e vire a página...

6
EVITAMOS A DOR

Jeff está casado e, por acaso, sua experiência de lua de mel foi bem instrutiva sobre como pensamos nas nossas finanças. Eis sua história romântica de amor e dinheiro:

Anne e eu achamos um lugar para passar a lua de mel – um resort na ilha caribenha de Antígua. Tínhamos recebido indicações daquele lugar mágico dos amigos e pareceu um ótimo meio de celebrarmos (e nos recuperarmos dos preparativos do) nosso casamento. As fotos pareciam bonitas e, soterrados nos detalhes de planejar um evento para um monte de gente, o pensamento de repousar em uma praia calma, tomando uns drinques, era irresistível.

Decidimos comprar um pacote com tudo incluído e pagamento adiantado. Refletimos: o pacote *all-inclusive* custaria mais do que a opção *à la carte* de pagar ao consumir, e iríamos provavelmente também comer e beber demais. Mas, após meses de dieta brutal para ficarmos mais magros nas nossas roupas do casamento, preferimos essa opção. Ela era atraente, em parte, por parecer tão simples. Uma vez que tivéssemos reservado e pago, poderíamos também eliminar um item da nossa lista aparentemente infinita de afazeres.

De qualquer modo, nossa festa de casamento foi ótima. Alguns dias depois, viajamos de avião até Antígua e, após um bilhão de horas de sono, realmente começamos nossas férias. Sim, comemos demais, bebemos demais, exageramos em tudo. Um café da manhã abundante, uns coquetéis, frutos do mar no almoço, drinques à base de coco, sonecas, bebidas com rum, jantar, vinho. E sobremesa. Muita sobremesa. Quer dizer, eles traziam uma bandeja de doces para nós todas as noites. O que poderíamos fazer? Em casa, não exageraríamos, mas, veja bem, sabíamos que todas as calorias extras seriam barradas na alfândega.

Conseguimos encaixar algumas atividades também – natação, tênis, sair para velejar e mergulhar com *snorkel*. Fomos até em algumas excursões. Embora estivéssemos nos sentindo um pouco mimados, também achamos que merecíamos uma mordomia.

Acontece que um dos prazeres inesperados das nossas férias pré-pagas, com tudo incluído, foi que o resort afixava os preços de tudo por toda parte. Etiquetas adornavam a comida, a bebida e as toalhas de praia. Os preços eram colados em cadeiras de praia. Eles nos confrontavam nos passeios de barco e nas excursões às ilhas. De início achamos de mau gosto, mas depois começamos a curtir a lembrança de toda a comida e diversão grátis que estávamos tendo e de todo o dinheiro que estávamos poupando.

Foi uma fuga da realidade. Do planejamento do casamento, da festa de casamento, da família no casamento. Estávamos entupidos de comida, bêbados e bronzeados.

Aí, no meio da nossa estadia, começou a chover. Choveu sem parar por três dias seguidos.

Normalmente, isso seria uma chateação. Você quer deitar para tomar sol na praia na sua lua de mel, certo? Mas, às vezes, quando a vida lhe dá limões, você faz uma caipirinha.

Decidimos então passar o tempo no bar do resort. Provamos todas as bebidas que tinham e acabamos fazendo amizade com outros casais em lua de mel que também estavam se refugiando no bar.

Um casal de Londres – vamos chamá-los de Smiths – chegou bem no início da chuvarada. Não aceitaram nosso desafio de "provar todos os drinques". Preferiram beber até a última gota de cada coisa que pediam, mesmo quando seus rostos não mostravam nenhum prazer específico com aquela bebida.

Terminados os dias chuvosos, encontrávamos os Smiths na praia ou no restaurante – mas só no jantar. Eles muitas vezes não tomavam café da manhã e só comiam uma farta refeição noturna. Não bebiam muito: somente uns cálices de vinho ao jantar, quase nada na praia. E pareciam discutir bastante. Quem somos nós para julgar? Mas julgamos. Acontece que eles preferiram o plano *à la carte* e estavam tendo certas divergências sobre como gastar o dinheiro. Era compreensível. Afinal, as bebidas e atividades não eram baratas, e conversar sobre o que fazer e no que gastar acrescentava tensão à nova felicidade conjugal deles.

Saímos do resort no mesmo dia que os Smiths. Ao pegarmos o transporte para o aeroporto, vimos o casal conferindo uma conta de 19 páginas com o pessoal do resort. Foi uma forma triste de encerrarmos nosso tempo juntos, especialmente porque eles perderam aquele traslado e quase perderam o voo.

Mas perder o voo não seria nada mau. Ficar preso em Antígua seria bem melhor do que ficar preso em Miami, que foi o que aconteceu conosco. Estávamos entre conexões de voos ali e por causa primeiro de um problema com a aeronave e depois da previsão de uma tempestade tropical, tivemos que ficar lá por mais um tempo. A companhia aérea ofereceu hospedagem, e aceitamos. Poderíamos ter feito o *upgrade* para um local mais bonito, mas decidimos que não valia os 200 dólares a mais. O lugar onde permanecemos era sombrio, sujo e não ficava num bairro bom, porém resolvemos tentar curtir aquela pequena surpresa. Não conhecíamos a cidade, então por que não fazer um esforço por 36 horas?

Fomos direto para a cama, sem sair para curtir, e de manhã tomamos café numa lanchonete e dividimos uma omelete grande. Eu não estava com fome suficiente para comer uma inteira e US$ 15,00 parecia muito dinheiro para gastar com umas poucas mordidas. Foi ótimo. Fomos à praia, mas não alugamos barco nem esquis aquáticos ou barraca. Apenas nos sentamos e relaxamos, o que foi bom. Dava para ver a grande tempestade no horizonte. Também dividimos o almoço e depois fizemos planos para o jantar e um show.

Fomos a um bom restaurante, um lugar com uma ótima vista para o mar ainda não tempestuoso. Daí nos empanturramos de pão, não pedimos entrada e comemos um prato principal cada um. Nada de vinho. Pedimos drinques, mas nenhuma sobremesa. Já tínhamos consumido açúcar pelo resto da vida. (A previsão de que a alfândega rejeitaria nossas calorias extras mostrou-se falsa, infelizmente.) Eu ainda estava com um pouco de fome depois, mas resolvi que comeria alguma coisinha no local do show.

Só que não assistimos ao show. Era com uma banda de calipso local, numa nova casa noturna badalada, mas, quando chegamos lá, os únicos ingressos disponíveis custavam US$ 35,00 cada. Aquilo pareceu caro para uma banda da qual nunca tínhamos ouvido falar, de modo que fizemos uma bela caminhada de volta ao hotel. Aí começou a chover, e muito. Corremos até o quarto, batemos a porta e fomos direto para a cama. Pegamos uns livros e lemos até adormecermos. Um dia bom e simples.

Quando enfim voltamos para casa, o estacionamento onde deixamos o carro cobrou um dia a mais, obrigando-me a discutir com eles. Chegamos em casa tarde e tivemos que ir para a cama logo depois a fim de acordarmos na hora certa na manhã seguinte e irmos trabalhar. Um final ruim para uma viagem boa. Mas a vida é assim.

Naquela mesma semana, nossos amigos quiseram saber sobre a nossa viagem, e estávamos empolgados para contar tudo. Por isso nos reunimos para jantar num bom restaurante. Foi divertido rever o pessoal e bater papo. Aí a conta chegou e, embora eu me esforçasse, não consegui deixar de observar que nós – na tentativa de nos desintoxicarmos, talvez – não tínhamos consumido nada do champanhe e do vinho caro que nossos amigos pediram para a mesa toda. Houve certa discussão sobre quem deveria pagar o quê e no final todos examinaram a conta e pagaram o próprio consumo.

Perguntei à garçonete se ela aceitava pagamento em conchas marinhas e bronzeamento de pele. Ela não riu. Entreguei meu cartão de crédito.

Foi um final desagradável para uma boa noite. Mas a vida é assim.

FINAIS FELIZES

O final de uma experiência é muito importante. Pense nas orações de encerramento dos serviços religiosos, na sobremesa ao final de uma refeição ou nas canções de despedida ao fim da colônia de férias de verão. Terminar em alto-astral é importante porque o final de uma experiência afeta e caracteriza como avaliamos, recordamos e valorizamos a experiência completa. Donald Redelmeier, Joel Katz e Daniel Kahneman estudaram como o fim de uma colonoscopia influencia as lembranças dos pacientes sobre todo o procedimento.[1] Com alguns pacientes usaram a forma padrão de encerrar o procedimento, enquanto com outros acrescentaram um componente de cinco minutos ao final. O acréscimo consumiu tempo, mas reduziu a dor. Quando os médicos usaram o procedimento mais longo com o final menos doloroso, os pacientes viram a experiência total da colonoscopia como menos desagradável, embora incluísse o procedimento padrão e mais outra parte.

Claro que não se pode comparar férias e colonoscopia. No entanto, a ideia de que o final é importante aplica-se a essa situação também. Com frequência encerramos as férias de baixo-astral, com as coisas que mais odiamos: o pagamento da conta do hotel, o transporte até o aeroporto, conexões, retirada das malas, táxi, pilhas de roupas para lavar, despertador e a volta ao trabalho. Essas atividades finais podem inflenciar o modo como vemos as nossas férias de modo geral, pintando-as de forma menos positiva.

Nossa lembrança das férias seria melhor se tivéssemos um final mais feliz. Como poderíamos fazer isso? Poderíamos "simular" o fim da viagem antes de começar a parte desagradável; por exemplo, celebrando esse encerramento na noite antes de deixarmos o hotel. Ao fazê-lo, psicologicamente situaríamos a experiência de arrumar as malas, ir ao aeroporto e sentar no avião na categoria "vida normal", e não "fim de férias". Fechamos a viagem com chave de ouro e mantemos o aborrecimento fora dessas memórias.

Outra solução seria prolongar a viagem. Depois que retornamos e enfrentamos a volta à rotina diária, podemos reservar um tempo para conversar sobre lembranças e experiências, olhar as fotos e fazer algumas anotações, enquanto a viagem está fresca em nossa mente. Gastar tempo saboreando as férias traz a experiência para nossa vida comum, e isso também pode nos dar um final mais suave.

O QUE ESTÁ ACONTECENDO AQUI?

A experiência da lua de mel de Jeff nos mostra as muitas manifestações da *DOR DO PAGAMENTO*. Trata-se da ideia de que sentimos alguma versão de dor mental quando pagamos pelas coisas. Esse fenômeno foi originalmente proposto por Drazen Prelec e George Loewenstein em seu artigo "The Red and the Black: Mental Accounting of Savings and Debt" (O vermelho e o negro: contabilidade mental das economias e da dívida).[2]

Estamos todos familiarizados com a dor física e emocional: uma picada de abelha, uma pontada de agulha, dores crônicas e um coração partido. A dor do pagamento é o que sentimos quando pensamos em nos separarmos do nosso dinheiro. A dor não vem do próprio gasto, mas dos nossos pensamentos sobre o gasto. Quanto mais pensamos nele, mais doloroso fica. E, se acontece de consumirmos algo enquanto pensamos no pagamento, a dor do pagamento afeta profundamente a experiência inteira, tornando-a menos agradável.

O termo "dor do pagamento" baseou-se na sensação de desprazer e sofrimento causada pelo gasto, no entanto, estudos mais recentes usando imagens cerebrais por ressonância magnética mostraram que, de fato, pagar estimula as mesmas regiões do cérebro envolvidas no processamento da dor física. Preços altos estimulam esses mecanismos cerebrais com maior intensidade, mas não são só os preços altos que causam dor. Qualquer preço nos causa sofrimento. Existe uma dor que todos sentimos quando nos privamos de algo.[3]

FUGINDO DA DOR

Quando sentimos dor, nosso primeiro instinto é tentarmos nos livrar dela. Queremos aliviar a nossa dor, controlá-la. Quando vemos a dor chegando, nós nos esquivamos, nos defendemos e a evitamos. Fazemos isso com a dor do pagamento também. O problema é que a forma como geralmente tentamos escapar da dor do pagamento causa ainda mais problemas a longo prazo. Por quê? Porque corremos dos gastos dolorosos para os gastos indolores, sem considerarmos outros fatores mais importantes.

O fato de evitarmos a dor não alivia nosso problema financeiro. Ajuda a evitar a dor naquele momento, mas, com frequência, a um custo maior no futuro.

Evitar a dor é um motivador poderoso e um inimigo dissimulado: faz com que não olhemos o valor. Tomamos decisões equivocadas porque estamos concentrados na dor que sentimos no processo de comprar, e não no valor da própria compra.

A dor incomoda, mas também é importante. A dor nos informa que algo está errado. Uma perna quebrada dolorida nos manda pedir ajuda. A dor de uma queimadura nos manda não tocar no fogo.

Ora, um bebê que toca num fogão sente dor e, com o tempo, ele entende o que causou a dor e acaba aprendendo a parar de botar a mãozinha no alto do fogão. Assim, também deveríamos aprender o que está nos causando dor e evitá-lo. Mas agimos assim? Paramos de fazer coisas dolorosas ou apenas entorpecemos a dor para podermos continuar fazendo as coisas dolorosas porém sem senti-la? O que você acha, Seinfeld?

> Existem várias coisas que podemos apontar que provam que o ser humano não é inteligente. O capacete é a minha favorita. Pensem no simples fato de que tivemos que inventar o capacete. Por que foi que inventamos o capacete? Bem, porque estávamos praticando várias atividades que estavam dando uma bela quebrada nas nossas cabeças. Analisamos a situação e optamos por não evitar essas atividades, mas apenas fazer pequenos chapéus de plástico para podermos continuar com nosso estilo de vida quebrador de cabeça. A única coisa mais burra do que o capacete é a lei que obriga a usá-lo, cujo objetivo é proteger um cérebro que está funcionando tão mal que sequer tenta impedir que a cabeça em que está se quebre.
>
> – Jerry Seinfeld, no especial
> *I'm Telling You for the Last Time*

A dor do pagamento deveria nos impedir de tomar decisões de gasto dolorosas. Mas, em vez de acabarmos com a dor, nós – com a ajuda de "serviços" financeiros como cartões de crédito – bolamos meios de reduzir a dor. Usar cartões de crédito, carteiras digitais e as de débito automático são o equivalente a vestir pequenos "capacetes financeiros". Como maus médicos, tratamos o sintoma (a dor), mas não a doença subjacente (o pagamento).

Esse é um dos grandes erros que influenciam a forma como avaliamos nossas decisões financeiras.

A dor do pagamento é o resultado de dois fatores distintos. O primeiro é o intervalo entre o momento em que nosso dinheiro deixa nossa carteira e o momento em que consumimos o bem pelo qual pagamos. O segundo fator é a atenção que damos ao próprio pagamento.

Assim sendo, como levamos a vida evitando a dor do pagamento, e como o fato de evitá-la afeta nossa valorização do dinheiro? Bem, fazemos o contrário daquilo que gera a dor. Aumentamos o tempo entre o consumo e o pagamento e reduzimos a atenção necessária para fazer o pagamento. Tempo e atenção.

Quanto à experiência de Jeff, ele e sua esposa pagaram pela lua de mel bem antes da viagem. Quando assinaram aquele cheque polpudo, com certeza deram uma tremida nas bases. Mas, no momento em que chegaram a Antígua, o pagamento e a dor associada estavam bem longe no retrovisor. Toda experiência, todo prazer, toda bebida pareciam grátis. Ao pedirem outra garrafa de vinho ou saírem para velejar, não precisaram pensar no dinheiro ou se aquele gasto valia ou não a pena. Eles já haviam tomado a decisão financeira. Podiam simplesmente agir segundo seus caprichos, desejos e impulsos – e foi o que fizeram. Na verdade, ver os altos preços *à la carte* que *não* precisaram pagar fez com que se sentissem ainda melhor. Na hora, era como se estivessem obtendo as coisas de graça.

Os Smiths, por outro lado, experimentaram a dor do pagamento regularmente durante toda a estadia deles. Cada vez que queriam fazer algo – beber, comer, nadar, mergulhar com *snorkel* – precisavam pagar por aquilo, sentir a dor associada ao pagamento e vivenciar a diversão diminuindo como resultado da dor. Eles não tiveram que somar cada conta propriamente, mas precisaram pesar os custos e benefícios, cogitar pagar uma gorjeta e assim por diante. Mesmo pequenos itens envolviam um pagamento associado e, portanto, uma dor associada. É bem verdade que a quantidade relativamente pequena de atenção que precisaram prestar ao assinarem as contas por drinques tropicais num resort caribenho é provavelmente a definição perfeita para "problemas de quem nasceu em berço de ouro", mas foi perceptível mesmo assim. Os Smiths estavam constantemente lidando com a dor do pagamento, que se refletia na tensão e nas discussões do casal.

Quando Jeff e a esposa ficaram presos em Miami, ainda estavam em lua de mel – ainda num local relativamente exótico, sob certos aspectos. Era um lugar desconhecido, estavam viajando e tinham aeroportos, hotéis, praias e todos os elementos de férias planejadas. Assim, estavam dispostos a ser um pouco indiferentes aos seus gastos, testando coisas que não conheciam direito. O hotel foi pago pela companhia aérea, de modo que sentiram que dispunham de algum dinheiro extra que poderiam se dar ao luxo de gastar (contabilidade mental). Mas não era a mesma coisa que ter pago antecipadamente por tudo. Eles precisavam pegar as carteiras e

AUMENTAR OU DIMINUIR A DOR?

Quando eliminamos a dor do pagamento, gastamos mais livremente e apreciamos mais o consumo das coisas. Quando aumentamos a dor do pagamento, nosso gasto decresce, enquanto nosso controle aumenta. Deveríamos sempre aumentar a dor do pagamento? Claro que não. Existem hora e lugar para tudo.

Há certas experiências, como uma lua de mel, que acontecem uma só vez e são ocasiões bem especiais. Nesse caso, argumentaríamos que convém reduzir a dor do pagamento e simplesmente curtir essa experiência (talvez) *única* da sua vida. Mas no cotidiano, quando fazemos as coisas repetidas vezes, talvez existam categorias para as quais devêssemos aumentar a dor do pagamento. Como na hora do almoço, ao comprar revistas inúteis na caixa do supermercado, ao tomar uma bebida pós-treino cara na academia – essas são coisas em que podemos pensar melhor sem arruinar um momento precioso.

O fato é que podemos aumentar ou reduzir a dor do pagamento que sentimos, a qualquer momento, para qualquer transação. Mas deveríamos fazê-lo conscientemente, com base em quanto queremos curtir ou limitar nosso gasto, em vez de deixá-la aumentar ou diminuir sem nosso conhecimento ou controle.

entregar as notas ou usar seus cartões de crédito. Tinham que fazer algum esforço para pagar e prestar certa atenção no dinheiro saindo de suas contas bancárias. Assim, em Miami, mostraram alguma contenção e não realizaram todo capricho que desse na telha. Não foram ao show sobre o qual tiveram dúvida nem beberam demais. Foram mais frugais do que em Antígua.

Ao chegarem em casa, ficaram ainda mais sovinas. Estavam sentindo a dor do pagamento em todo o seu poder. Estavam de volta à vida normal, não mais sob a contabilidade mental da lua de mel. No restaurante, com os amigos, eles se defrontaram com o ônus de pagar pelo vinho de outras pessoas justo depois de terem gastado uma fortuna no casamento e na lua de mel. A dor do pagamento deixou-os irritados. Assim, para aliviar um pouco a dor, usaram o cartão de crédito. Como veremos, sacar aquele pedaço de plástico não doeu tanto quanto se tivessem sacado dinheiro.

O MOMENTO DO PAGAMENTO

Quando o consumo e o pagamento coincidem, o prazer diminui muito. Quando separados, não prestamos tanta atenção assim no pagamento. Nós meio que nos esquecemos dele e, em consequência, conseguimos curtir bem mais o que escolhemos. É como se tivéssemos uma carga de culpa que nos atinge cada vez que pagamos por algo, mas seu efeito sobre nós é temporário e confinado ao momento em que pagamos – ou quando estamos pensando em pagar.

Existem basicamente três tipos de momento em que podemos pagar por um produto ou serviço: antes de desfrutá-lo, como Jeff fez na lua de mel; durante o consumo, como os Smiths estavam fazendo na lua de mel deles; ou depois, como pagar com um cartão de crédito por aquele jantar comemorativo após voltarem para casa.

Vejamos o aspecto temporal de um experimento realizado por José Silva e Dan nos Estados Unidos:

Alunos de graduação receberam US$ 10,00 para se sentarem em um laboratório diante de um computador por 45 minutos. Eles podiam ficar sentados ali sem fazer nada e sair de lá com os US$ 10,00, mas também tinham a opção de comprar entretenimento por um preço baixo. Havia três categorias de informações que os estudantes podiam visualizar on-line: desenhos animados, a categoria altamente desejável; notícias e artigos científicos, a segunda mais desejável; e a terceira, a categoria indesejável, que foram artigos de estudos culturais sobre a literatura pós-moderna. Eles podiam acessar qualquer informação que desejassem, por um preço. Ao mesmo tempo, o computador controlava o que viam e cobrava US$ 0,03 por cada desenho animado e US$ 0,005 por cada notícia ou artigo científico. E podiam ler tanto quanto quisessem sobre literatura pós-moderna de graça.[4]

Além disso, o método de pagamento foi fixado de forma diferente para grupos distintos. No grupo do pagamento após o uso, os participantes foram informados de que a quantia seria deduzida do pagamento ao final da sessão, como uma conta de fim de mês. No grupo do pagamento antecipado, a situação foi como usar um vale-presente: os participantes obtinham os mesmos US$ 10,00, mas todo o dinheiro era colocado numa carteira digital que podiam usar para ler material on-line. Aquele grupo foi informado de que, ao final da experiência, obteriam todo o dinheiro restante em suas contas. E, por fim, o terceiro grupo ficou na situação de micropagamentos: aqueles participantes eram cobrados cada vez que abriam um item específico. Cada vez que aqueles participantes clicavam num link, perguntávamos: "Tem certeza de que quer pagar US$ 0,005 por este artigo?" ou "Tem certeza de que quer pagar US$ 0,03 por este desenho animado?" Se clicassem em "OK", eram cobrados na hora. O saldo restante aparecia sempre no topo da tela.

É importante ressaltar que os participantes em todas as situações pagavam a mesma quantia pelos itens que estavam lendo. Além disso, em todos os grupos, eles não gastaram muito (o preço por item foi baixo). Entretanto, houve grandes diferenças nos gastos de acordo com o momento em que os participantes paravam para pensar no pagamento.

Quando o dinheiro foi posto na conta de entretenimento dos participantes no início do estudo – em outras palavras, a situação de pagamento antecipado – os participantes gastaram em média uns US$ 0,18. Quando pagaram ao final do estudo, como uma conta normal (de pagamento após o uso), o gasto médio caiu para US$ 0,12. Esse fato nos informa que ter o dinheiro em uma conta dedicada a uma atividade específica influenciou nossos participantes a gastarem mais. A gastarem 50% mais, nesse caso.

O efeito mais impressionante foi em quanto gastaram na situação dos micropagamentos, em que foram forçados a pensar sobre o pagamento antes da compra (a pagar durante). Nessa situação, o participante médio gastou apenas US$ 0,04. Em média, os participantes nessa situação viram um desenho animado e dois artigos científicos e passaram o resto do tempo lendo estudos culturais – penosos mas gratuitos.

A combinação desses resultados indica que a mudança entre pagar antes e depois altera as nossas escolhas. Ainda mais importante, quando o pagamento é muito ressaltado, mudamos drasticamente nossos padrões de gastos. Resumindo, por conta da dor do pagamento, estamos dispostos a pagar mais antes, menos após e ainda menos durante o consumo de exatamente o mesmo produto. O momento do pagamento realmente importa. Pode até nos levar a ler literatura pós-moderna.

Não queremos menosprezar a literatura pós-moderna, porém precisamos observar que os participantes do estudo não gostaram de lê-la e, de fato, eles nos contaram que preferiam o som de unhas num quadro-negro à nossa versão da literatura pós-moderna. O que significa que a atividade grátis – a literatura pós-moderna – causou a menor quantidade de dor do *pagamento*, no entanto, a maior quantidade de dor de *consumo*. As pessoas apreciaram a experiência de consumir literatura pós-moderna bem menos do que a experiência dos desenhos animados. Mas, ao tentarem evitar a dor do pagamento pelo desenho animado, os participantes criaram a dor de consumir literatura pós-moderna. Aqueles na situação de pagar durante o consumo poderiam ter gastado US$ 0,12 em vez de US$ 0,04 e assim ter tido uma experiência geral bem melhor pelos 45 minutos do experimento, mas a dor do pagamento é tão poderosa que os impediu de fazê-lo.

De forma semelhante, imagine que estamos em lua de mel num resort e optamos pela modalidade de pagamentos imediatos. Nosso atendente oferece uma garrafa de champanhe para bebermos na praia ao pôr do sol, mas, como estamos aborrecidos com o acúmulo de tantas cobranças e o preço solicitado pela garrafa, decidimos beber água da pia. Sim, evitamos a dor do pagamento pelo champanhe caro demais, mas também evitamos o prazer de bebê-lo durante um pôr do sol numa lua de mel, o que só ocorre (talvez) uma vez na vida.

Ao pagarmos na mesma hora, podemos achar desafiador equilibrar a dor do pagamento com o prazer do consumo.

PAGANDO ANTES

Quando Jeff pagou pela lua de mel antecipadamente, consumiu mais e curtiu mais do que se pagasse por tudo durante ou após a viagem. Pode até ter pagado mais no todo, no entanto a diversão do casal foi maior. Esse padrão não escapou à atenção de algumas empresas. O pagamento antecipado entrou na moda. Restaurantes badalados como Trois Mec, em Los Angeles, Alinea, em Chicago e Atera, em Nova York, estão agora encorajando os clientes a pagarem antecipadamente na internet pelas refeições.

Mas pagar antecipadamente não é apenas uma tendência. Está por toda parte. Compramos ingressos de espetáculos, passagens aéreas e entradas para festivais bem antes de usá-los. Caramba, você pagou por este livro antes de consumir em vez de aguardar a última página (momento em que você provavelmente vai querer nos enviar uma mensagem de agradecimento com uma bela gorjeta).

Se pagamos por algo antes de consumir, o consumo em si parece quase indolor. Não há dor do pagamento naquele momento, nem qualquer preocupação com o pagamento no futuro.

A Amazon.com cobra pelo seu plano Prime US$ 119,00, que inclui frete grátis o ano inteiro aos associados. Claro que o frete não é realmente grátis – nós pagamos US$ 119,00 –, mas, ao avaliarmos cada compra no decorrer do ano, não existe a dor adicional do pagamento associado a cada entrega. Parece grátis naquele momento, especialmente porque a Amazon coloca uma etiqueta colorida brilhante "ENTREGA GRÁTIS EM 2 DIAS COM PRIME" bem ao lado do preço. A sensação é quase de que *precisamos* comprar mais por estarmos obtendo tamanha oferta! E quanto mais compramos da Amazon, mais barata, "mais grátis" se torna cada onda de compras on-line. Que pechincha!

Imagine que vamos partir num safári africano de uma semana que custará US$ 2.000,00. Temos duas formas de pagar por essa aventura: à vista ou parcelado. Podemos pagar a viagem completa com quatro meses de antecedência ou pagar em dinheiro no momento em que encerramos o safári.

Se indagados sobre a forma de pagamento economicamente mais eficiente, com certeza responderíamos que é pagar ao final, depois de prestados os serviços. No mínimo, o dinheiro poderia estar acumulando juros por aqueles quatro meses. Mas como fica o nosso divertimento durante a viagem? Sob qual dessas opções de pagamento curtiríamos mais o safári, e em particular sob qual delas curtiríamos mais o último dia do safári? Se formos como a maioria das pessoas, curtiríamos mais o safári se tivéssemos pagado antecipadamente. Por quê? Porque, se pagássemos por ele no último dia, os últimos dias do safári estariam repletos de pensamentos do tipo "Este gasto vale a pena?" e "Estou aproveitando isto o bastante?". Esses pensamentos constantemente pipocando em nossa cabeça diminuiriam substancialmente nosso prazer com a experiência toda.

Pagar antes também é parte inerente de experiências como vales-presente e fichas de cassino. Uma vez que o dinheiro é posto num vale-presente para a Starbucks, a Amazon ou a Nike, nós o colocamos em categorias de gasto – ou seja, uma vez que uma nota de R$ 50,00 tenha sido trocada por um cartão da Starbucks, esses R$ 50,00 foram destinados a *lattes* e *muffins*, e não a, digamos, Coca-Cola ou comida chinesa. Além disso, uma vez que o dinheiro tenha sido alocado a essa categoria, sentimos como se o pagamento já tivesse sido feito. Não estamos usando o nosso dinheiro vivo para nada e, em consequência, não temos um sentimento de culpa ao gastarmos. Poderíamos normalmente beber apenas um cafezinho pagando em dinheiro vivo, mas, ao gastarmos de um vale-presente, nós nos damos ao luxo de um *Chai Latte* com leite de soja do maior tamanho e um *cookie*. Afinal, é grátis, certo? Não sentimos nenhuma dor gastando um vale-presente porque a sensação que ele evoca na gente é bem diferente daquela de quando gastamos dinheiro vivo.

Pode parecer óbvio dizer isso, mas todo mundo gosta da hora de consumir, porém detesta a hora de pagar. Mas, como Drazen e George descobriram, o momento do pagamento importa muito e nos sentimos melhor consumindo algo pelo qual pagamos antecipadamente.[5]

PAGANDO DURANTE

De que modo pagar por algo enquanto usamos afeta a dor do pagamento e a nossa percepção de valor?

Imagine que compramos um belo carro esportivo como um presente de aposentadoria/crise da meia-idade. Pegamos um financiamento com pagamentos mensais. Como esperado, o carro é ótimo e nos ajuda a esquecer nossa mortalidade iminente e algumas das escolhas ruins que fizemos na vida. No entanto, constatamos que temos cada vez menos tempo para usufruí-lo e, aos poucos, mesmo a emoção de dirigir começa a desaparecer. Nossos pagamentos mensais nos lembram de que aquela foi, na verdade, uma compra precipitada e cara, cada vez mais difícil de justificar. Então resolvemos quitar o empréstimo todo. Fazer esse pagamento grande de uma só vez é com certeza doloroso, mas nos alivia da dor mensal de pagamentos regulares e da culpa associada a eles. Até restaura parte do prazer de ficar circulando com o teto solar aberto. Paramos de nos preocupar com os pagamentos a cada mês e começamos a curtir o carro, ainda que ele não saia da garagem tanto assim.

Pagar pelas coisas enquanto as consumimos, além de aumentar a consciência da dor do pagamento, também diminui o nosso prazer de consumir. E se um dono de restaurante descobrisse que, em média, as pessoas comem 25 garfadas e pagam R$ 50,00 por uma refeição? O que equivale a R$ 2,00 por garfada. Um dia, o dono decide fazer uma promoção com 50% de desconto e cobra R$ 1,00 por garfada. Ele vai um passo além e diz: "Só vou cobrar pelas garfadas consumidas!" Quando a refeição é servida, o garçom fica do nosso lado e anota num bloquinho cada vez que levamos o garfo à boca. E, quando terminamos, o garçom calcula nossa conta. Essa é com certeza uma receita para uma refeição bem econômica. Mas quão prazerosa seria? Não parece nada legal, certo?

Dan certa vez levou uma pizza para sua turma e cobrou dos estudantes US$ 0,25 por mordida. Qual foi o efeito? Mordidas enormes. Os estudantes, tentando evitar a dor do pagamento, pensaram ter achado uma solução pondo na boca quantidades enormes. Claro que sofriam enquanto comiam, com a boca cheia e a cara lambuzada, de modo que a pechincha não foi tão boa assim e certamente não foi um prazer. Em termos mais gerais, o pagamento por garfada ou mordida não costuma ser a melhor forma de pagamento, por tornar a experiência da refeição incrivelmente desagradável. Dito isso, pode ser a forma ideal de seguir uma dieta, pois o desprazer de comer superará o prazer. Sem falar que contar garfadas pode ser mais fácil do que contar calorias.

Um exemplo do mundo dos negócios de como pode ser doloroso o pagamento coincidir com o consumo foi o que aconteceu quando o pagamento e o consumo foram realmente separados por uma empresa pioneira na internet chamada AOL (America Online).

Em 1996, o presidente da AOL, Bob Pittman, anunciou que a empresa planejava substituir os dois planos de pagamento da empresa nos Estados Unidos – US$ 19,95 por 20 horas de utilização mais US$ 2,95 por hora adicional ou US$ 9,95 por 10 horas e US$ 2,95 por hora adicional – por uma taxa única de US$ 19,95 pelo acesso ilimitado. Os funcionários da AOL se prepararam então para as mudanças no número de horas de conexão de seus usuários com seus servidores como resultado da mudança de preço. Identificaram quantas pessoas vinham usando e quase atingindo a faixa-limite de serviço dos planos de 10 e de 20 horas e estimaram que o plano novo incentivaria alguns clientes a começar a usar a internet com mais frequência. Também imaginaram que a maioria das pessoas continuaria usando o serviço como antes, a não ser que estivessem perto de seu limite de horas de uso. Ao fazerem esses cálculos, acreditaram que um cliente que vinha usando a internet por apenas 7 horas com o plano antigo não iria querer usar muito mais do que isso depois do lançamento do novo plano. Levando em conta esses pressupostos, aumentaram os servidores disponíveis em um percentual baixo. Com certeza agora estavam preparados para o lançamento do serviço com tempo ilimitado, certo?

Errado. O que realmente aconteceu foi que o número total de horas em que as pessoas ficavam conectadas mais do que dobrou da noite para o dia. Claro que a AOL estava totalmente despreparada para aquilo. Precisou contratar os serviços de outros provedores on-line, que de bom grado colaboraram (cobrando uma fortuna). Em sua defesa, Pittman disse: "Somos os maiores do mundo. Não há precedente histórico para usarmos como comparação. Quem teria imaginado que o número de horas dobraria? [...] É como um canal de televisão dobrando sua audiência."

Mas será que os especialistas em dados da AOL não poderiam ter previsto aquele acontecimento? Se a equipe tivesse analisado aspectos em torno do pagamento e da dor do pagamento, teria percebido que, quando o consumo e o pagamento coincidem, e quando os clientes veem no alto da tela um cronômetro marcando o tempo restante – como ocorria nos planos antigos –, fica difícil não deixar de pensar em quanto tempo ainda resta e quanto custaria estourá-lo. Com isso, o prazer diminuía. Assim, no momento em que se eliminou o contador mostrando o tempo restante até o final do plano (10 ou 20 horas), a dor do pagamento também desapareceu. Dessa forma, as pessoas ficaram bem mais propensas a desfrutar o serviço por períodos de tempo mais longos. *Bem* mais longos.

A dor do pagamento contínuo e simultâneo não é necessariamente ruim – apenas nos deixa mais atentos aos nossos gastos. A energia elétrica é um exemplo interessante. Quando enchemos o tanque do carro, observamos os reais aumentando na bomba de gasolina. Conscientes do gasto, sentimos a dor do pagamento e talvez pensemos em comprar um veículo mais econômico ou achar um grupo de transporte solidário para dividir a despesa. Mas, em casa, o medidor de energia costuma estar do lado de fora ou escondido. Raramente olhamos para ele. Além disso, a conta pelo consumo diário leva um mês para chegar. E pode ser debitada direto da nossa conta corrente. Desse modo, é impossível saber quanto estamos gastando em qualquer dado momento. Assim, não estamos tão conscientes do nosso gasto e não sentimos a dor associada a ele. Será que existe uma solução para o nosso consumo excessivo de energia em casa? (Falaremos mais sobre isso na Parte 3.)

PAGANDO DEPOIS

Ah, o futuro. Para entender como pagamentos futuros – quando pagamos por algo depois do consumo – afetam a dor do pagamento, precisamos entender que valorizamos o dinheiro no futuro menos do que o valorizamos neste momento. Se tivéssemos a opção entre R$ 100,00 agora ou daqui a um dia, uma semana, um mês ou um ano, a maioria de nós escolheria os R$ 100,00 agora. Dinheiro no futuro tem um valor descontado. (Existem inúmeros estudos sobre as formas irracionais como descontamos resultados futuros.)[6] Quando planejamos pagar no futuro, dói menos do que quando pagamos a mesma quantia agora. E quanto mais no futuro pagamos, menos dor é gerada no momento presente. Em alguns casos, parece quase de graça agora. Pagaremos apenas quando chegar o maravilhoso e desconhecido futuro, quando poderemos ser um ganhador da loteria, astro do cinema ou inventor da turbina a jato com bateria solar.

DEVO, NÃO NEGO; PAGO NO CARTÃO

Esta é uma das genialidades perversas dos cartões de crédito: a força psicológica principal deles é o fato de separarem o momento em que consumimos daquele em que pagamos. E, como os cartões permitem pagarmos pelas coisas no futuro (quando é mesmo que vence o nosso boleto?), tornam nosso horizonte financeiro menos claro e nossos custos de oportunidade mais indistintos, e assim reduzem nossa dor do pagamento atual.

Pense nisto: quando pagamos por uma refeição num restaurante com cartão de crédito, sentimos realmente que estamos pagando naquele instante? De jeito nenhum. Estamos apenas digitando nossa senha. O pagamento será em algum ponto do futuro. De forma semelhante, quando a conta chega mais tarde, sentimos realmente que estamos pagando? De jeito nenhum. Àquela altura, sentimos como se já tivéssemos pagado o restaurante. As empresas de cartões de crédito empregam a ilusão da mudança do tempo para aliviar a dor do pagamento, e o fazem *duas vezes*: uma quando deixam a gente sentir que só vai pagar mais tarde e outra quando deixam a gente sentir que a conta já foi paga. Desse modo permitem que nos divirtamos e gastemos nosso dinheiro mais livremente.

Os cartões de crédito se aproveitam do nosso desejo de evitar a dor do pagamento, e isso lhes tem dado o poder de mudar nossa percepção do valor. Com um pagamento mais fácil e menos perceptível e a defasagem do tempo entre pagamento e consumo, os cartões minimizam a dor do pagamento sentida na hora em que compramos algo. Eles criam um distanciamento que nos deixa mais dispostos a gastar. Como Elizabeth Dunn e Mike Norton notaram, esse distanciamento não afeta apenas a maneira como nos sentimos no momento, mas também muda nossa lembrança da experiência de compra de modo a "tornar mais difícil nos lembrarmos de quanto gastamos".*[7] Por exemplo, se vamos a uma loja e compramos meias, pijamas e um suéter feio, ao chegarmos em casa tendemos a nos lembrar menos da quantia que gastamos se usamos um cartão de crédito do que quando pagamos em dinheiro. Os cartões de crédito são como apagadores de memória de um filme de ficção científica, mas vivem em nossas carteiras.

---

* Eles também analisaram estudos mostrando estudantes subestimando suas contas de cartão de crédito em 30% e estudantes de MBA se dispondo a pagar duas vezes mais por produtos ao usarem cartões de crédito.

Estudos descobriram que as pessoas não apenas estão mais dispostas a pagar quando usam cartões de crédito,[8] mas também fazem compras maiores, deixam gorjetas mais altas e têm mais tendência a subestimar ou esquecer quanto gastaram e a tomar decisões de compras mais rápido. Além disso, a simples exibição da parafernália, como máquinas de cartões e adesivos das bandeiras dos cartões – simplesmente trazer os cartões e seus "benefícios" à sua consciência –, também gera todos esses comportamentos influenciados pelo cartão. Essa não é uma conjectura: um estudo, de 1986,[9] descobriu que mostrar material promocional de cartões de crédito numa mesa induzia as pessoas a gastarem mais dinheiro.

Em outras palavras, os cartões de crédito – ou mesmo a *sugestão* deles – influenciam a gente a gastar mais, com mais rapidez, descuido e negligência do que em circunstâncias normais. Sob certos aspectos, são como uma droga que obscurece nossa capacidade de processar informações e agir racionalmente.

Os cartões de crédito também fazem com que avaliemos as compras de modo diferente. Eles nos seduzem a pensar nos aspectos positivos de uma compra, em contraste com o dinheiro, que nos leva a considerar as desvantagens da compra e a desvantagem de nos separarmos dele. Com o cartão na mão, pensamos em quão gostoso será um alimento ou quão bonito um objeto ficará sobre a nossa lareira. Quando usamos dinheiro, nós nos concentramos mais em como aquela sobremesa nos deixará mais gordos ou no fato de não termos uma lareira.[10]

Mesmo produto, mesmo preço, mas avaliado de formas totalmente diferentes com base apenas na forma como pagamos, em quão facilmente pagamos e em quanta dor nos causa.

ELA SE ESFORÇA PARA GASTAR DINHEIRO

O poder dos cartões de crédito reside não apenas na mudança temporal – alterar o tempo entre o prazer e o pagamento –, mas também em reduzir a atenção necessária para o pagamento. Quanto menor a atenção, quanto menor a dor, mais valorizamos algo sem motivo.

Passar o cartão na maquininha é mais fácil do que pegar a carteira, observar quanto dinheiro temos, apanhar umas notas, contar e esperar o troco.

Ao usar dinheiro, analisamos, observamos, tocamos, retiramos, separamos e contamos o dinheiro que estamos gastando. No processo, sentimos a perda. Com um cartão de crédito, essa perda não é tão intensa e visceral.

Os cartões de crédito também tornam o pagamento mais fácil e menos doloroso ao consolidarem as compras do mês em uma fatura única. As empresas de cartões são agregadoras, juntando todas as compras – alimentos, roupas, diversão, etc. – em um só montante. Nós acumulamos um saldo devedor e, como resultado, gastar um pouco mais em outra compra não parece doer, porque não muda muito o montante que devemos.

Como aprendemos antes em nosso capítulo sobre relatividade, quando uma quantia – digamos, R$ 200,00 pelo jantar – é posta no contexto de uma quantia maior – digamos, uma fatura mensal de cartão de crédito de R$ 5.000,00 –, os mesmos R$ 200,00 parecem menores, menos significativos e menos dolorosos do que se isolados. Portanto, ao pagarmos com o cartão, fica fácil subestimar uma cobrança adicional de R$ 200,00. Essa é uma tendência comum, sobretudo quando o crédito está envolvido – como gastar uns poucos milhares de reais a mais para bancar o piso de maior qualidade quando obtemos um financiamento imobiliário de R$ 400.000,00, ou quando facilmente e sem pensar gastamos R$ 300,00 a mais em um aparelho de CD quando já estamos gastando R$ 50.000,00 num carro novo.

Os cartões de crédito não são o único instrumento financeiro que adota o efeito da agregação, que reduz a dor e confunde o valor. Consultores financeiros ganham dinheiro dos investidores mediante várias taxas. Por exemplo, eles costumam cobrar, digamos, 1% da nossa carteira de investimentos ("ativos sob gestão", como gostam de chamar). Bancos e outras instituições financeiras fazem o mesmo, a título de "taxa de administração" (e esta comumente é superior a 1%). Assim, enquanto ganhamos dinheiro, eles estão retirando essa taxa da renda gerada. Nós nunca vemos esse 1% (ou mais). Não sentimos sua perda (a dor do pagamento) porque nunca alcança nossa plena percepção. Mas e se pagássemos as instituições ou os consultores financeiros de forma diferente? E se todo mês tivéssemos que pagar em torno de R$ 800,00 ou ao final do ano precisássemos preencher um cheque de R$ 10.000,00 (supondo que possuímos uma carteira de investimentos de R$ 1.000.000,00 – é bom sonhar!)? Não mudaria a maneira como vemos seus serviços? Não pediríamos muito mais ajuda? Conselhos? Tempo? Não procuraríamos outras opções se estivéssemos conscientes do custo da gestão do nosso dinheiro?

Ou, se você não tem uma grande carteira de investimentos, pense em todos os itens na conta de 19 páginas dos Smiths no resort em Antígua; ou nas contas dos nossos celulares, nas quais diferentes compras de serviços e taxas estão combinadas com chamadas e uso da internet. Ou combos de TV a cabo, em que misturamos telefone, internet e TV com uma assinatura mensal de vídeos infantis para o nosso filho.

ACESSO RESTRITO

Falemos sobre vales-presente de novo. Eles são um exemplo de ferramentas de pagamento chamadas "métodos de pagamento de acesso restrito", que só nos deixam fazer determinadas coisas. Outros métodos de pagamento de uso restrito são as fichas de cassino, os cartões pré-pagos de transporte público (ônibus, metrô) e os programas de milhagem. Eles tornam os pagamentos notadamente indolores. Já estão isolados dos nossos sinais de valor normais pela contabilidade mental, mas também facilitam o gasto ao removerem grande parte do peso doloroso da tomada de decisões. Se nosso vale-presente é para a Starbucks, nossas fichas só funcionam em certo cassino de Las Vegas ou nossas milhas só são válidas para uma companhia aérea, então não pensamos se a Starbucks, o tal cassino ou aquela companhia aérea oferecem o melhor valor. Em vez disso, impensadamente gastamos aquele dinheiro ali porque é a categoria a que pertence o método de pagamento, e, ao fazê-lo sem pensar, temos uma tendência menor a avaliar criticamente nossas decisões de gasto.

Já que estamos falando de cassinos, podemos também observar que eles são craques em fazer as pessoas se separarem do próprio dinheiro. (Nos Estados Unidos, o setor financeiro concorre com eles, vindo em segundo lugar.) Das fichas e bebidas grátis aos relógios escondidos e comida e entretenimento 24 horas, eles sabem como extrair o máximo de cada visitante. Você se lembra do nosso amigo George Jones do início do livro, enfrentando suas preocupações financeiras na mesa de *blackjack*? Eis o poder dos cassinos.

Claro que existem inúmeras formas pelas quais deixamos o esforço do pagamento afetar nossas avaliações de gastos. A dificuldade do pagamento não deveria mudar nossa sensação de valor, mas muda.

E AGORA, SENTIU?

Você sabia que a primeira patente que a Amazon.com defendeu foi a de sua tecnologia de "1-Clique"? A capacidade de comprar algo – não importa quão grande ou desnecessário – com um só clique de um mouse torna o gasto tão fácil... tão indolor... tão vital ao sucesso da Amazon.com. O pagamento on-line, como vimos, já é incrivelmente fácil. Uns poucos minutos perdendo tempo na internet e pronto! Um sofá novo está a caminho. Mal percebemos que estamos gastando dinheiro.

E nossa falta de percepção do gasto pode ser o aspecto mais assustador das formas cada vez mais sofisticadas como as empresas estão nos seduzindo a evitar a dor do pagamento. Os avanços tecnológicos recentes facilitaram tanto os pagamentos que muitas vezes mal percebemos os nossos gastos. Diversas empresas operam serviços que nos cobram automaticamente por pedágios e estacionamentos, e nem sequer sabemos a quantia até o fim do mês (se é que conferimos). O mesmo vale para o pagamento de contas em débito automático, em que a prestação mensal do carro, do financiamento imobiliário, de outros empréstimos e a fatura de serviços públicos (energia elétrica, gás, telefonia) são descontadas sem que sequer tenhamos que dar um clique. Acrescente os cartões inteligentes, o pagamento por telefone, carteiras digitais, PayPal, Apple Pay, Venmo e provavelmente leituras de retina num futuro não muito distante. Esses "avanços" certamente facilitam o pagamento. Sem burocracia. Sem dor de cabeça. *Sem ter que pensar.* Se nem sabemos que algo está ocorrendo, como podemos senti-lo? Como podemos entender as consequências? Ao menos nas lendas urbanas em que as gangues roubam nossos rins, acordamos numa banheira de gelo e assim descobrimos que algo muito ruim aconteceu. Não é assim com os serviços cuja cobrança ou cuja renovação acontece automaticamente.

Percepção é o termo adulto para quando estamos conscientes de algo; nesse caso, do pagamento. E a consciência – de tornar o pagamento perceptível – é a única forma de sentirmos a dor e assim reagirmos, julgarmos e avaliarmos os custos e benefícios que possam surgir das nossas escolhas. Sentir a dor é a única forma de aprender a tirar a mão do alto do fogão.

A percepção é intrínseca ao ato de pagar com dinheiro. Vemos e sentimos o dinheiro e precisamos contá-lo e depois conferir o troco. Os cheques são ligeiramente menos perceptíveis, mas ainda temos que escrever uma quantia e entregar algo físico a alguém. Como discutimos, os cartões de crédito são ainda menos perceptíveis, tanto fisicamente – basta passar o cartão na máquina e digitar a senha – quanto na quantia despendida. Com frequência mal percebemos a quantia, exceto talvez para calcular uma gorjeta. Os pagamentos digitais de todos os tipos envolvem ainda menos percepção.

Se não conseguimos sentir, aquilo não causa dor. Lembre-se de que gostamos das coisas fáceis. E indolores. Escolheremos o fácil e indolor de preferência ao inteligente e ponderado, sempre. Já que a dor do pagamento pode nos causar um sentimento de culpa após um jantar caro, poderia também nos impedir (até certo ponto) de comprar por impulso. Num futuro com carteiras digitais sendo a forma principal de pagamento, existe o risco de que quase toda dificuldade seja eliminada do sistema de pagamento. Estaremos então propensos a cair em tentação com muito mais facilidade. Será quase como se passássemos o dia todo deitados numa praia cheia de bebidas, lanches e sobremesas grátis ao alcance da mão. O resultado? Não é nada bom para a nossa saúde ou a da nossa poupança no longo prazo.

Nossa esperança é que o futuro do dinheiro não envolva apenas a redução da dor do pagamento, mas também ofereça a oportunidade de escolhermos métodos de pagamento mais conscientes, ponderados e dolorosos. Com o dinheiro físico, temos pouca escolha. Investimos tempo e atenção pegando as notas da carteira e conferindo o troco. Mas, com o dinheiro eletrônico, ficamos tentados a escolher métodos que ocultem a dor do pagamento. E, se alguns bancos criarem métodos de pagamento mais dolorosos e conscientes, escolheremos o cenário que nos permita sentir um pouco da agonia do pagamento? Daremos preferência às opções dolorosas que nos farão sofrer agora para nos beneficiarem depois? Deveríamos optar por uma dose saudável de dor agora, para nos lembrarmos de que estamos gastando, de que dinheiro não cresce em árvores nem em aplicativos. A pergunta é: faremos isso?

SEM DOR

E se a vida fosse sempre como a lua de mel de Jeff? E se sempre parecesse grátis? Comeríamos mais? Curtiríamos mais cada momento? Se algo parece de graça, não há nenhuma dor do pagamento, o que parece bom. Mas isso seria realmente bom para nós no longo prazo?

Grátis é um "preço" estranho, no entanto é um preço. Quando algo é gratuito, tendemos a não aplicar uma análise de custo-benefício. Ou seja, escolhemos algo grátis em vez de algo que não é, o que nem sempre é a melhor escolha.

Digamos que a gente tenha saído para almoçar e deparado com vários *food trucks*. Estamos de dieta e somos atraídos por um com jeito de bistrô que oferece sanduíches com verduras frescas, molhos com pouca gordura, num pão integral saudável. Perfeito! Mas aí vemos outro em que o dono está comemorando o dia do cliente oferecendo sanduíches de queijo quente de graça. Nós nunca tivemos qualquer interesse por tal alimento e não somos loucos por queijo prato, mas estamos prontos a ser valorizados pelo vendedor. Portanto, pagamos pelo almoço ideal ou pegamos o almoço não tão ótimo assim mas de graça? Se formos como a maioria das pessoas, optamos pelo grátis.

Esse mesmo tipo de tentação existe em muitas áreas de nossas vidas, da comida às finanças. Imagine que temos a opção entre dois cartões de crédito. Um está cobrando uma taxa de juros mensal de 13,5%, porém sem anuidade, e outro oferece uma taxa de juros mensal inferior de 12%, mas cobra uma anuidade de R$ 150,00. A maioria das pessoas daria mais valor à tarifa anual e escolheria o cartão de 13,5% sem tarifa. Acabariam tendo um cartão que custa bem mais a longo prazo, caso atrasem ou deixem de fazer o pagamento. Ou digamos que estamos escolhendo entre duas assinaturas de jornal on-line. Uma custa R$ 30,00 por mês; a outra, R$ 22,00. Ao escolher entre elas, provavelmente levaremos em conta que um jornal foca em cobertura estrangeira, o outro em política, e decidiremos o que nos interessa mais. Afinal, R$ 8,00 não são nada comparados com o tempo que passamos lendo o jornal – assim, podemos contrapor o valor das informações em cada jornal. Mas digamos que os custos sejam ligeiramente diferentes: e se o primeiro custar apenas R$ 8,00 e o outro for gratuito? Continuaremos fazendo uma escolha cuidadosa entre os dois jornais levando em conta o valor do nosso tempo e o valor do conteúdo? Ou simplesmente escolheremos a opção grátis e indolor? A diferença continua sendo de R$ 8,00, e ler o jornal ainda é uma atividade importante e que consome tempo, mas, quando obter algo de graça é uma opção, a maioria de nós pararia de pensar e a escolheria – tudo porque queremos evitar a dor do pagamento.

Outro efeito de obter algo de graça é que, uma vez que alguma coisa inicialmente não custe nada, fica difícil pagar por aquilo mais tarde. Vamos ser francos: quando a dor do pagamento é zero, com frequência nos empolgamos – e nos acostumamos com aquele "preço". Suponha que tenhamos um aplicativo no celular que usamos para pesquisar canções. Adoramos achar músicas novas, portanto ouvimos as estações de rádio universitárias, checamos trilhas sonoras de filmes e assim por diante. Quando ouvimos algo que nos agrada em uma loja ou no carro, usamos esse pequeno aplicativo, que busca a canção: pasme, agora sabemos qual é a música! Sendo assim, o que acontece se, uma vez, tentamos usar esse aplicativo maravilhoso e uma mensagem aparece informando que, de agora em diante, se quisermos usá-lo, precisamos pagar uma taxa única de R$ 0,99? O que fazemos? Pagamos quase um real por algo que adoramos? Ou procuramos achar algo semelhante grátis, ainda que não funcione tão bem? Um real claramente não é muito no contexto geral, particularmente por algo que enriquece a nossa vida. Não é muito comparado com a quantia de dinheiro que gastamos diariamente em café, transporte ou em cuidados com a aparência. No entanto, a mudança de grátis para 1 real faz com que hesitemos em pagar por algo que já desfrutamos sem pagar. Não hesitamos em pagar R$ 5,00 diariamente por um *espresso*, mas R$ 0,99 por um aplicativo que costumava ser grátis? Um absurdo!

Eis um experimento que nós todos podemos testar: segure uma bandeja com copos no meio de um cruzamento movimentado com um cartaz dizendo "Amostras Grátis". Veja quantas pessoas pegam – e ingerem – o que você estiver oferecendo sem sequer perguntarem quem você é, o que está servindo e por quê. Ligeiramente maldoso, mas interessante.

DIVIDINDO A DOR

Vamos retornar àquele jantar de Jeff e esposa com os amigos após a lua de mel. Existem boas pesquisas indicando que as pessoas consomem mais quando todos sabem que a conta será dividida, aproveitando-se um pouco de seus colegas de jantar desatentos.[11] Essa tendência a pedir coisas extras quando a conta é dividida indica exatamente que o melhor método de pagamento é todos pagarem pelo que comeram individualmente e declararem essa estratégia no início da refeição. Porém, será que é a mais divertida? A mais livre de dor? Longe disso.

Levando em consideração a dor do pagamento, o método recomendado para dividir a conta com amigos é a "roleta de cartões de crédito". Quando o garçom traz a conta ao final da refeição, todos exibem seus cartões de crédito. O garçom escolhe um deles e aquela pessoa paga a conta inteira. Uma versão semelhante, menos dependente da sorte, é o rodízio da conta entre os amigos. Todos se revezam no pagamento da conta inteira numa sequência de jantares. Esse método funciona melhor com um grupo de amigos estáveis com quem nos encontramos para comer com regularidade, embora possamos ser tentados a "casualmente" faltar ao jantar na nossa vez de pagar. Essa última manobra poderia nos ajudar a fazer menos pagamentos, mas também nos ajudaria, com certeza, a ter menos amigos.

Por que gostamos tanto da roleta de cartões de crédito? Se considerarmos a utilidade para todos na mesa – ou seja, quão proveitosa é a experiência para todos em torno da mesa, quanta diversão extraem disso –, fica fácil entender por que uma pessoa deveria pagar a conta inteira. Se cada pessoa pagasse pelo próprio consumo, todas experimentariam *certa* dor do pagamento. Se, por outro lado, apenas uma pessoa pagar pela conta inteira, aí a dor do pagamento será alta para aquela pessoa, mas não tão alta quanto a quantidade total de dor que foi poupada a todos os demais. Na verdade, não seria muito mais alta do que se aquela pessoa pagasse somente pela própria refeição. A intensidade da dor do pagamento não aumenta linearmente com a quantidade pela qual pagamos. Nós nos sentimos mal quando pagamos pela nossa refeição. Mas não sentimos quatro vezes mais sofrimento se pagamos para nós mesmos e três amigos. Na verdade, nós sentimos bem menos do que quatro vezes tão mal. E o melhor aspecto desse sistema da roleta de cartões de crédito é que todos que não pagam comerão "livres de dor".

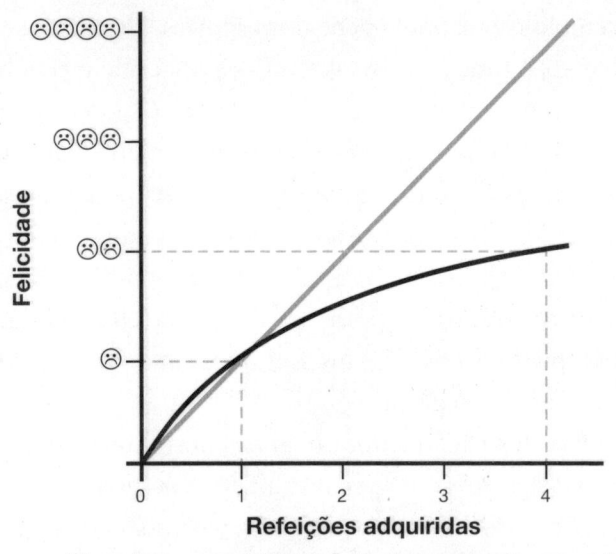

Diminuindo a sensibilidade à dor do pagamento por um jantar

Assim, quando quatro pessoas pagam cada uma pela própria refeição, poderíamos dizer que a dor cumulativa é de quatro rostos carrancudos. Quando só uma pessoa paga, é apenas um rosto *bem* carrancudo e três rostos felizes. Deveríamos também levar em conta o prazer coletivo maior do rodízio da conta, porque nossos amigos ficam se sentindo bem quando pagamos para eles e nós também nos sentimos bem quando oferecemos aos nossos amigos algo especial.

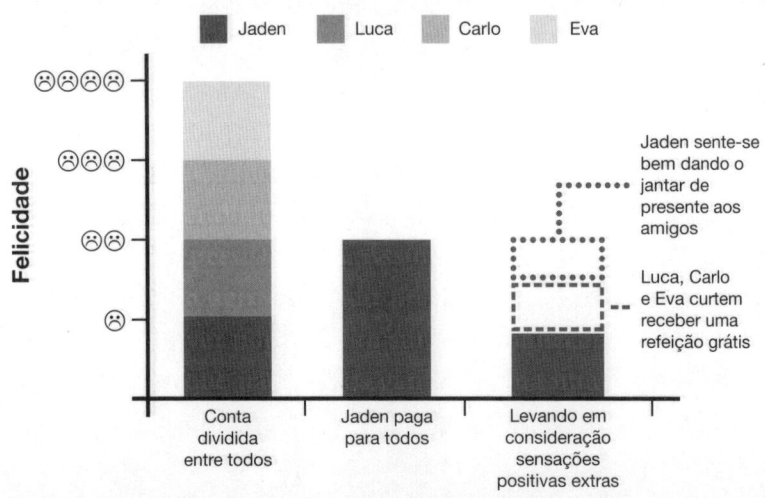

Uma só pessoa pagando a conta reduz o sofrimento total ao longo do tempo

Esse é um exemplo clássico do clichê dos esportes "sacrificar-se pelo time", em que, no caso, o time são nossos amigos e o sacrifício envolve pagar a conta.

Esse sistema é financeiramente eficiente? Provavelmente não, porque as refeições custam preços diferentes e pessoas distintas poderiam aparecer em diferentes jantares e talvez não gostemos de alguns amigos tanto quanto de outros... Mas, ainda que acabemos pagando um pouco mais no decorrer do tempo ao nos envolvermos nessa prática, provavelmente sentiremos menos dor do pagamento e nos divertiremos mais jantando fora. Além disso, obteremos mais refeições grátis.

A ideia do rodízio dos pagamentos do jantar mostra que a dor do pagamento não é, em si, algo ruim. É apenas um fato. Compreender seu poder pode trazer alguns benefícios positivos à nossa vida financeira e social.

Todos sentimos dor. Todos achamos meios diferentes de aliviar essa dor. Alguns bebem ou usam drogas, outros assistem a seriados de TV, alguns se casam e saem em lua de mel para comemorar uma vida inteira ao lado de alguém com quem compartilhar (e talvez alguém para culpar pela) sua dor. Enquanto estivermos conscientes das escolhas que fazemos querendo eliminar a dor, podemos desenvolver uma visão mais abrangente e limitar o impacto delas sobre nossa vida.

7
CONFIAMOS EM NÓS MESMOS

Nos idos de 1987, dois professores da Universidade do Arizona – Gregory Northcraft e Margaret Neale – decidiram se divertir. Convidaram alguns dos corretores de imóveis mais respeitados e confiáveis da cidade de Tucson para visitarem uma casa que estava à venda. Eram especialistas em imóveis da região, profissionais que conheciam o mercado e o valor de uma casa local mais do que ninguém. Northcraft e Neale permitiram que os corretores inspecionassem a casa e lhes forneceram preços de venda semelhantes, informações do serviço que lista as propriedades disponíveis em certa região com os respectivos preços, chamado Multiple Listing Service (MLS), e outras informações descritivas.

Cada corretor recebeu as mesmas informações sobre a casa, com uma só exceção: o preço. Alguns corretores foram informados de que o preço sugerido era de US$ 119.900,00. Outros, de que o preço sugerido era de US$ 129.900,00. Para um terceiro grupo, o preço sugerido era de US$ 139.900,00 e para o último, de US$ 149.900,00.

Vale reforçar que o preço sugerido foi a primeira informação que os corretores receberam sobre a casa que estavam analisando.

Northcraft e Neale então perguntaram àqueles corretores especialistas em imóveis de Tucson o que consideravam um preço de compra razoável pela casa. Ou seja, qual era o preço de venda esperado por aquela casa no mercado de Tucson. Os corretores informados de que o preço sugerido era de US$ 119.900,00 estimaram que a casa valia US$ 111.454,00. O preço sugerido de US$ 129.900,00 resultou num preço de compra estimado em US$ 123.209,00. O de US$ 139.900,00 levou à estimativa de US$ 124.653,00, e aquele de US$ 149.900,00 fez com que os especialistas estimassem o valor da casa em US$ 127.318,00.[1]

PREÇO SUGERIDO	ESTIMATIVA DOS ESPECIALISTAS
US$ 119.900,00	US$ 111.454,00
US$ 129.900,00	US$ 123.209,00
US$ 139.900,00	US$ 124.653,00
US$ 149.900,00	US$ 127.318,00

Em outras palavras, quanto mais alto o preço sugerido – o primeiro preço que viram –, maior o preço estimado. Um aumento de US$ 30.000,00 no preço sugerido aumentou suas estimativas em cerca de US$ 16.000,00.

Antes que nos aborreçamos com a capacidade desses profissionais, Northcraft e Neale também testaram leigos usando exatamente os mesmos métodos. O que descobriram foi que o preço sugerido afetou os não profissionais bem mais do que afetara os corretores de imóveis: o aumento de US$ 30.000,00 no preço sugerido causou um aumento de US$ 31.000,00 no valor estimado. Sim, os profissionais foram influenciados pelo preço inicial, mas em apenas metade do valor dos não profissionais.

Mas o preço sugerido não deveria afetar o valor de um imóvel para ninguém, de modo algum, nunca. O valor do imóvel deveria ser determinado por condições de mercado como vendas recentes (comparações), a qualidade do imóvel (inspeções e informações da corretora sobre o imóvel), tamanho do terreno, qualidade das escolas próximas e preços concorrentes (de imóveis na vizinhança). Isso deveria ocorrer principalmente com especialistas que conhecem o mercado e os preços das casas melhor do que ninguém, mas não ocorreu. O preço sugerido claramente afetou a avaliação de cada um deles.

Agora vem a parte mais divertida. A grande maioria dos corretores de imóveis (81%) afirmou que não levou em conta *de modo algum* o preço sugerido ao fazer suas estimativas. Dos leigos, 63% alegaram não ter levado em conta essa informação ao tomar sua decisão. Em outras palavras, o preço sugerido mudou a maneira como a propriedade foi avaliada por todos, mas a maioria não teve a menor ideia de que aquilo estava ocorrendo.

O QUE ESTÁ ACONTECENDO AQUI?

Quem é a pessoa mais confiável quando precisamos de um conselho? A quem pedimos orientação em momentos de dúvida e incerteza? A um pai ou uma mãe, um religioso, um professor, um político?

Acontece que a pessoa em quem mais confiamos somos nós mesmos. Isso pode não ser algo bom. Conscientemente ou não, contamos com a nossa inteligência ao fazermos julgamentos de valor, ainda que não sejamos tão experientes ou inteligentes como outras pessoas e que não sejamos tão experientes ou inteligentes como acreditamos ser. Nossa confiança excessiva em nós mesmos é mais pronunciada, e mais perigosa, quando se trata de nossas primeiras impressões, quando tendemos a nos tornar vítimas da "ancoragem".

A *ANCORAGEM* ocorre quando somos levados a uma conclusão gerada por algo que não deveria ter nenhuma importância para a nossa decisão. É quando deixamos informações irrelevantes poluírem o processo de tomada de decisão. A ancoragem pode não parecer preocupante demais se pensarmos que números não poluem nossas decisões com frequência. Mas a segunda, e mais perigosa, parte da ancoragem é que esse ponto de partida inicial e irrelevante pode se tornar a base de decisões futuras daí em diante.

Os corretores de imóveis em Tucson sentiram o peso da ancoragem. Eles viram um número, levaram-no em conta e foram influenciados por ele. Confiaram na própria avaliação.

Quando foi sugerido que a casa deveria custar US$ 149.900,00, aquele número se alojou nas cabeças dos corretores e passou a ser associado ao preço do imóvel. Daquele ponto em diante, suas estimativas de preço futuras tiveram aquela cifra como referência. Tornou-se um parâmetro pessoal em que confiaram, estivessem ou não conscientes daquilo.

Apenas ver ou ouvir "US$ 149.900,00" não deveria ter nenhuma relação com o cálculo do valor da casa. Era apenas um número. Mas não era! Na ausência de outras informações claras, na ausência de um valor verificável e correto – e mesmo com uma grande quantidade de outros fatores a considerar –, os especialistas em imóveis mudaram suas estimativas porque foram apresentados àquele número e dali em diante foram influenciados por ele. Foram atraídos por ele como se fosse um ímã. Ou um buraco negro. Ou, melhor, uma âncora.

LEVANTAR ÂNCORA!

Quanto cobraríamos para levar o cachorro de alguém para passear diariamente por uma hora? Quanto pagaríamos por uma lata de refrigerante? Não demoramos a chegar a uma resposta, ou ao menos uma faixa de respostas para tais perguntas. Digamos que estamos dispostos a pagar R$ 4,00, no máximo, por uma lata de refrigerante. É o preço de reserva. Diferentes pessoas geralmente têm um preço de reserva semelhante quando se trata de algo como um refrigerante, mas por quê? Todo mundo gosta de refrigerantes no mesmo grau? Todo mundo tem o mesmo nível básico de renda disponível? Todo mundo leva em conta as mesmas alternativas? Ao decidirmos quanto pagar por um refrigerante, passamos por quais processos que nos fazem chegar a uma resposta semelhante?

De acordo com a lei da oferta e da procura, quando definimos nosso preço de reserva, deveríamos considerar apenas o que o item vale para nós e quais são as nossas outras opções de gasto. Na verdade, porém, damos muita importância ao preço de venda. Quanto costuma custar no supermercado, é vendido em um hotel ou um aeroporto? O preço de venda é uma consideração que está fora do modelo de oferta e procura, mas, como outras âncoras, acaba influenciando o preço que estamos dispostos a pagar. O relacionamento torna-se cíclico: estamos dispostos a pagar cerca de R$ 4,00 porque é isso que um refrigerante normalmente custa. Esse é o efeito da ancoragem. O mundo está nos informando que o preço de um refrigerante é de cerca de R$ 4,00, portanto pagamos o preço. Uma vez que tenhamos comprado uma lata de refrigerante por R$ 4,00, essa decisão permanece conosco e influencia a maneira como calculamos seu valor daquele momento em diante. Casamos uma quantia com um produto, para o bem ou para o mal.

O impacto da ancoragem foi originalmente demonstrado por Amos Tversky e Daniel Kahneman em um experimento de 1974 relacionado às Nações Unidas.[2] Eles fizeram com que um grupo de estudantes universitários girasse uma roleta que, por estar viciada, caía apenas no 10 ou no 65. Fizeram então duas perguntas aos estudantes:

1. A porcentagem de nações africanas na ONU é superior ou inferior a 10% ou 65% (de acordo, respectivamente, com o número em que a roleta caiu)?
2. Qual é a porcentagem de nações africanas na ONU?

Para os estudantes cuja primeira pergunta foi se a porcentagem de nações africanas superava ou não 10%, a resposta média à segunda pergunta foi 25%. Para aqueles expostos primeiro ao número 65, a resposta média à segunda pergunta foi 45%. Em outras palavras, o número da roleta para a primeira pergunta fez uma grande diferença na resposta à segunda pergunta independente. Aquele primeiro uso do número os levou a pensar em 10 ou 65 em relação à porcentagem de nações africanas na ONU. Uma vez expostos a 10 ou 65, aquele número influenciou a avaliação supostamente independente da segunda pergunta. É a ancoragem em funcionamento.

Para aqueles interessados em informações obscuras e potencialmente inúteis, na década de 1970, 23% dos países na ONU eram africanos.

O que isso nos lembra é que, quando desconhecemos o valor de algo – quantos reais por um imóvel, quantas nações africanas na ONU –, somos especialmente suscetíveis à sugestão, seja por números aleatórios, manipulação intencional ou pela tolice da nossa mente.

Como vimos com a dor do pagamento e a relatividade, quando perdidos no mar da incerteza, nós nos apegamos a quaisquer objetos que estejam flutuando por perto. Um preço âncora oferece um ponto de partida fácil e familiar.

Os preços sugeridos em Tucson criaram um ponto de partida para a percepção do valor, assim como a roleta nas perguntas sobre a ONU. Quanto maior o preço sugerido, maior o valor percebido, embora, como sabemos, o valor real para nós deveria se basear no que pagaríamos. E quanto pagaríamos, por sua vez, deveria se basear no custo de oportunidade, não no preço sugerido.

A história passada em Tucson é importante porque aqueles corretores de imóveis eram os mais informados e experientes – esperava-se que fossem capazes de estimar o valor real. Eles eram os menos perdidos no oceano. Se alguém estava em condições de estimar o preço de venda da casa levando em conta *apenas* o valor, eram eles. Mas não conseguiram. Poderíamos dizer que essa é uma prova de que o setor imobiliário é uma farsa, e, como proprietários de imóveis, poderíamos concordar, porém o fato mais relevante é que, se aquilo aconteceu com aqueles profissionais, poderia acontecer com qualquer um. E acontece.

Somos todos influenciados por âncoras, o tempo todo, geralmente sem sabermos. Afinal, lembre-se de que 81% dos corretores e 63% dos leigos disseram que *não* foram influenciados pelo preço âncora. Os dados mostram que foram, na verdade, muito influenciados, mas eles nem sabiam que aquilo estava acontecendo.

A ancoragem envolve a confiança em nós mesmos, porque, uma vez que uma âncora entra na nossa consciência e torna-se algo que aceitamos, instintivamente acreditamos que deve ser relevante, fidedigna e fundamentada. Afinal, nós não nos enganaríamos, certo? E nem podemos estar errados, porque somos muito espertos. Nós com certeza nunca admitimos voluntariamente que estamos errados, para nós ou qualquer outro. Pergunte a alguém que esteve em algum tipo de relacionamento: é fácil admitir estar errado? Nãããão. É uma das coisas mais difíceis do mundo.

O fato de não gostarmos de admitir que estamos errados nesse caso envolve menos a arrogância do que a preguiça (não que a arrogância não seja um propulsor importante do comportamento em geral, mas não é nesse caso específico). Não queremos fazer escolhas difíceis. Não queremos nos desafiar quando não precisamos, de modo que optamos pela decisão mais fácil e familiar. E essa decisão costuma ser influenciada por um ponto de partida ancorado em nosso cérebro.

MANADA

Pensemos no *COMPORTAMENTO DE MANADA* e de *AUTOMANADA* por um momento. Comportamento de manada é a ideia de que seguiremos a multidão, de que supomos que algo é bom ou ruim baseados no comportamento de *outras pessoas*. Se as outras pessoas gostam de algo, fazem uma boa avaliação, imploram para vê-lo, fazem ou pagam por aquilo, nos convenceremos de que é bom. Supomos que algo é valioso porque outros *parecem* valorizá-lo. O comportamento de manada é essencialmente a psicologia por trás de sites de avaliações como o Yelp. É o motivo de sermos atraídos por restaurantes e casas noturnas com longas filas do lado de fora. Como se esses locais espaçosos não pudessem deixar os jovens esperando lá dentro?! Não, eles querem que o pessoal fique esperando lá fora, onde servem de iscas de manada atraentes e bem-vestidas, chamando aqueles dispostos a gastar seu dinheiro em bebidas caras.

O comportamento de automanada é a segunda e mais perigosa parte da ancoragem. É a mesma ideia básica do comportamento de manada, exceto que baseamos nossas decisões não naquelas de outras pessoas, mas em decisões semelhantes que tomamos no passado. Supomos que algo tem grande valor porque *nós* o avaliamos bem antes. Avaliamos algo pelo que "normalmente" custa ou "sempre" custou porque confiamos em nossos comportamentos passados. Lembramos que tomamos uma decisão de valor específica repetidas vezes e assim, sem perder tempo e energia avaliando aquela decisão repetidas vezes, supomos que foi boa. Afinal, somos incríveis ao tomar decisões, logo, se tomamos aquela decisão antes, deve ser a melhor e mais fundamentada. Não é óbvio? Uma vez que paguemos R$ 7,00 por um *espresso* e R$ 150,00 por uma troca de óleo, estamos mais propensos a fazê-lo no futuro, porque já tomamos essa decisão antes, nos lembramos dela e temos predileção pelas nossas decisões – ainda que signifiquem pagar mais do que precisamos. Ainda que exista um lugar oferecendo café de graça enquanto esperamos pela troca de óleo custando R$ 100,00.

É assim que a ancoragem começa, como uma decisão isolada, mas depois cresce através do comportamento de automanada até se tornar um problema maior, criando um ciclo perpétuo de autoilusão, falácia e avaliação incorreta. Compramos um item por certo preço por causa de um preço sugerido – uma âncora. Depois aquele preço de compra torna-se prova de que aquela foi uma boa decisão. Daquele ponto em diante, passa a ser o ponto de partida para nossas compras futuras de itens semelhantes.

Outro sinal manipulador de valor que é parente próximo da ancoragem e do comportamento de automanada é o *VIÉS DE CONFIRMAÇÃO*. Ele dá o ar da sua graça quando interpretamos informações novas de um modo que confirma nossos pressupostos e expectativas. O viés de confirmação também atua quando tomamos decisões novas de modos que confirmam nossas decisões anteriores. Quando tomamos uma decisão financeira específica no passado, tendemos a supor que ela foi a melhor decisão possível. Buscamos dados que apoiem nossa opinião, sentindo-nos ainda melhores com a qualidade da nossa decisão. Como resultado, nossas decisões anteriores são reforçadas e simplesmente seguimos o exemplo no presente e no futuro.

Basta olhar a forma como obtemos nossas informações sobre o mundo para perceber o poder do viés de confirmação. Procuramos a fonte de notícias cujas informações queremos obter e o fazemos de modo a rejeitar informações que contradigam nossas crenças. Nós nos concentramos em notícias que reforcem e coincidam com nossas ideias preconcebidas. Isso não é bom para nós como cidadãos ou como nação, ainda que seja uma experiência mais agradável para nós como indivíduos.

Faz algum sentido para nós confiar em nossas decisões passadas: não queremos viver sempre com a tensão da insegurança, e algumas das nossas decisões passadas poderiam de fato ser fundamentadas e merecer serem repetidas. Ao mesmo tempo, contar com nossas decisões históricas exige muito do nosso eu passado, do eu que tomou a primeira decisão de valor, fosse a escolha consciente de comprar um *espresso* de R$ 7,00 no Brasil ou a escolha subconsciente de aceitar pagar US$ 149.000,00 por uma casa nos Estados Unidos. Dizem que só temos uma chance para deixar uma primeira impressão. Isso pode ser tão verdadeiro para nossas decisões financeiras como é para os relacionamentos.

A ancoragem afeta não apenas os preços dos imóveis, mas decisões financeiras tão diferentes como negociações salariais (a primeira oferta faz uma enorme diferença nos resultados), preços de ações e nossa tendência a comprar mais do mesmo produto quando vemos um aviso dizendo: "Compre 12 e leve um grátis."[3]

Existem inúmeros outros exemplos do efeito da ancoragem. Vamos mostrar mais ou menos de 100 exemplos? Quantos exemplos você espera que demos? Ah, brincadeira, agora estamos só provocando você.

> Voltemos à compra de um carro. Poucas pessoas pagam o preço sugerido pelo fabricante no varejo, mas ele é exposto de modo bem visível por uma razão: a ancoragem.
> Imagine que estamos em um shopping center, passando por uma loja de sapatos. Na vitrine, um par de escarpins com glitter dá um tchauzinho para nós. O que atrai nosso olhar é a etiqueta de preço de tirar o fôlego: R$ 2.500,00. Dois mil e quinhentos por um par de sapatos? Refletimos a respeito por uns segundos, mas não conseguimos acreditar. Entramos na loja e nos vemos segurando um par de escarpins diferente no valor de R$ 500,00 de que realmente gostamos – que no entanto sabemos que realmente não deveríamos comprar. Ah, mas na terra do escarpim de R$ 2.500,00, o de R$ 500,00 é rei.
> Prefere comida a sapatos? Imagine que está sentado num restaurante elegante olhando para um cardápio bem elaborado. O que vê primeiro? A exuberante lagosta e o bife de gado Kobe com crosta de trufas, por R$ 300,00. Não é o que queremos, ou o que vamos comer, mas serve para ancorar nossa perspectiva de valor de outros itens do cardápio e para fazer com que todo o resto pareça acessível em comparação.*
> A remuneração de executivos americanos disparou em parte por conta da ancoragem. Uma vez que a notícia do primeiro CEO ganhando um milhão, 10 milhões ou até 35 milhões de dólares chega ao mercado, essa cifra eleva as expectativas e estimativas sobre o valor da liderança executiva – ao menos aos olhos dos demais executivos. Esse tipo de ancoragem de pagamento é chamado de *benchmarking*.
> Lembra-se das pérolas negras de Salvador Assael da nossa discussão sobre relatividade? Elas foram colocadas ao lado de diamantes e ou-

---

* Pessoas como Gregg Rapp, um consultor de restaurantes, afirmam que os itens de preços mais altos na verdade geram receita induzindo as pessoas a comprarem outros itens com os *segundos* preços mais altos. Trata-se de um preço chamariz usando a ancoragem e a relatividade.

tras pedras preciosas para que parecessem valiosas. Aquela apresentação fez com que o valor percebido das pérolas se ancorasse no valor percebido de diamantes e joias, o qual, graças ao esforço da família De Beers, é bem alto.

Esses e inúmeros outros exemplos mostram as várias formas pelas quais a ancoragem pode alterar a nossa percepção de valor.

ANCORAGEM NO ZERO

A ancoragem pode atuar para manter os preços baixos também. Só porque estamos guardando dinheiro, isso não significa que estamos avaliando corretamente as coisas.

Pense nos aplicativos gratuitos sobre os quais já discutimos. Os aplicativos se encaixam perfeitamente em umas poucas categorias de preço e, uma vez aceitos esses preços, as pessoas não pensam necessariamente no benefício de um aplicativo em relação ao benefício que poderiam obter da mesma quantidade de dinheiro gasta em algo diferente. Em vez disso, levam em consideração o preço do aplicativo em relação à âncora inicial.

Por exemplo: e se existisse um aplicativo novo que pudéssemos usar por 15 minutos, duas vezes por semana, durante um ano inteiro, e que custasse R$ 13,50? É um preço baixo ou alto? É difícil para as pessoas pensarem na quantidade absoluta de prazer e utilidade que poderiam obter de tal experiência comparada com outras formas em que poderiam gastar seu dinheiro. Em vez disso, comparamos o preço desse aplicativo com o de outros aplicativos, e no processo achamos que o aplicativo novo não vale o dinheiro. Espere! Esse aplicativo poderia nos dar 27 horas de diversão. É o mesmo tempo que gastaríamos para assistir a 18 filmes, que custariam uns R$ 215,00 para alugar no iTunes e bem mais para assistir no cinema. Quando olhamos dessa forma, R$ 13,50 por 27 horas de diversão não parece um mau negócio. O problema é que não fazemos esse exercício – ou algo parecido. Pelo contrário, comparamos esse aplicativo com outros baseados apenas no preço – um preço que foi ancorado em zero. Em consequência, acabamos gastando nosso dinheiro de formas que não maximizam nosso prazer e podem não fazer sentido financeiro.

A IGNORÂNCIA É UMA BÊNÇÃO

Quanto menos sabemos sobre algo, mais dependemos de ancoragem. Vejamos de novo nosso exemplo do imóvel, em que corretores e "gente comum" em Tucson foram apresentados a preços âncora e depois solicitados a avaliar a casa. Os especialistas em imóveis, que presumimos terem melhor compreensão do valor de uma casa do que os leigos, foram menos afetados pelos preços âncora do que aqueles com menos conhecimento. Podemos também presumir que, se um outro grupo não recebesse sequer as informações do serviço de listagem sobre o imóvel ou comparações e outras informações relevantes, tendo ainda menos conhecimento, ele seria ainda mais influenciado pelas âncoras.

É importante nos lembrarmos desta descoberta – de que, quando temos uma ideia aproximada do valor, a ancoragem tem um efeito mais fraco do que quando não temos ideia alguma. Quando começamos com um valor estabelecido e uma faixa de preços em nossa mente, fica mais difícil que alguém use a ancoragem a fim de influenciar nossas avaliações.

William Poundstone conta a história de como, após a morte de Andy Warhol, a propriedade do artista em Montauk, Long Island, foi posta à venda. Considerando os preços aparentemente arbitrários do mundo da arte, como poderíamos avaliar o preço de uma casa que foi (por um tempo) ocupada por uma figura tão importante? Quais são os sinais de valor? A presença, a aura, os 15 minutos de fama dele? Pediram o preço absurdo de 50 milhões de dólares.[4] No final, foi reduzido para 40 milhões. Se 10 milhões puderam ser descontados do preço, por que pedir tanto dinheiro logo de início? Para ancoragem. Os 50 milhões pairaram como uma âncora e, não demorou muito, alguém pagou 27,5 milhões. Isso é cerca de metade do preço originalmente pedido. Se originalmente tivessem sido pedidos 9 milhões de dólares pela propriedade – ainda um dinheirão, no entanto mais próximo do valor dos imóveis da área –, dificilmente o preço teria triplicado. O preço exagerado pedido elevou o valor *percebido* do imóvel. Tratou-se, talvez, de um comentário póstumo adequado à cultura de consumo por parte do grande pintor de latas de sopa de tomate.

Quando encontramos um produto ou serviço que não conseguimos avaliar exatamente, como aconteceu com a casa de Warhol por algum tempo, o efeito da ancoragem é poderoso. É ainda mais forte quando somos apresentados a produtos novos que são simplesmente diferentes de tudo que já apareceu antes. Imagine nenhum mercado, nenhuma comparação, nenhum *benchmark*, nenhum contexto para um produto ou serviço, para itens que parecem surgir de outra dimensão.

Quando Steve Jobs apresentou o iPad, ninguém jamais tinha visto algo semelhante. Ele pôs a cifra "US$ 999,00" na tela e disse a todos que os especialistas haviam dito que deveria custar US$ 999,00. Conversou mais um pouco, mantendo o preço naquele nível, até enfim revelar um preço do iPad de... US$499,00! Uau! Que valor maravilhoso!

Dan certa vez fez um experimento no qual pediu que as pessoas informassem quanto cobrariam para pintar o próprio rosto de azul; cheirar três pares de sapatos; matar um rato; cantar numa esquina por 15 minutos; lustrar três pares de sapatos; entregar 15 jornais; e levar um cão para passear por uma hora. Incluiu coisas como cheirar sapatos e matar um rato, para os quais não existe mercado, para que as pessoas não pudessem recorrer a técnicas familiares para o cálculo do preço. Para lustrar sapatos, entregar jornais e levar cães para passear existia uma faixa de preços bem padronizada – em torno do salário mínimo pago por hora. Quando as pessoas indicaram quanto cobrariam pelas atividades que possuíam ancoragem, basicamente apresentaram um preço que não diferia muito do valor mínimo pago por hora. Mas para as quatro primeiras atividades – pintar o rosto, cheirar sapatos, matar um rato e cantar – não havia âncora, e as respostas variaram muito. Alguns estavam dispostos a fazê-las por quase nenhum dinheiro e outros queriam milhares de dólares.

Por quê? Quando analisamos algo como cheirar sapatos, desconhecemos o preço de mercado. Portanto precisamos começar pelas nossas preferências. Elas são bem diferentes para cada um e costumam ser difíceis de descobrir. Precisamos pesquisar a fundo, analisar do que gostamos, do que não gostamos, quanto estamos dispostos a gastar, quanto curtiríamos aquilo, do que estamos dispostos a abrir mão (o custo de oportunidade) e bem mais. Pode ser um processo desafiador, mas precisamos passar por ele e enfim apresentar um preço, que acaba sendo bem diferente para cada um de nós.

Quando existe um preço de mercado para algo – como, digamos, um forno elétrico –, não refletimos sobre as nossas preferências. Não é preciso.

Aceitamos o preço de mercado como ponto de partida. Poderíamos ainda assim pensar nos custos de oportunidade e no nosso orçamento, mas estaríamos partindo do ponto do preço de mercado, não do nosso, e acabaríamos com um preço final não muito diferente do preço inicial.

Para pensar nisso de forma diferente, tente expressar em reais o prazer de uma maravilhosa noite bem dormida. Cada um de nós oferecerá uma resposta diferente baseada em quão facilmente adormecemos e quanto gostamos de dormir. Quanto vale essa experiência em dinheiro? Difícil dizer. E se precisássemos dar um preço ao prazer de comer uma barra de chocolate ou de beber um milk-shake? Provavelmente saberíamos logo de cara quanto um ou outro vale para nós – não porque apenas calculamos o prazer que esperamos dessa experiência, mas porque começamos pelo preço de mercado e acabamos bem próximo dele. De modo similar, é difícil calcular quanto teríamos que pagar para permitir que alguém pisoteasse nosso pé por 30 segundos, mas, se houvesse um mercado de pisões, provavelmente teríamos mais facilidade em fixar nosso preço para essa experiência. Não porque o exercício de calcular nosso prazer fique mais fácil, mas porque podemos usar uma estratégia diferente (ancoragem) para chegar à resposta. Não necessariamente a resposta certa – porém ainda assim uma resposta.

COERÊNCIA ARBITRÁRIA

Como você provavelmente observou, a ancoragem pode vir do primeiro preço que vemos, como um preço sugerido pelo fabricante no varejo, e de preços que pagamos no passado, como por uma lata de refrigerante. O preço sugerido no varejo é um exemplo de âncora externa – ou seja, a montadora incutindo a ideia de que o carro que desejamos custa R$ 45.000,00. O preço do refrigerante é uma âncora interna, vinda da nossa experiência anterior comprando Coca-Cola. Os efeitos desses dois tipos de âncora sobre as nossas decisões são basicamente os mesmos.[5] Na verdade, não importa muito de onde vem a âncora. Se pensamos em comprar algo por aquele preço, o efeito da ancoragem foi estabelecido. O número pode até ser completamente aleatório e arbitrário.

Nossos experimentos de ancoragem favoritos foram realizados por Drazen Prelec, George Loewenstein e Dan. Em um deles, foi perguntado a um grupo de estudantes de graduação do MIT quanto pagariam por certos produtos, que incluíam itens como um mouse de computador, um teclado sem fio, alguns chocolates finos e vinhos bem cotados. Antes de perguntarem aos estudantes que preço pagariam, os pesquisadores solicitaram que cada um anotasse os últimos dois dígitos de sua inscrição na previdência social – um número aleatório – e dissessem se comprariam ou não cada item por aquela quantia. Por exemplo, se nossos últimos dígitos fossem 5 e 4, responderíamos se estaríamos dispostos a comprar o teclado por US$ 54,00, o vinho por US$ 54,00 e assim por diante. Depois, pediram aos estudantes que declarassem a quantia máxima *real* que pagariam por cada item.

O interessante nos resultados foi que a quantia que os estudantes estavam dispostos a pagar estava associada aos dois últimos dígitos da inscrição na previdência social. Quanto mais alto o número, mais pagariam. Quanto mais baixo o número, menos pagariam. Aquilo aconteceu embora – obviamente – as inscrições na previdência social não tivessem nenhuma relação com o valor real dos itens; ainda assim, elas influenciaram o valor que os entrevistados atribuíram ao item.

Claro que Drazen, George e Dan perguntaram aos estudantes se achavam que os dois últimos dígitos de sua inscrição na previdência social tiveram algum impacto nas avaliações e ofertas deles. Todos responderam que não.

Aquilo foi a ancoragem em ação. Mais do que isso, foi uma ancoragem completamente aleatória. Uma vez que mesmo o número mais aleatório se fixe como um preço nas nossas mentes, ele influencia os preços de outros produtos afins agora e no futuro.[6] Logicamente, não deveria, mas influencia. Deixamos a lógica para trás faz tempo.

Isto é importante e vale a pena repetir: um preço âncora pode ser qualquer número, por mais aleatório, contanto que o associemos a uma decisão. Essa decisão ganha poder e influencia nossas decisões futuras. A ancoragem mostra a importância de decisões prematuras sobre preços, que fixam um valor em nossa mente e afetam os nossos cálculos do valor daquele momento em diante.

Esse não é o fim da história! As âncoras ganham seu impacto de longo prazo com um processo chamado COERÊNCIA ARBITRÁRIA. A ideia básica da coerência arbitrária é que, embora a quantia que os participantes estavam dispostos a pagar por qualquer item fosse em grande parte influenciada pela âncora aleatória, uma vez que eles propuseram um preço por uma categoria de produtos, aquele preço tornou-se a âncora para outros itens da mesma categoria. Os estudantes do experimento citado foram solicitados a apresentar uma oferta por dois produtos dentro de uma categoria – dois vinhos (de qualidades diferentes) e dois acessórios de computador (um teclado sem fio e um mouse). A decisão sobre o primeiro produto em uma categoria – o primeiro vinho ou o teclado – afetou a decisão do participante sobre o segundo produto da mesma categoria? Esperamos que não seja mais surpresa descobrir que sim, a primeira decisão influenciou a segunda. As pessoas que viram primeiro o vinho comum ficaram dispostas a pagar mais pelo segundo vinho, de melhor qualidade. As pessoas que viram o vinho melhor primeiro se dispuseram a pagar menos pelo segundo vinho. O mesmo aconteceu com os acessórios de computador.

O que significa que, uma vez que vamos além da nossa primeira decisão na categoria, deixamos de pensar sobre a nossa âncora inicial. Em vez disso, tomamos a segunda decisão em relação à primeira. Se os dígitos de nossas inscrições na previdência social, 7 e 5, aleatoriamente fazem com que a gente pague R$ 60,00 por uma garrafa de vinho, avaliamos a segunda garrafa de vinho em relação à garrafa de R$ 60,00, mas independentemente do 7 e 5. Estamos passando da ancoragem para a relatividade. Claro que a âncora ainda atua, porque nos levou a R$ 60,00 em vez de R$ 40,00, por exemplo, e se concluímos que a segunda garrafa vale metade da primeira, estamos gastando R$ 30,00 (metade de R$ 60,00) em vez de R$ 20,00 (metade de R$ 40,00).

Na vida, geralmente fazemos avaliações relativas. Comparamos TVs, carros e casas. O que a coerência arbitrária mostra é que podemos ter duas regras. Podemos primeiro calcular o preço básico para uma categoria de produtos de forma totalmente arbitrária, mas, uma vez que tomemos uma decisão dentro dela, tomamos decisões posteriores para outros produtos seus de forma relativa, ou seja, comparando-os entre si. Embora isso pareça sensato, não é, porque começar com uma âncora irrelevante significa que nenhum dos preços reflete o valor real.

O que Drazen, George e Dan descobriram foi que os pontos de partida aleatórios e o padrão de avaliações subsequente iniciado com aquelas âncoras criaram uma ilusão de ordem. De novo, quando não sabemos quanto custa algo, ou quando estamos em dúvida sobre algo, nos apegamos a qualquer coisa possível. Aplicativos, iPads, leite de soja, sapatos fedorentos: estes não são, ou não eram antes, produtos com preços fixados. Uma vez que os preços foram sugeridos e nos convencemos de que eram razoáveis, tornaram-se fixos em nossa mente, ancorados para afetarem nossa avaliação de bens semelhantes daquele ponto em diante.

Em muitos aspectos, as âncoras iniciais são alguns dos mais importantes indicadores de preços em nossa vida financeira. Elas determinam o parâmetro da realidade – o que consideramos real e razoável por um longo tempo. A maioria dos mágicos, profissionais de marketing e políticos adoraria dispor de um truque tão simples e poderoso como a âncora da inscrição na previdência social.

ELEVANDO O NÍVEL DA ÂNCORA

Quando adolescentes, costumamos acreditar que somos invencíveis. Somos super-heróis. Quando ficamos mais velhos, percebemos que temos limites. Cometemos erros. Percebemos nossas limitações físicas e a loucura das nossas más escolhas. Entretanto, só adquirimos conhecimento a partir das decisões das quais estamos conscientes. Nem sequer chegamos a duvidar de decisões que tomamos inconscientemente, nas quais não prestamos atenção, das quais nos esquecemos ou que temos usado sem parar para pensar desde tempos imemoriais e nas quais baseamos nossa vida.

Nós realmente não sabemos o que qualquer coisa específica vale para nós. Isso deve estar claro agora. Que sejamos tão fácil e inconscientemente afetados por um preço sugerido – por uma âncora – deveria reforçar o entendimento de quão difícil é avaliar um valor. Por ser tão difícil, procuramos ajuda, e com frequência nos voltamos para nós mesmos, por mais sensatas – ou insensatas – que tenham sido as nossas decisões passadas.

A maioria dos prospectos de investimentos inclui uma ressalva que diz: "O desempenho passado não é garantia de resultados futuros." Considerando como a ancoragem afeta a nossa capacidade de avaliar itens e quanto da ancoragem se baseia em escolhas anteriores, deveríamos aplicar uma ressalva semelhante à nossa vida: decisões passadas não são garantia de resultados futuros.

Ou, resumindo a lição em outras palavras: *Não acredite em tudo que você pensa.*

8

SUPERVALORIZAMOS O QUE TEMOS

Tom e Rachel Bradley são um casal fictício vivendo na Cidade Média, nos Estados Unidos. Eles têm três filhos, dois carros e um cachorro, e sobrevivem à base de uma dieta de piadinhas, seriados de comédia e bebidas açucaradas. Rachel é redatora publicitária freelancer e Tom é gerente de contas sênior na Item S.A., a proeminente produtora, distribuidora e vendedora de itens de alta qualidade. "Veja bem", Tom diz aos clientes umas cinco vezes por dia, "itens são cruciais ao seu negócio. São compatíveis com a sua organização e o único mecanismo de crescimento possível. Mesmo que não entenda o que fazem, você precisa encomendar mais agora!" Ele trabalha lá há 15 anos.

Os gêmeos de Tom e Rachel, Robert e Roberta, entraram para a faculdade e por isso saíram de casa, de modo que os Bradleys querem se mudar para um imóvel menor. Não pretendem deixar o bairro, já que o terceiro filho do casal, Emily, está começando o ensino médio e tem muitos amigos próximos. Porém eles não precisam de quatro quartos e seria legal ter um dinheiro sobrando.

Então começam o processo de venda da casa anunciando por conta própria, para economizar a comissão paga à imobiliária. Eles pedem

US$ 1.300.000,00 pelo imóvel.* Não apenas não recebem nenhuma oferta, como também se aborrecem. Ao mostrarem a casa, Tom e Rachel comentam sobre todos os momentos maravilhosos vividos pelos filhos em diversos espaços da casa, enfatizam onde ocorreu uma cena engraçada com o cachorrinho deles, dão destaque a todas as reformas que fizeram e como projetaram o imóvel para obter o máximo de proveito do espaço. Ninguém parece impressionado. Ninguém parece ver quão sensacional a casa é nem que grande pechincha está sendo cobrada por ela.

Os Bradleys enfim pedem ajuda profissional. Heather, a corretora, sugere que peçam US$ 1.100.000,00 pela casa. Eles discordam. O casal se lembra de que seus amigos venderam uma casa parecida na mesma rua por US$ 1.400.000,00 três anos antes. Os próprios Bradleys receberam até algumas ofertas não solicitadas para venderem a propriedade deles naquela época, uma de US$ 1.300.000,00 e outra de US$ 1.500.000,00. Aquilo tinha acontecido três anos antes e agora a propriedade deles deveria valer ao menos o mesmo, se não mais, especialmente considerando a inflação.

– Mas isso foi durante a bolha imobiliária – diz Heather.

– E três anos já se passaram, portanto, o valor com certeza aumentou... – argumenta Rachel. – E a nossa casa é bem melhor que a deles.

– Talvez na opinião de vocês, mas reparem em todo o trabalho que precisa ser feito. O comprador precisará realizar umas boas mudanças aqui.

– O quê?! – exclama Tom. – Você sabe quanto tempo, esforço e dinheiro investimos para completar essas reformas? Esta casa é sensacional.

– Com certeza é para vocês, mas... o que é *aquilo*?

– Um suporte para bicicletas.

– Sobre a mesa da cozinha?

– Cria um clima bacana quando estamos comendo e olhamos para cima.

A corretora faz um ar de espanto.

– Bem, a decisão é sua, mas meu conselho é: se vocês querem vender este imóvel, peçam US$ 1.100.000,00 e se deem por satisfeitos se conseguirem chegar perto desse valor.

---

* O mercado imobiliário atual da Cidade Média é bem diferente do de Tucson, no Arizona, em 1987 (retratado no capítulo anterior).

Eles haviam comprado o imóvel 14 anos antes por US$ 400.000,00, de modo que ainda assim estariam ganhando muito dinheiro. No entanto, acham uma loucura que Heather e os compradores em potencial não consigam enxergar quão especial aquela casa é.

Após longas noites de conversas e argumentações, os Bradleys permitem que Heather anuncie a casa por US$ 1.150.000,00. Recebem uma oferta de US$ 1.090.000,00. Heather se empolga e diz que eles deveriam aceitá-la de imediato. Eles querem resistir. Após uma semana, Heather aumenta a pressão:

– Sejamos realistas. Na melhor das hipóteses, vocês esperam e obtêm mais US$ 15.000,00 ou US$ 20.000,00. Não vale a pena. Vendam agora e se mudem.

Eles acabam vendendo a casa por US$ 1.085.000,00. A imobiliária de Heather fica com US$ 65.000,00 no negócio.

Nesse meio-tempo, eles estão em busca de uma casa nova. Não gostaram de nenhuma das que viram. Todas tinham reformas estranhas que não faziam nenhum sentido e fotos de crianças por toda parte. Quanto aos preços, Tom e Rachel não conseguem acreditar no delírio de alguns desses vendedores, pedindo bem mais do que seus imóveis poderiam valer.

– Eles estão achando que paramos no tempo e estamos vivendo três anos atrás, quando o mercado estava aquecido? Maluquice. Os tempos mudaram. Os preços que estão pedindo também deveriam mudar.

Enfim acham uma boa casa. O preço solicitado é US$ 650.000,00. Eles oferecem US$ 635.000,00. O proprietário da casa espera um valor maior. O corretor informa que é melhor "se apressarem e decidirem rápido porque novos compradores apareceram". Eles não acreditam. Acabam comprando por US$ 640.000,00. E ficam bem contentes.

O QUE ESTÁ ACONTECENDO AQUI?

A experiência imobiliária dos Bradleys pode ser fictícia, mas se baseia em muitas histórias reais. Mais importante, ela mostra como supervalorizamos as coisas que possuímos.

Em um mercado ideal, racional, tanto vendedores quanto compradores deveriam chegar à mesma avaliação de um item. Esse valor é uma função da utilidade e dos custos de oportunidade. Na maioria das transações reais, porém, o proprietário de um item acredita que ele vale mais do que o comprador acredita. Os Bradleys pensavam que a casa deles valesse mais do que valia simplesmente porque foi deles por um tempo e porque eles fizeram todas aquelas mudanças "maravilhosas" no imóvel – tornando-o mais "deles". Investir em qualquer coisa aumenta a nossa sensação de propriedade, e a propriedade nos leva a avaliar as coisas de formas que pouco têm a ver com o valor real. A propriedade de um item, não importa como essa propriedade surgiu, leva-nos a supervalorizá-lo. Por quê? Por causa de algo chamado *EFEITO DOTAÇÃO*.

A ideia de que supervalorizamos o que temos pelo simples fato de possuirmos esses bens ou itens foi demonstrada primeiro pela psicóloga Ellen Langer, de Harvard, e mais tarde expandida por Dick Thaler. O conceito básico do efeito dotação é o fato de que o proprietário atual de um item o supervaloriza e, por causa disso, vai querer vendê-lo a um preço mais alto do que o futuro proprietário estará disposto a pagar.[1] Afinal, o potencial comprador do item ainda não é proprietário dele e, portanto, não é afetado pelo mesmo efeito dotação de "ame-o-que-você-possui". Tipicamente, em experimentos testando o efeito dotação, os preços de venda constatados são cerca do dobro dos preços de compra.

O preço pelo qual os Bradleys queriam vender a casa deles – a avaliação de ambos sobre ela – era mais alto do que o preço que os compradores estavam dispostos a pagar pelo imóvel. Quando os papéis se inverteram e os Bradleys viraram compradores, a divergência de preços também se inverteu: como compradores, os Bradleys avaliaram as casas que estavam vendo por preços mais baixos do que as avaliações dos proprietários delas.

Aparentemente, isso não deveria nos surpreender. O desejo de maximizar um preço de venda e minimizar um preço de compra é perfeitamente racional. A estratégia econômica básica nos ensina a tentar comprar barato e vender caro, certo? Na verdade, não se trata de uma técnica de negociação. O que experimentos cuidadosos demonstram é que os preços mais altos são o que os proprietários acreditam que suas propriedades valem e que os preços mais baixos são o que os compradores potenciais acreditam que essas mesmas coisas valem. Como dissemos, quando possuímos algo, não apenas começamos a acreditar que aquilo vale mais como, além disso, acreditamos que outras pessoas naturalmente verão esse valor extra e estarão dispostas a pagar por ele.

Uma razão para esse efeito de supervalorização é que a propriedade nos leva a dar mais ênfase aos aspectos positivos daquilo que possuímos.

Quando os Bradleys puseram a casa à venda, eles focaram nas boas lembranças – nos lugares onde Emily aprendeu a andar, onde os gêmeos costumavam discutir quem era mais amado, no deslizar escada abaixo, nas festas surpresa e em todas as vezes que gaguejaram e brigaram com os filhos trocando os nomes deles. Involuntariamente, acrescentaram aquelas experiências à alegria que a casa representava para eles e também ao valor da casa. Simplesmente não enxergaram o aquecedor velho, a escada pouco firme ou o perigoso suporte para bicicletas da mesma forma que os compradores. Deram ênfase apenas aos pontos positivos. Aos bons tempos.

Embora as razões dos Bradleys para o valor maior fossem profundamente pessoais, eles estavam presos ao próprio ponto de vista. Como consequência, esperavam que estranhos, sem a história das experiências deles, vissem a casa do mesmo modo. As emoções e lembranças da família se tornaram parte da forma inconsciente como valorizavam a casa, que claramente nada tinha a ver com o valor real para alguém que não compartilhasse aquelas lembranças. Mas, quando avaliamos nossos bens, ficamos cegos para o fato de que o estímulo emocional que obtemos deles são nossos e somente nossos.

COMO POSSUÍMOS ALGO?

A sensação de propriedade pode vir, e vem, em várias maneiras. Uma das formas como obtemos uma sensação extra de propriedade é investindo esforço.

O esforço dá a sensação de propriedade, a sensação de que criamos algo. Depois que investimos esforço, sentimos um amor extra por aquela coisa de cuja criação participamos. Não precisa ser uma participação grande nem precisa ser uma participação real, mas, se acreditamos que tivemos alguma relação com a criação, aumentamos nosso amor e, com isso, nossa disposição em pagar. Quanto mais trabalho investimos em algo – uma casa, um carro, uma colcha, uma planta baixa, um livro sobre dinheiro –, mais apegados ficamos e maior a nossa sensação de propriedade.

A história de esforço e propriedade não termina aqui. Acontece que quanto mais difícil é fazer algo, mais sentimos que tivemos alguma participação em sua criação e nosso amor por aquilo aumenta ainda mais.

Mike Norton, Daniel Mochon e Dan chamaram esse fenômeno de *EFEITO IKEA* – termo inspirado pelo restaurante de almôndegas/fábrica modificada/*playground* infantil que também funciona como loja de móveis. Pense no que é preciso para criar uma mobília Ikea: temos que ir de carro até uma loja enorme e raramente conveniente da Ikea, navegar pelo estacionamento, tomar cuidado com as crianças das outras pessoas, pegar uma sacola descomunal, seguir setas, olhar equipamentos de cozinha da era espacial, evitar que nossa cara-metade olhe para os equipamentos de cozinha da era espacial, achar graça dos nomes que não entendemos, depois apanhar nossos artigos, levá-los até o carro e colocá-los no porta-malas. Depois temos que dirigir até nossa casa, descarregar, levar tudo para dentro e passar algumas horas xingando as instruções impossíveis, mas com aspecto dos mais agradáveis, convencidos de que alguém deve ter nos dado o conjunto errado de ferramentas porque uma peça não está encaixando direito... Até que, finalmente, tcharam! Uma mesa de cabeceira e um abajur! (E várias peças extras que não sabemos onde colocar.)

Depois de todo esse trabalho, não sentimos um forte apego, uma sensação de orgulho e realização? Este é *nosso* objeto; *nós* o fizemos! Claro que não vamos nos desfazer dele por uns poucos tostões. Esse é o efeito Ikea.[2]

Pense em todo o trabalho que os Bradleys dedicaram à casa deles. A planta em conceito aberto. Os quadros. O lustre que é um bicicletário. Todo aquele esforço deu a impressão de que eles haviam criado algo especial. Aos seus olhos, a casa aumentou de valor a cada pequena mudança e melhoria. Ela se ajustava tão perfeitamente a eles e às suas preferências graças ao esforço que fizeram para torná-la especial. Não apenas adoravam aquela casa, mas também não conseguiam acreditar que os outros não se apaixonassem por ela do mesmo jeito.

Podemos chegar a "possuir" coisas arbitrariamente, sem esforço. Ziv Carmon e Dan coordenaram um experimento pelo qual descobriram que alunos da Universidade Duke que ganharam ingressos para jogos de basquete num sorteio só os venderiam por um preço bem superior ao que outros alunos (que não tinham ingresso) estavam dispostos a pagar. Aquilo aconteceu embora o ingresso fosse para o mesmo jogo, no mesmo horário, oferecendo a mesma experiência e com o mesmo valor real.[3] Os vencedores do sorteio não tinham nenhum motivo para valorizar os ingressos mais do que quaisquer outras pessoas, exceto pelo fato de os possuírem. De modo similar, outros experimentos constataram que alunos da Universidade Cornell que receberam canecas grátis as avaliaram pelo dobro do preço que aqueles que não tinham tais canecas.[4] Esse fato não aconteceu apenas porque universitários precisam de um café para começarem qualquer coisa antes das duas da tarde, mas porque aqueles que aleatoriamente receberam canecas logo se sentiram proprietários delas. Portanto, as supervalorizaram.

Bens tangíveis estão com frequência sujeitos ao efeito dotação: as pessoas valorizam mais esses itens por tê-los nas mãos. (Talvez por isso, como descrevemos no Capítulo 6, a AOL enviava CDs com convites para usarmos aqueles serviços, isso há 10.000 anos.) Não sabemos por que canecas são itens de teste tão populares entre os cientistas sociais, no entanto, pesquisadores das universidades estaduais de Ohio e Illinois também as usaram para provar a importância do contato direto. Eles descobriram que pessoas que seguraram uma caneca de café por mais de 30 segundos estavam dispostas a pagar mais para comprar aquela caneca do que aquelas que a seguraram por menos de 10 segundos ou não seguraram.[5] Pense nisto: 30 segundos é todo o tempo necessário para criar uma sensação de maior propriedade, forte o suficiente para distorcer a nossa avaliação de um item. Impressionante! As lojas de departamentos poderiam exigir que as pessoas provassem roupas por ao menos 30 segundos. E as concessionárias fariam com que abraçássemos um carro por um tempo.

Pense nos serviços mensais que realizam ofertas de teste grátis ou a preços baixos. A editora de uma revista oferece uma taxa preliminar de R$ 1,00 mensal por três meses, um provedor de serviços oferece um telefone celular novo gratuito por um ano e uma empresa de TV a cabo oferece um combo TV-internet-telefone que só custa R$ 150,00 por mês nos dois primeiros meses. Essas taxas acabam aumentando – para R$ 20,00 mensais no caso da revista, para mais R$ 60,00 mensais na conta de celular e para R$ 220,00 por mês no combo.

Poderíamos "cancelar a qualquer momento", mas normalmente não o fazemos. Por quê? Porque, ainda que possamos não "possuir" algo como a

TV a cabo, aquela oferta de teste nos dotou de uma sensação de propriedade. Tendo usufruído desses serviços e produtos, nós os consideramos mais valiosos, simplesmente porque os usamos. Assim, quando o preço aumenta, isso não nos impede de continuar com o serviço, porque agora que o temos, nós – talvez relutantemente – pagaremos mais para mantê-lo.

Os vendedores sabem que, depois que possuímos algo – um pacote de TV a cabo, alguma mobília, um celular – nossa perspectiva mudará. Valorizaremos aquele bem ou serviço mais do que se nunca o tivéssemos possuído. Empresas que se utilizam de ofertas de teste estão praticando o mesmo modelo de negócios dos traficantes de drogas: a primeira é grátis. Depois nos viciamos e imploramos por mais.

Podemos também experimentar algo conhecido como PROPRIEDADE VIRTUAL, que é quando atingimos essa sensação de propriedade, esse gosto, contato ou sensação suficiente de um produto sem comprá-lo de fato. A propriedade virtual é diferente das ofertas de teste porque nunca possuímos realmente o produto.

Imagine que damos um lance por um relógio do Mickey no eBay. O leilão está quase no fim e o nosso lance é o maior. Ainda não somos proprietários porque o leilão não terminou. Mesmo assim, sentimos como se tivéssemos vencido e fôssemos o dono. Começamos a nos imaginar possuindo e usando o produto – e podemos ficar bem contrariados se alguém aparece no último segundo para dar um lance maior. Isso é a propriedade virtual. Nós nunca possuímos o item, mas a sensação é de que o possuímos e, no processo, aumentamos nossa valorização do relógio do Mickey.

Dan certa vez conversou com um corretor de imóveis que estava envolvido na venda de uma propriedade de luxo no valor de dezenas de milhões de dólares. Houve um processo de licitação. As negociações se estenderam por mais de seis meses. Quando começaram, os licitantes haviam decidido quanto estariam dispostos a pagar pela propriedade. Mas, com a passagem do tempo e a demora nas negociações, viram-se dispostos a pagar cada vez mais. Nada mudou na propriedade. Não houve informação nova. O tempo tinha simplesmente transcorrido. O que havia mudado? Durante aquele período, eles começaram a se ver como donos da propriedade. Imaginaram como poderiam usá-la, como seria morar ali e assim por diante. Possuíam-na apenas na imaginação – ainda não havia um preço final aceito –, mas o fenômeno da propriedade virtual fez com que não quisessem desistir da possibilidade de realmente possuí-la. Conforme o processo se arrastava, a propriedade virtual aumentou, fazendo com que valorizassem cada vez mais o imóvel.

Os redatores publicitários de sucesso são, de certo modo, mágicos: fazem com que a gente sinta que já possui os produtos dos clientes deles. Sentimos como se já dirigíssemos o carro, estivéssemos naquelas férias com a nossa família ou posando para fotos naquelas roupas maravilhosas. Não se trata de propriedade real, e sim virtual. As fantasias inspiradas por comerciais fazem com que nos conectemos com seus produtos. Essa conexão – de tocar mentalmente o produto por 30 segundos – cria uma sensação de propriedade que, como sabemos agora, leva a uma maior disposição para pagar por esses produtos. Quanto tempo levará até que os publicitários usem a tecnologia para colocar fotos nossas nos anúncios que vemos? Vamos ver nós mesmos, na praia, bebendo aquela cerveja, comendo aquele sanduíche de três andares.

NINGUÉM GOSTA DE PERDER

O efeito dotação está profundamente ligado à *AVERSÃO À PERDA*. O princípio da aversão à perda, proposto pela primeira vez por Daniel Kahneman e Amos Tversky,[6] sustenta a ideia de que valorizamos ganhos e perdas de formas diferentes. Sentimos a dor das perdas mais fortemente do que sentimos o prazer do ganho. E a diferença não é pequena – a dor é quase o dobro do prazer. Em outras palavras, sentimos a dor de perder R$ 10,00 cerca de duas vezes mais fortemente do que o prazer de ganhar R$ 10,00. Ou, se tentássemos igualar o impacto emocional, precisaríamos ganhar R$ 20,00 para neutralizar a sensação da perda dos R$ 10,00.

A aversão à perda funciona em conjunto com o efeito dotação. Não queremos renunciar ao que possuímos em parte porque o supervalorizamos, e o supervalorizamos em parte por não querermos renunciar àquilo.

Por causa da aversão à perda, avaliamos perdas que poderíamos ter bem acima dos ganhos que poderíamos obter. De uma perspectiva econômica fria e calculista, isso não faz sentido: deveríamos considerar perdas e ganhos como parceiros andando juntos, não batendo cabeça e indo um para cada lado. Deveríamos deixar a utilidade esperada guiar nossas decisões, agindo apenas como computadores gigantescos, sagazes, frios e calculistas, mas, felizmente, não somos como máquinas que focam apenas a utilidade esperada nem computadores sagazes e frios. Somos humanos (razão pela qual acabaremos sendo governados por computadores sagazes e frios).

Os proprietários de um item, como os Bradleys com a casa deles, avaliam a perda potencial da propriedade bem acima da avaliação por não proprietários do ganho potencial do mesmo item. Essa lacuna – alimentada pela aversão à perda – nos induz a todo tipo de erro financeiro.

Vimos a aversão à perda em funcionamento quando os Bradleys se referiram à alta e à baixa do mercado imobiliário. Eles pensaram no preço do imóvel em termos da época mais aquecida, antes que o mercado desacelerasse. Pensaram por quanto poderiam ter vendido a casa naquela época. Deram foco à perda em relação ao preço durante aquele momento histórico anterior.

Poupanças e investimentos para a aposentadoria são outras áreas onde a aversão à perda e o efeito dotação podem prejudicar a nossa capacidade de ver o mundo de forma objetiva. Se a aversão à perda parece algo que nunca *nos* dominará, considere suas reações iniciais a estas duas perguntas:

1. Conseguiríamos viver com 80% da nossa renda atual?
2. Conseguiríamos abrir mão de 20% da nossa renda atual?

As respostas a essas duas perguntas deveriam ser exatamente iguais. Elas são matematicamente, economicamente e, para um computador gigantesco e sagaz, a mesma pergunta. Conseguimos sobreviver na aposentadoria com 80% da nossa renda atual? No entanto, tendemos a dizer sim à pergunta 1 bem mais do que à pergunta 2.[7] Por quê? Porque a pergunta 2 realça o aspecto de perda da situação – abrir mão de 20%. Como sabemos, as perdas pesam muito, de modo que na pergunta 2 enfocamos essa dor. E a pergunta 1? É fácil dar uma resposta afirmativa, já que a pergunta não menciona nenhuma perda.

Essa mesma questão de enquadramento pode surgir durante decisões de assistência médica ao final da vida. Analisando o comportamento de famílias dedicadas ao decidirem se irão ou não testar medidas experimentais, os profissionais médicos constataram que a resposta depende de como a decisão é enquadrada. As pessoas tendem bem mais a buscar procedimentos com poucas chances de cura quando a proposta dá *ênfase* ao lado positivo – como "Existe uma chance de sobrevivência de 20%" – do que quando ela enfoca o lado negativo – como "Existe uma chance de *óbito* de 80%".[8]

A aversão à perda e o efeito dotação podem também interagir para nos induzirem a rejeitar dinheiro para a aposentadoria que nos é dado, como fundos de pensão de contribuição patronal paritária. No caso, a empresa em que trabalhamos iguala nossas contribuições para o fundo desde que contribuamos com certa quantia. Por exemplo, se investimos R$ 1.000,00, a empresa entra com outros R$ 1.000,00, o que significa que obtemos R$ 1.000,00 de graça. Mas, se não poupamos nada, ela não contribui com nada. Muitas pessoas não economizam nem um centavo; outras não contribuem com a quantia total que a empresa igualaria. Em ambos os casos, estão rejeitando dinheiro dado.

Por que faríamos algo tão tolo como renunciar a dinheiro gratuito? Existem três motivos. Primeiro, contribuir para a nossa aposentadoria dá uma sensação de perda: estamos renunciando a gastar dinheiro. Usamos nosso salário para muitas coisas, como compras de supermercado, encontros românticos, mensalidade do clube do vinho. Renunciar ao salário agora dá a sensação de renunciar a essas coisas. O segundo motivo é que ter parte do dinheiro aplicado em renda variável, como no mercado de ações, cria a possibilidade de perder dinheiro. Ou seja: aversão à perda (mais sobre isso já, já). Terceiro, desistir da parte da empresa não parece uma perda. Parece rejeitar um ganho. E, por mais lógicos que possamos nos sentir quando calmamente raciocinamos que existe pouca diferença entre uma "perda" e um "ganho não realizado", não é assim que agimos ou nos sentimos. Não acredita? Continue lendo e vai ter uma prova disso.

Em um experimento que Dan realizou, as pessoas deveriam imaginar que seu salário anual era de US$ 60.000,00 e que seu empregador igualaria as contribuições delas à aposentadoria até 10% daquele salário. Os participantes foram informados das despesas, como alimentação, entretenimento e educação. Precisavam fazer escolhas, como todos fazemos, porque os US$ 60.000,00 não eram suficientes para tudo no experimento – assim é a vida. Poucas pessoas optaram pela contribuição máxima para a aposentadoria e a maioria aplicou bem pouco. Assim, não obtiveram plenamente o teto das contribuições do empregador para o fundo de pensão.

Em uma ligeira variação desse experimento, pesquisadores contaram a outro grupo de participantes que seu empregador havia depositado US$ 500,00 mensais em seu fundo de pensão no início de cada mês. Os funcionários poderiam manter quanto quisessem, mas para isso precisariam investir aquela mesma quantia entrando com as próprias contribuições. Por exemplo, se também contribuíssem com US$ 500,00 mensais em suas contas, poderiam conservar o montante inteiro. Mas, se apenas poupassem US$ 100,00, manteriam apenas US$ 100,00 da contribuição do empregador e os outros US$ 400,00 desapareceriam da conta e retornariam ao empregador. A cada mês, os participantes que não contribuíram plenamente para o fundo de pensão recebiam lembretes de que haviam perdido o dinheiro a mais não igualado. Eles eram informados de quanto a empresa depositava previamente na conta, qual a contribuição do funcionário e quanto dinheiro a empresa pegava de volta. O extrato poderia dizer: "Depositamos previamente US$ 500,00 na sua conta, você contribuiu com US$ 100,00 e a empresa pegou de volta US$ 400,00." Aquilo tornou a perda bem clara. Também desencadeou uma aversão à perda nos participantes, que rapidamente começaram a fazer a contribuição máxima para o plano de aposentadoria.

Uma vez que entendamos a aversão à perda e que muitas coisas podem ser enquadradas como ganhos ou perdas – e que o enquadramento como perda é mais motivador –, talvez possamos avaliar nossas escolhas sob um novo ângulo, como com quanto contribuir para a aposentadoria, persuadindo-nos a agir de formas mais compatíveis com nosso bem-estar a longo prazo.

Por falar em bem-estar a longo prazo, a aversão à perda também obscurece nossa capacidade de avaliar riscos de longo prazo. Esse problema tem maior impacto no que se refere ao planejamento de investimentos. Quando o risco está envolvido e a quantia do investimento flutua para cima e para baixo, temos dificuldade em ver além das nossas perdas imediatas potenciais para imaginar ganhos futuros. A longo prazo, as ações podem superar as aplicações de renda fixa e os títulos públicos (como os do Tesouro Direto) por uma grande margem. Mas, quando olhamos somente o curto prazo, haverá muitos períodos breves com perdas dolorosas.

Imaginemos que os preços das ações subam 55% no período inteiro e caiam 45% no mesmo período. Um belo de um resultado. Mas isso é a longo prazo, não em apenas algumas semanas, meses ou mesmo um ano.

O problema é que vivemos os períodos de alta e baixa de formas bem diferentes. Durante as altas, ficamos só um pouquinho animados, mas, durante as baixas, ficamos desesperados. (Como dissemos antes, o desespero nas baixas é o dobro da animação nas altas de mesma magnitude.) Ao sentirmos com mais força o impacto do mercado em baixa, não sentimos a felicidade da tendência geral como 55% de alta, mas como infelicidade de 90% de baixa (45% multiplicados por dois).

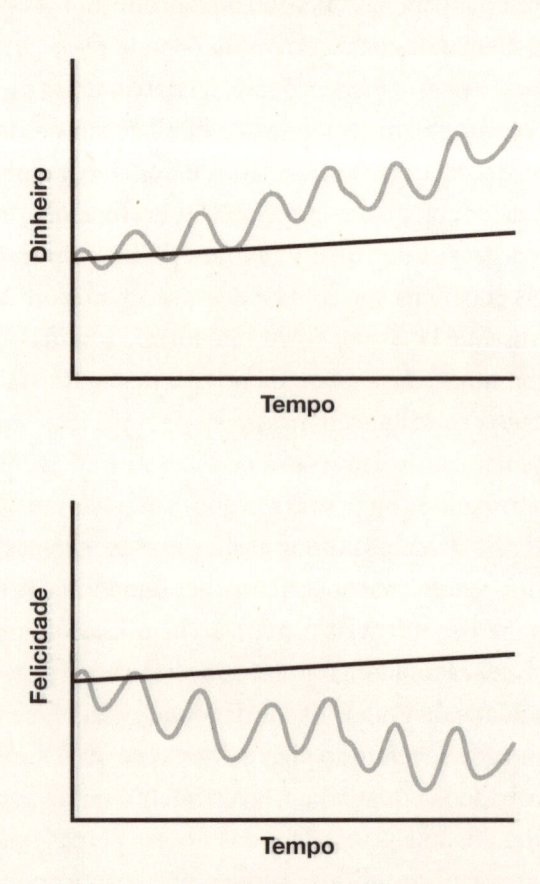

A linha escura representa uma taxa de juros fixa, enquanto a linha cinza representa retornos flutuantes. O gráfico superior representa a quantidade de dinheiro envolvida, enquanto o gráfico inferior representa a reação psicológica a esses ganhos e perdas, levando em conta a aversão à perda, que faz com que as perdas tenham o dobro do impacto. Observe que, embora o montante absoluto de dinheiro seja maior no caso dos retornos flutuantes (gráfico superior), como uma experiência ele é mais negativo.

Por causa da aversão à perda, quando observamos o investimento no mercado de ações no curto prazo, sofremos. Em contraste, se só conseguíssemos enxergar o mercado de ações com uma visão de longo prazo, nos sentiríamos bem melhor correndo mais riscos. Na verdade, Shlomo Benartzi e Dick Thaler descobriram que funcionários estão dispostos a investir uma parcela maior de seus fundos para a aposentadoria em ações se lhes são mostradas as taxas de retorno de longo prazo em vez das taxas de curto prazo, porque na visão de longo prazo a aversão à perda não está em jogo.[9]

A aversão à perda pode criar uma série de outros problemas de investimento. Em geral, faz com que vendamos ações em alta rápido demais – não queremos perder aqueles lucros! – e conservemos ações em baixa por um tempo excessivo – porque não queremos realizar o prejuízo com aquelas ações.[10]

Uma solução que as pessoas usam para evitar a dor da perda de curto prazo é evitar ações arriscadas e investir em títulos ou fundos de renda fixa inicialmente, ou às vezes em cadernetas de poupança, que pagam uma taxa de juros certa, ainda que próxima de zero. Esses títulos e fundos não têm as mesmas baixas – ou altas – das ações. Não sofremos a aversão à perda e não ficamos tão desesperados. Claro que podemos ficar desesperados de outras maneiras, já que reduzimos nosso potencial de crescimento de longo prazo. Mas não sentimos essa perda no momento. Só a sentimos na aposentadoria, quando, infelizmente, é tarde demais para mudar de ideia e alterar as nossas decisões de investimento.

Outra abordagem que nós – Dan e Jeff – preferimos é simplesmente não olhar nossos investimentos. Se somos sensíveis demais a pequenas flutuações no decorrer do tempo, uma solução é apenas tomar uma decisão de longo prazo e persistir nela. Assim, não permitimos que a aversão à perda nos induza a agir de modo precipitado. Tentamos olhar nossa carteira apenas uma vez por ano. Em suma, reconhecemos nossa irracionalidade e sabemos que não vamos ganhar numa luta direta contra ela, de modo que evitamos totalmente a batalha. Não é exatamente *A arte da guerra* de Sun Tzu, mas recomendamos que você também adote essa abordagem.

MAS ESPERE! TEM MAIS!

Já observou que muitas empresas cobram uma quantia única pelo que apresentam como vários itens? Por exemplo, as operadoras de telefonia celular cobram por cada coisinha que usamos – mensagens de texto, chamadas, dados, serviços extras, impostos, etc. –, mas em toda a sua bondade e no desejo de nos ajudar a não sentir que estamos sofrendo várias perdas pequenas, pedem que façamos apenas um pagamento maior. Que beleza de negócio! Sentimos uma perda, mas ganhamos um bando de preciosidades.

A abordagem dessas operadoras é conhecida como "agregar perdas e *SEGREGAR GANHOS*" e explora a aversão à perda, dando-nos uma só perda dolorosa em troca de muitos ganhos prazerosos. Quando um produto tem muitos recursos, é do interesse do vendedor realçar cada um separadamente e pedir um preço único por todos eles. Para o consumidor, essa prática promocional faz o todo parecer bem mais atraente do que a soma de suas partes.

Os melhores exemplos de segregação de ganhos são provavelmente os infomerciais. O secador de cabelo Taiff, as facas Ginsu, a coleção de DVDs das sete temporadas de *Game of Thrones* – todos esses infomerciais apresentam um preço baixo por vários itens com diversos usos e mais um monte de itens adicionais. "Olha isso, que incrível! Tem um topo! E uma base! E não tem só um, mas *dois* lados! Encomende agora!"

CUSTOS IRRECUPERÁVEIS

A nossa tendência a enfatizar as perdas em relação aos ganhos e supervalorizar o que possuímos manifesta-se poderosamente com os *CUSTOS IRRECUPERÁVEIS*.

O custo irrecuperável é descobrir que, uma vez que investimos em algo, temos dificuldade em desistir daquele investimento. Assim, tendemos a continuar investindo na mesma coisa. Em outras palavras, não queremos perder aquele investimento, de modo que muitas vezes jogamos dinheiro fora, acrescentando uma pitada de ilusão. Imagine que somos o CEO de uma montadora de automóveis com um plano de um carro novo cujo desenvolvimento custará 100 milhões de reais. Depois de investirmos 90 milhões, ficamos sabendo que o nosso concorrente está para lançar um carro que é mais econômico, menos poluente, mais eficiente e terá um preço mais acessível. A pergunta é: abandonamos o nosso plano e economizamos os últimos 10 milhões ou os gastamos esperando que as pessoas comprem os nossos carros, apesar de serem inferiores?

Agora imagine a mesma situação, só que dessa vez não investimos o primeiro real, e o custo total esperado de desenvolvimento é de apenas 10 milhões de reais. Quando estamos para começar a trabalhar nesse projeto, ficamos sabendo que o nosso concorrente projetou um carro melhor do que o nosso. Investimos os 10 milhões agora? Nesse ponto decisivo – a dúvida entre investir ou não 10 milhões de reais –, esses dois casos são exatamente iguais. Entretanto, no primeiro caso é difícil não olhar para trás e ver os 90 milhões que já gastamos. Numa situação desse tipo, a maioria das pessoas continua investindo. No segundo caso, nem pensam em investir dinheiro algum. A pessoa racional tomaria a mesma decisão nos dois casos, mas poucos o fazem. A metáfora para investir em quase tudo na vida deveria ser a mesma: não deveríamos pensar em quanto já investimos em um cargo, uma carreira, um relacionamento, uma casa ou uma ação. Deveríamos nos concentrar nas chances de que aquilo em que investimos seja valioso no futuro. Mas não somos tão racionais assim... e não é tão fácil como parece.

Os custos irrecuperáveis são aqueles que estão permanentemente na coluna de prejuízo da nossa contabilidade da vida. São nossos, não dá para simplesmente nos livrarmos deles; tornam-se parte de nós. Não vemos somente a quantidade de dinheiro, mas sim todas as escolhas, os esforços, as esperanças e os sonhos que acompanharam aqueles reais. Eles ficam mais pesados. E, como supervalorizamos esses custos irrecuperáveis, estamos menos dispostos a renunciar a eles e mais propensos a cavar mais fundo no mesmo buraco.

Dan demonstra a seus alunos o conceito de custo irrecuperável através de um jogo em que os participantes dão lances para adquirir uma nota de US$ 100,00. Regra nº 1: Os lances começam por US$ 5,00. Regra nº 2: Os lances só podem aumentar US$ 5,00 de cada vez. Regra nº 3: O vencedor paga o valor da sua oferta final e ganha os US$ 100,00. A última regra é: quem fica em segundo lugar também paga o que ofereceu, mas não ganha nada. À medida que o jogo progride, as ofertas sobem a US$ 50,00 e US$ 55,00, ponto em que Dan terá ganhado dinheiro. (O ofertante de US$ 55,00 pagará essa quantia para obter US$ 100,00 e o segundo colocado pagará US$ 50,00 e não obterá nada.) Em algum ponto, alguém oferece US$ 85,00 e outro concorrente oferece US$ 90,00. Então Dan os interrompe e lembra que a primeira pessoa ganhará US$ 10,00 (US$ 100,00 menos US$ 90,00) e a segunda pessoa perderá US$ 85,00. Ele pergunta ao ofertante de US$ 85,00 se quer continuar até US$ 95,00. Inevitavelmente, ele diz sim. Depois Dan faz à primeira pessoa a mesma pergunta, e esta de bom grado concorda em ir até US$ 100,00.

Mas a coisa não para em US$ 100,00. A seguir, Dan pergunta à pessoa que ofereceu US$ 95,00 se quer ir até US$ 105,00. Como antes, se ela diz não, perde a oferta anterior: US$ 95,00. Mas a essa altura, quando as ofertas estão acima de US$ 100,00, se os ofertantes dizem sim, estão agora ativamente dando lances sabendo que perderão dinheiro. Dessa vez, são apenas US$ 5,00 (o lance de US$ 105,00 menos o ganho de US$ 100,00), mas a perda só aumentará dali em diante. Inevitavelmente, ambos os participantes continuam dando lances cada vez maiores até que, em algum ponto, uma pessoa percebe quão louco aquilo é e eles param (e a pessoa que para acaba perdendo mais US$ 95,00).

Como Dan nos conta: "O máximo que já obtive nesse jogo foi na Espanha, onde certa vez vendi uma nota de 100 euros por 590 euros. Para ser justo, sempre informo às pessoas no início que o jogo é pra valer e sempre levo o dinheiro delas ao final. Acho que elas aprendem melhor a lição desse jeito e, além disso, preciso manter a minha reputação."

No jogo/experimento/golpe de Dan, o efeito dos custos irrecuperáveis rapidamente transformou o ganho potencial de 95 euros dos seus alunos/cobaias/alvos (100 euros menos a oferta inicial de 5 euros) em uma perda de 490 euros. É exatamente o que acontece numa competição entre duas empresas em um mercado no qual o vencedor leva tudo. Em geral, uma empresa obterá todas as vendas, ou ao menos a grande maioria, e a outra não obterá nada, ou muito pouco. A cada trimestre, cada empresa precisa decidir se investirá mais em pesquisa e desenvolvimento e publicidade ou desistirá do projeto competitivo. Em certo ponto, deve ficar claro que, se as duas empresas tentarem indefinidamente superar suas ofertas mútuas, ambas acabarão perdendo montes de dinheiro. Mesmo assim, por causa da dificuldade em ignorar investimentos passados, fica difícil não continuar avançando. O segredo nesse tipo de competição de mercado (e a chave para o jogo de Dan) é não começar a jogar ou, se jogarmos, descobrir rapidamente quando as coisas não estão indo a nosso favor e limitar nossas perdas.

Hal Arkes e Catherine Blumer demonstraram de outra forma como não pensamos claramente sobre os custos irrecuperáveis. Eles pediram que pessoas fingissem que haviam gastado US$ 100,00 em uma viagem para esquiar (aquilo foi em 1985). Depois apresentaram uma viagem da mesma natureza que era melhor em todos os aspectos, mas custava apenas US$ 50,00, e pediram aos participantes que imaginassem que compravam aquela também. Então eles informaram aos participantes que as duas viagens caíam na mesma data e que não eram reembolsáveis. Qual viagem escolheriam: as férias boas de US$ 100,00 ou as bem melhores de apenas US$ 50,00? Mais da metade dos participantes escolheu as férias mais caras, embora 1) fossem inferiores em termos do prazer que iriam proporcionar e 2) tivessem que gastar um total de US$ 150,00 nas duas escolhas.[11]

O custo irrecuperável aplica-se a decisões na nossa vida pessoal também. Um amigo de Dan estava indeciso sobre se devia ou não se divorciar. A vida dele estava sendo consumida por esse dilema. A certa altura, Dan lhe fez uma pergunta simples: "Imagine que, neste momento, você não fosse casado com essa pessoa e soubesse sobre ela tudo que sabe agora, mas vocês fossem apenas amigos há 10 anos. Você a pediria em casamento?" O amigo disse que a chance de pedir era de zero por cento. Naquele ponto, Dan perguntou: "Que informação isso dá a você sobre a sua decisão?" Quanto do seu conflito resultava de pensar no passado, de supervalorizar o tempo e a energia já irrecuperáveis naquele casamento em vez de olhar à frente, para o tempo e a energia que despenderia no futuro, independentemente do investimento anterior? O amigo de Dan entendeu aquela perspectiva e rapidamente decidiu se divorciar. Se alguém acha que essa é uma forma insensível de tomar uma decisão, acrescentaríamos que aquele casal não tinha filhos e às vezes renunciar ao custo irrecuperável e ver as coisas sob uma nova perspectiva é bom para todos.

O fato é que, em muitos aspectos da vida, a existência de um investimento passado não significa que devamos continuar no mesmo caminho.

Na verdade, em um mundo racional, o investimento anterior é irrelevante. (E, se o investimento anterior falhou, trata-se de um "custo irrecuperável" – nós o gastamos quer tenha falhado ou sido um sucesso. Foi embora.) O mais relevante é a nossa previsão do valor no futuro. Às vezes, olhar apenas para o futuro é a coisa certa a fazer.

DOMINE O SEU FUTURO

A posse muda a nossa perspectiva. Nós nos adaptamos ao nosso nível de posse, que se torna o parâmetro pelo qual julgamos ganhos e perdas.

Um meio de superar as armadilhas da posse é tentar nos separar psicologicamente das coisas que possuímos, a fim de avaliar mais precisamente o valor delas. Deveríamos pensar em onde estamos agora e o que acontecerá a seguir, não de onde viemos. Claro que é mais fácil dizer do que fazer, especialmente quando tendemos a aplicar tanta emoção, tanto tempo e dinheiro em nossa vida e em nossas posses: casas, investimentos e relacionamentos.

A posse fez com que os Bradleys focassem o que estavam perdendo – aquela bela casa personalizada – em vez de aquilo que estavam ganhando para o futuro – o dinheiro para comprar outra casa, sair para curtir uns bons jantares e pagar as anuidades de Robert e Roberta em uma boa universidade.

9
PREOCUPAMO-NOS COM ESFORÇO E JUSTIÇA

É de manhã cedo e James Nolan está numa reunião. Na verdade, é uma apresentação. Provavelmente uma perda de tempo, mas faz parte das atribuições do cargo. A empresa de itens para a qual trabalha (itens estão em voga) pediu que ele contratasse uma consultoria externa para identificar e atacar deficiências na operação do negócio. Após seis semanas, James e os colegas executivos de nível médio a sênior estão vendo os resultados. Ou seja, os resultados estão sendo mostrados a eles em várias apresentações de PowerPoint.

Gina Williams, a chefe de projeto da consultoria, luta para entrar na sala de reuniões carregando três grandes pastas. Ela as deixa cair na mesa com um estrondo. Depois, quatro consultores juniores, dois assistentes, um técnico e um segurança trazem um equipamento audiovisual, mais pastas, um projetor, resmas de papel, uma garrafa térmica com café e uma bandeja de biscoitos. James acha estranho que não tenham terminado os preparativos antes da reunião, mas açúcar e cafeína são como drogas para ele e o ajudam a não dar a mínima para tudo aquilo, de modo que ele relaxa na cadeira e deixa o tempo correr.

A equipe da consultoria se instala. Depois Gina percorre meticulosamente uma eternidade de 64 slides de PowerPoint, detalhando tudo, do momento em que embarcaram nos seus voos dois meses atrás até todas as reuniões, a papelada, os locais, e outras reuniões, e refeições, e materiais, e aquele bando de setas e acrônimos pipocando nas telas. Fazem um intervalo de 20 minutos, depois alguns slides com as credenciais e algumas fotos da família de Gina, e uns registros de chamadas. Uma apresentação de cinco horas. O último quadro – a conclusão – recomenda: "Não pergunte o que o seu item pode fazer por você, mas o que você pode fazer pelo seu item."

Todos na sala de reuniões se levantam espontaneamente batendo palmas com muita empolgação. Migalhas dos biscoitos caem no chão. Apertos de mãos calorosos aguardam à porta e os consultores saem e seguem pelo corredor, marchando rumo ao futuro com uma nova sensação de realização e propósito.

Mais tarde naquele mesmo dia, James passa pela sala da diretoria e observa seu CEO com prazer assinando um cheque de US$ 725.000,00 pelo projeto. Considerando todo o trabalho que tiveram, parece ter valido a pena.

James deixa o trabalho cedo naquela tarde para fazer uma troca de óleo de US$ 50,00. Leva o carro à oficina, que está vazia. Os mecânicos interrompem o jogo de cartas e dizem que o serviço ficará pronto em poucas horas.

Sentindo-se animado após a conclusão do projeto com a consultoria, James decide fazer a caminhada de pouco mais de 3 quilômetros até sua casa. Infelizmente, na metade do caminho o céu despeja uma chuva inesperada que o deixa encharcado. Ele corre para uma loja de conveniência a fim de se abrigar e percebe o proprietário pegando um porta guarda-chuvas que estava atrás do balcão. Ele se aproxima para pegar um, mas para quando vê o dono pegando a etiqueta de US$ 5,00 e rabiscando um novo preço de US$ 10,00 por cima.

– O que você está fazendo? O preço é cinco dólares.

– Negativo. Promoção de dias de chuva.

– O quê? Isso não é promoção nenhuma. É roubo!

– Você está mais do que convidado a procurar um preço melhor em outra loja.

O dono da loja aponta para fora; o aguaceiro vai até onde a vista alcança.

– Isso é ridículo! Você me conhece. Venho aqui toda hora.

– Você deveria comprar um guarda-chuva da próxima vez. Às vezes estão em promoção por apenas cinco dólares.

Após olhar em volta por uns segundos, James murmura algo impublicável, puxa a gola do paletó para cima e corre para fora sem guarda-chuva, dobrando a esquina do prédio, até sua casa. Assim que chega e tira as roupas ensopadas, a chuva para. Outro surto de exclamações impublicáveis antes de disparar seminu escada acima.

A oficina liga para informar a James que o carro requer mais trabalho do que previram. Vai ter que ficar lá até o dia seguinte. Eles desligam antes que James possa protestar. Frustrado, ele decide sair de novo para dar uma corrida, de modo a eliminar toda aquela ansiedade. Ao voltar, constata que está sem a chave de casa. A mulher dele, Renee, ainda não voltou de uma viagem de negócios. Os filhos estão nas casas dos amigos, e o vizinho que tem uma chave reserva de James está de férias. E parece que vai começar a chover de novo em breve. Relutante, ele liga para um chaveiro. Depois liga para mais dois. Cada um deles diz que provavelmente custará de US$ 150,00 a US$ 250,00 para irem até lá arrombar a fechadura ou substituí-la completamente. Ele esperava um valor menor, mas, ao perceber que todos são uns ladrões disfarçados de chaveiros, escolhe o último sujeito. Vinte minutos depois, o chaveiro chega, aproxima-se da porta, torce um negócio, sacode um troço, puxa um sei-lá-o-quê e eis que a porta abre. O sujeito levou dois minutos.

Eles vão até a cozinha beber um copo d'água e o chaveiro anuncia:

– Obrigado. São 200 dólares.

– O quê? Disse 200 dólares? Levou só um minuto! Quer dizer que a sua taxa é de 12 mil dólares por hora?

– Não sei nada disso, mas você me deve 200 dólares. Ou então podemos sair, deixo você preso lá fora de novo e você pode tentar a sorte com outra pessoa. Vai levar cerca de um minuto. Pode escolher.

– Tudo bem.

James preenche um cheque e vai para a sala acessar a Netflix e curtir uns poucos minutos sozinho em casa.

Renee chega mais tarde naquela noite em ótimo astral. Sua viagem foi um sucesso e ela ficou contente por usar o Kayak – o serviço de pesquisa de passagens aéreas – pela primeira vez e obter o que pareceu uma oferta bem boa. Pegou um Uber do aeroporto, já que o carro estava na oficina. Renee adora o Uber. Os horários dela são imprevisíveis, de modo que o Uber lhe poupa um monte de aborrecimentos tentando achar um táxi ou tendo que pesquisar horários e percursos do transporte público.

Alguns dias depois, no auge da empolgação com o Uber, cai uma tempestade de neve na noite em que ela precisa jantar com um cliente. É difícil conseguir um Uber. A corrida normal de US$ 12,00 até o centro agora custa US$ 40,00. Quarenta pratas! Revoltante! Ela chama um serviço de radiotáxi e decide parar de usar o Uber em protesto. Nas semanas seguintes, ela recorre ao seu velho serviço de táxi, pega ônibus, pega o carro emprestado e se vira de outras maneiras. É um estorvo, mas ela não gosta de ser explorada.

O QUE ESTÁ ACONTECENDO AQUI?

É assim que a JUSTIÇA impacta a nossa percepção de valor. A maioria das pessoas com mais de 5 anos entende o conceito de justiça. Nós a reconhecemos instantaneamente quando vemos ou falamos sobre ela, mas não percebemos o grande papel desempenhado pela justiça nas nossas decisões financeiras no dia a dia.

O valor que nos é cobrado pelo parecer de um consultor, por um guarda-chuva num dia chuvoso, por uma porta destrancada ou um transporte até a nossa casa não deveria ter nada a ver com *considerarmos* o preço justo. Mesmo assim, quer compremos algo ou não, a quantia que estamos dispostos a pagar pelas coisas muitas vezes depende, em alto grau, de quão justo, na nossa opinião, o preço parece ser.

Ao avaliarem uma transação, os modelos econômicos tradicionais simplesmente comparam o valor ao preço. Gente de verdade, porém, compara o valor ao preço e mais outros elementos para analisar sua justiça. As pessoas podem ficar realmente ressentidas com uma solução econômica eficiente e perfeita quando ela parece injusta. Essa sensação nos afeta mesmo quando uma transação faz sentido, mesmo quando ainda obteríamos um ótimo valor – como pagar mais por um dispositivo que nos permita chegar em casa sem tomar um pingo de chuva.

Pela lei básica da oferta e da procura, os guarda-chuvas deveriam custar mais na chuva (mais procura) e corridas de Uber deveriam custar mais em uma tempestade de neve (menor oferta e mais procura) e deveríamos achar perfeitamente normal pagar esses preços maiores. O valor de uma troca de óleo ou de uma porta destrancada não deveria ter nada a ver com a sensação de justiça, mas apenas com a rapidez e a eficiência do serviço. Mesmo assim, nós reclamamos, batemos o pé, bufamos e ameaçamos desistir da transação e ir para casa quando nos é cobrado um preço alto por algo que parece fácil ou leva pouco tempo. Por quê? Porque somos todos um bando de moralistas que acreditam que os preços deveriam ser justos. Recusaremos um bom valor por acreditarmos que é injusto. Punimos a injustiça, e muitas vezes a nós mesmos, no processo (como testemunhamos com James, o nosso executivo de itens que se molhou na chuva).

Existe um experimento conhecido que mostra as formas como punimos a injustiça. Chama-se jogo do ultimato. Embora soe como filme de suspense, não envolve o personagem Jason Bourne.

O esquema básico envolve dois participantes: um emissor e um receptor. Os dois protagonistas sentam-se em salas diferentes. Eles não se conhecem e nunca se encontrarão. Podem agir do jeito que quiserem sem medo de retaliação da outra pessoa. O emissor recebe algum dinheiro – digamos, R$ 10,00. Ele então decide quanto do dinheiro dará ao receptor, conservando o resto consigo. O emissor pode dar qualquer quantia ao receptor – R$ 5,00; R$ 1,00; R$ 3,25. Se o receptor aceita a quantia oferecida, os dois recebem a quantia designada, o jogo termina e ambos vão para casa. Se o receptor rejeita a quantia oferecida, nenhum participante recebe coisa alguma e o dinheiro volta para o pesquisador. Nada. Necas. Zero vírgula zero.

Ambas as partes entendem as regras do jogo, como a quantia de dinheiro em questão e de que forma o dinheiro será dividido ou não.

Se pararmos para refletir e usarmos a razão, a lógica, e com frieza, como se fôssemos um computador-sagaz-com-a-mente-do-Jason-Bourne, concluiremos que o receptor deveria aceitar qualquer quantia do emissor que fosse superior a zero. Até mesmo um centavo seria algo que ambos receberiam só por darem as caras para participar do experimento. É dinheiro dado, e qualquer montante deveria ser melhor do que não receber nada. Se o mundo fosse super-racional, o emissor ofereceria um centavo e o receptor aceitaria. Fim de jogo.

Mas não é isso que as pessoas – gente como a gente – fazem no jogo do ultimato. Os receptores com frequência rejeitam ofertas que consideram injustas. Quando o emissor oferece menos do que um terço da quantia total, o receptor quase sempre rejeita a oferta e ambos voltam para casa sem nada. As pessoas chegam a recusar dinheiro fácil a fim de punir alguém – alguém que não conhecem e com quem provavelmente nunca mais lidarão – só por terem recebido uma oferta que consideram injusta. Esses resultados mostram que podemos avaliar R$ 1,00 como menos que zero por causa de nossa sensação de justiça.

Pense nas seguintes situações: se estivéssemos descendo a rua e estranhos estivessem entregando notas de R$ 50,00, nós as recusaríamos porque eles estavam guardando as notas de R$ 100,00 para si ou agradeceríamos e nos lembraríamos de descer aquela rua diariamente pelo resto da nossa vida? Se estivéssemos correndo uma maratona e no meio do caminho alguém nos entregasse um copo d'água, nós o rejeitaríamos porque logo do lado havia uma mesa cheia de outros copos d'água que não estávamos obtendo? Não, seria loucura. Por que então, em tantos outros casos, valorizamos a parte meio vazia do copo – a parte que não é justa? A parte que não estamos obtendo?

Bem, talvez sejamos malucos. Pesquisadores descobriram que ofertas injustas no jogo do ultimato – como R$ 1,00 em R$ 10,00 – ativam regiões do cérebro diferentes das justas – como R$ 5,00 em R$ 10,00. Pesquisas mostram que, uma vez que as nossas regiões "injustas" são ativadas, a nossa tendência a rejeitar ofertas injustas aumenta.[1] Em outras palavras, nosso cérebro não gosta da injustiça, e essa aversão nos leva a agir de modo a expressarmos o nosso desagrado. Cérebro estúpido e maluco. Podemos não gostar, mas é assim que ele funciona.

James rejeitou o preço injusto do guarda-chuva, embora precisasse dele, dispusesse de dinheiro e US$ 10,00 fosse provavelmente um bom valor naquele momento para que permanecesse seco. Ele não rejeitou o trabalho do chaveiro, embora tenha expressado claramente a insatisfação e a frustração que sentia, subestimando o rápido acesso que teve à própria casa depois do trabalho do profissional. Renee deixou de usar o Uber

> **BRINCANDO COM OS ECONOMISTAS**
>
> A exceção à regra de que rejeitamos ofertas injustas no jogo do ultimato é que os economistas não rejeitam ofertas injustas. Eles reconhecem a resposta racional. Como esta é claramente uma tentativa passivo-agressiva de demonstrar quão mais espertos os economistas são do que o resto de nós, se chegarmos a jogar o jogo do ultimato com um economista, deveríamos nos sentir livres para ser tão cruéis e injustos como nos der na telha. Afinal, eles foram treinados para ver ofertas baixas como uma resposta racional desejada.

por um tempo após sentir o aumento nos preços relacionados ao clima ruim, embora sob condições meteorológicas normais o valor do serviço permanecesse o mesmo.

(Para aqueles que estão prestando atenção: sim, James se recusou a gastar US$ 5,00 extras para permanecer seco *no mesmo dia* em que não reagiu quando seu CEO pagou US$ 725.000,00 por uma longa e ineficaz apresentação de PowerPoint. Existe um motivo pelo qual o cérebro de James não percebeu aquelas duas transações como contraditórias. Aguarde, logo chegaremos lá.)

E se as máquinas de Coca-Cola estivessem equipadas com termômetros e programadas para cobrarem mais caro quanto mais quente ficasse lá fora? Como nos sentiríamos em relação a isso num dia de 35°C? Essa foi uma sugestão feita por Douglas Ivester, o principal executivo da Coca-Cola Company, para elevar a receita da empresa. Depois que os consumidores reagiram com indignação e a Pepsi tachou a Coca-Cola de oportunista, Ivester foi forçado a se demitir – embora a empresa jamais chegasse a produzir essa tal máquina. A estratégia de preço de oferta e procura era lógica, talvez até racional, mas as pessoas perceberam a ideia como injusta. Pareceu uma tentativa descarada de extorquir os consumidores e eles se enfureceram.

Parece que temos um "sinal de desaprovação" latente à espreita em todas as nossas transações econômicas. Somos pessoas rabugentas, críticas: rejeitamos bons valores que parecem injustos só de raiva e em busca de vingança.

Quando nossa sensação de justiça é envolvida, não nos importamos se existem razões legítimas para um preço maior. A mão invisível do mercado é rejeitada. Em uma pesquisa telefônica nos Estados Unidos, 82% dos entrevistados disseram que era injusto aumentar os preços das pás após uma tempestade de neve (um híbrido dos guarda-chuvas em dias chuvosos e do Uber na neve) para limpar neve acumulada na entrada da casa e na calçada, embora, segundo a regra econômica padrão da oferta e da procura, seja a ação eficiente, legítima e correta a se tomar.[2]

Em 2011, a Netflix anunciou, numa postagem de blog, que logo mudaria a estrutura de preços oferecida. Os serviços combinados de *streaming* e aluguel de DVDs, na época custando US$ 9,99 mensais o pacote, seriam cobrados separadamente, cada qual custando US$ 7,99 mensais. Assim, se basicamente os clientes usassem um só serviço – *streaming* ou aluguel de DVDs –, o preço mensal cairia US$ 2,00. Mas, se usassem ambos, o preço mensal total subiria quase US$ 6,00.

A maioria dos assinantes da Netflix usava apenas um dos serviços, mas qual você acha que foi a reação deles à mudança? Sim, eles detestaram. Não porque o preço fosse pior – na maioria dos casos, era melhor –, mas porque parecia injusto.* Aqueles clientes fiéis, fãs da Netflix, preferiram gastar seu dinheiro com outras empresas, como os clientes da JCPenney quando daquela derradeira mudança de preços.

A Netflix perdeu um milhão de clientes e o preço de suas ações despencou. Em algumas semanas, seus executivos abandonaram o plano novo. Como as pessoas sentiram que a empresa estava lucrando à custa delas, rejeitaram um serviço que continuava tendo um grande valor para elas – um valor de ao menos US$ 9,99 pelo qual passariam a pagar apenas US$ 7,99. Os clientes da Netflix quiseram punir a injustiça, e estavam dispostos a se prejudicar financeiramente ao fazê-lo. Renunciariam a um serviço maravilhoso que ficaria US$ 2,00 mais barato só para punir o aumento imaginário de US$ 6,00 dos serviços combinados que nem usavam.

A experiência de Renee com o Uber baseia-se em uma história real (como todos os casos aqui discutidos). Em dezembro de 2013, durante uma

---

* Também está em jogo aqui a aversão à perda: os clientes não queriam abrir mão da opção de utilização de DVDs, ainda que não a usassem.

nevasca na cidade de Nova Iorque, o Uber cobrou preços até oito vezes acima de sua tarifa normal – uma tarifa que já era superior à dos táxis e radiotáxis.[3] As celebridades foram as mais eloquentes em sua revolta (elas têm tempo para se revoltar). O Uber respondeu que as tarifas novas eram simplesmente "preços dinâmicos": um aumento nas tarifas para atrair mais motoristas às ruas inseguras. Mas aquilo não acalmou as pessoas.

Os clientes do Uber *normalmente* curtem a confiabilidade e disponibilidade dos motoristas do serviço e estão dispostos a pagar um acréscimo por essa disponibilidade. Mas, quando verdadeiras forças de mercado de oferta e procura entram em jogo com toda a força, como em uma nevasca, quando a oferta de motoristas cai *e* a demanda sobe, elevando assim fortemente os preços, os clientes, do nada, resistem a pagar o acréscimo. Se não houvesse Uber, não haveria táxis suficientes e os passageiros teriam pouca chance de conseguir um livre ou por perto. O Uber cobra um acréscimo para combater esses desequilíbrios nas situações em que os passageiros precisam de corridas e os motoristas querem oferecê-las. Normalmente estamos dispostos a alterar nossa percepção de preço justo e valor justo – mas só um pouquinho. Nossa flexibilidade tem um ponto de ruptura. Quando um acréscimo é grande, súbito e oportunista, ele nos parece injusto.

Só para servir de experimento mental também, imagine que houvesse um serviço de carros diferente chamado Rebu. Ele sempre cobrou oito vezes mais do que o Uber. Nesse caso, os clientes não se importariam em pagar os preços mais caros do Rebu durante a nevasca. É a tarifa normal do Rebu. Na verdade, poderiam tê-la considerado uma oferta. Foi somente porque o Uber elevou a tarifa exatamente quando as pessoas precisavam mais do transporte que elas acharam aquilo injusto. Se a tarifa do Rebu sempre foi oito vezes a do Uber, não pareceria injusta durante a nevasca – embora pudesse ter parecido cara demais em todas as outras vezes.

ESFORÇO JUSTO

Por que o princípio da justiça altera a nossa percepção de valor? Por que desprezamos coisas que julgamos injustas? Por que Renee abandonou o Uber e por que James enfrentou a chuva? É porque a justiça está profundamente arraigada em nós. E o que nos leva a ver coisas como justas e injustas? Costuma ser o esforço.

Avaliar o nível de esforço empregado em algo é um atalho comum que usamos para avaliar a justiça dos preços.

Vender guarda-chuvas não fica mais difícil porque está chovendo. Dirigir para o Uber durante uma nevasca pode requerer certo esforço extra, mas não oito vezes o esforço. Esses aumentos de preço não parecem acompanhar o esforço extra, e, sem qualquer aumento no custo da produção, achamos o aumento do preço injusto. Mas o que James e Renee não perceberam ao darem ênfase apenas ao esforço (e, portanto, à justiça) foi que o valor do serviço para eles – chegarem em casa com segurança e secos – *aumentou* por causa da nova circunstância, ainda que o esforço requerido pelo prestador do serviço não tivesse mudado.

James não achou que o preço do chaveiro fosse justo porque o serviço foi feito muito rápido. Mas ele preferiria que o chaveiro ficasse enrolando, levasse um longo tempo e simulasse esforço? Bem, talvez. Um chaveiro certa vez contou a Dan que, ao começar sua carreira, levava uma eternidade para abrir uma fechadura e no processo muitas vezes a quebrava, gastando ainda mais tempo e dinheiro para instalar uma nova e concluir o serviço. Ele cobrava pelas peças para substituir a fechadura quebrada, além do preço normal para abrir uma porta trancada. As pessoas de bom grado pagavam tudo aquilo e ainda davam boas gorjetas. Ele observou, porém, que ao se tornar mais experiente e abrir uma fechadura mais rápido, sem quebrar a fechadura velha (e sem a consequente necessidade de consertá-la e cobrar dos clientes as peças extras), os clientes não só não davam gorjeta como também reclamavam do preço cobrado pelo serviço.

O quê? Espere um pouquinho! Qual é o valor de terem aberto a nossa porta para nós em vez de ficarmos trancados do lado de fora? Essa deveria ser a pergunta. Mas, por ser difícil atribuir um preço a isso, avaliamos qual foi o esforço requerido para destrancar aquela porta. Quando existe uma grande quantidade de esforço, nós nos sentimos bem melhor pagando mais. No entanto, tudo que deveria importar é o valor daquela porta estar agora aberta para nós.

É assim que muitas vezes, ao juntarmos inconscientemente esforço e valor, somos levados a pagar mais pela incompetência. É fácil pagar por um esforço evidente e visível. É mais difícil pagar alguém que é realmente bom no que está fazendo – alguém que realiza o serviço sem esforço porque sua experiência permite que seja eficiente. É difícil pagar mais à pessoa rápida, mais altamente qualificada, simplesmente porque menos esforço é exibido, menos esforço é observado, menos esforço é avaliado.

On Amir e Dan certa vez fizeram um estudo perguntando quanto as pessoas pagariam por recuperação de dados.[4] Os dois constataram que elas pagariam um pouco mais por uma quantidade maior de dados resgatados, porém mostraram-se mais sensíveis ao número de horas trabalhadas pelo técnico. Quando a recuperação de dados levou apenas uns poucos minutos, a disposição para o pagamento foi baixa, mas, quando levou mais de uma semana para recuperar a mesma quantidade de dados, as pessoas se dispuseram a pagar bem mais. Pense nisto: estavam dispostas a pagar mais pelo serviço mais lento que daria o mesmo resultado. No fundo, quando valorizamos mais o esforço do que o resultado, estamos pagando pela incompetência. Embora seja algo de caráter absolutamente irracional, nós *nos sentimos* mais racionais, e mais à vontade, pagando pela incompetência.

Existe uma lenda de que Pablo Picasso foi abordado no parque por uma mulher que insistiu que ele pintasse um retrato dela. Ele a examinou por um momento, depois, com uma só pincelada, pintou um retrato perfeito.

– Você captou minha essência com uma só pincelada. Incrível! Quanto lhe devo?

– Cinco mil dólares – respondeu Picasso.

– O quê? Mas tudo isso? Como você pode cobrar tanto? Só levou uns poucos segundos!

– Não, senhora. Levei a vida inteira mais uns poucos segundos.

É aqui que a expertise, o conhecimento e a experiência importam, mas estas são exatamente as mesmas coisas que deixamos de valorizar e perdemos de vista quando fazemos julgamentos de valor baseados quase tão somente no esforço.

Eis outro cenário. Você já teve um problema persistente no carro – digamos, um ruído ou uma janela emperrada – que o mecânico consertou em poucos minutos com uma simples ferramenta e disse que custaria R$ 180,00? A maioria das pessoas fica zangada nessas circunstâncias. Agora imagine que o reparo tenha levado três horas e custasse R$ 270,00? Isso pareceria justificar mais o valor? E se levasse quatro dias e custasse R$ 520,00? O problema não ficou resolvido, de uma forma ou outra, e em apenas uma fração do tempo e do custo, no primeiro caso?

Pense num técnico de informática capaz de consertar o servidor mais importante da nossa empresa mudando um arquivo de configuração. A empresa está pagando não só pela simples mudança – um esforço de cinco minutos –, mas pelo conhecimento de qual arquivo mudar e de como fazê-lo. E se dependermos de um herói de filme de ação que está tentando desativar uma bomba nuclear? A contagem regressiva vai se aproximando de zero. O destino do mundo está em jogo! Preferiríamos que ele enrolasse, manuseando o artefato explosivo de modo desajeitado, ou pagaríamos uma fortuna para ele agir com rapidez e segurança, com o conhecimento de que sempre, sempre, sempre precisamos cortar o fio vermelho?

Em última análise, o problema é que temos dificuldade em pagar pelo conhecimento e pelas habilidades adquiridos. É difícil para nós levar em conta os anos gastos aprendendo e aperfeiçoando essas habilidades e incluí-los no que estamos dispostos a pagar. Tudo que vemos é que estamos desembolsando um dinheirão por uma tarefa que não pareceu tão difícil.

A tendência crescente de restaurantes e artistas americanos a oferecer um modelo "pague quanto quiser" também ilustra como a justiça e o esforço influenciam nossas avaliações. Um restaurante que pediu às pessoas que pagassem quanto quisessem por uma refeição constatou que elas pagavam menos do que o restaurante teria normalmente cobrado. Aquilo poderia não parecer bom para o dono do restaurante, no entanto mais fregueses apareciam para jantar lá e quase ninguém pagava nada ou pagava muito pouco. De modo geral, o restaurante ganhou mais dinheiro.[5] Essa propensão relativamente alta a efetivarem o pagamento foi possível porque as pessoas conseguiam ver o esforço – garçons recebendo pedidos, chefs na cozinha, comida sendo preparada, mudança das toalhas e garrafas de vinho sendo abertas – e sentiam a necessidade de retribuir. Comer num restaurante e simplesmente sair sem pagar parece não apenas desonesto, mas injusto. Esse cenário também mostra que a justiça funciona nas duas direções.

Imagine que, em vez de um restaurante, o modelo do pague-quanto-quiser fosse aplicado num cinema meio vazio. Quando o filme terminasse, os funcionários do cinema pediriam aos espectadores que pusessem numa caixa de coleta tanto quanto quisessem. Nesse caso, os clientes sentiriam que não custou nada a mais ao cinema ter permitido que eles se sentassem em poltronas que sem eles estariam vazias. Eles não exigiriam qualquer projeção mais brilhante ou uma atuação melhor. O cinema não pareceria ter contraído quaisquer custos extras ou feito algum esforço extra. Assim o cinema não mereceria qualquer dinheiro a mais. O espectador teria provavelmente pagado bem pouco, ou nada.

De forma semelhante, as pessoas não se sentem culpadas fazendo download ilegal de músicas e filmes de graça porque raciocinam que o esforço de produzi-los ocorreu no passado e o download não cria nenhum esforço ou custo adicional por parte do produtor. (Por isso tantas campanhas antipirataria têm se concentrado no dano causado aos escritores e atores, a fim de personalizar os prejuízos.)

A distinção dos casos do cinema e do restaurante realça o problema dos custos fixos *versus* os custos marginais no tocante à justiça e ao esforço. Custos fixos, como as poltronas e a iluminação num cinema, não ativam nossa reciprocidade tanto quanto custos marginais, como o peixe fresco e os legumes que o chef grelha para nós ou os copos espatifados da bandeja de um ajudante de garçom desastrado.

Os casos do cinema e do restaurante também mostram que, enquanto punimos preços que nos parecem injustos por não vermos o esforço, também recompensamos negócios que parecem justos em virtude do seu esforço visível. Esse não é mais um exemplo de como valorizamos as coisas de formas que pouco têm a ver com o valor real? Sim, e isso nos leva à questão da TRANSPARÊNCIA.

ESFORÇO TRANSPARENTE

A empresa de James não hesitou em pagar US$ 725.000,00 à consultoria de Gina porque ela parecia ter feito um serviço muito meticuloso, não apenas avaliando e abordando as necessidades da empresa, mas também criando uma apresentação para demonstrar quanto esforço a equipe dela empregou para fazê-lo.

Talvez se o chaveiro, em vez de ter sido seco com James, tivesse dado uma explicação de todos os detalhes delicados e essenciais que ele precisava dominar e preparar para abrir a porta, os dois não houvessem se desentendido. Talvez se a Coca-Cola tivesse explicado que custa bem mais manter as bebidas geladas no calor, ou que alguém precisa fazer um percurso extra para reabastecer as máquinas com mais frequência em dias ensolarados e quentes, as pessoas talvez não tivessem feito tanto estardalhaço. Talvez então James e os consumidores da Coca-Cola estivessem dispostos a pagar mais e não ficassem tão chateados. Porque o esforço teria sido bem mais evidente. Qualquer dessas coisas teria criado um nível maior de transparência.

Imagine que temos dois relógios de corda tradicionais, mas um tem uma caixa transparente que permite ver as engrenagens funcionando com todo aquele mecanismo intricado. Pagaríamos mais por esse relógio porque vemos todo o esforço do maquinário para se manter em funcionamento? Talvez não (nunca fizemos esse experimento), mas o que está claro é que é assim que, inconscientemente, realizamos muitas das nossas transações financeiras.

Estamos dispostos a pagar mais quando vemos os custos de produção, as pessoas correndo de um lado para outro, o esforço envolvido. Implicitamente pressupomos que algo intensivo em mão de obra vale mais do que algo que não é. Não é o esforço objetivo, mas a *aparência* de esforço, que rege a psicologia de quanto estamos dispostos a pagar.

Isso é racional? Não. Deforma nossa percepção do valor? Sim. Acontece o tempo todo? E como!

A consultoria que visitou a fábrica de itens de James praticamente reencenou o projeto inteiro para mostrar à empresa quanto trabalho haviam feito. Por outro lado, pense em escritórios de advocacia igualmente caros que cobram honorários por hora. Os advogados são criticados, em parte, porque não vemos o esforço realizado em seu trabalho. Só recebemos uma conta com o número de horas. Não vemos nenhum esforço, nenhum suor tangível e nada da atividade mostrada por aquela consultoria esperta.

A transparência – ou seja, revelar o trabalho dedicado a um produto ou serviço – permite que uma empresa nos mostre que está dando duro para ganhar o nosso dinheiro. Não valorizamos muito as coisas a não ser que saibamos que há muito esforço envolvido. Por isso a internet é uma mídia tão desafiadora para comprar e vender serviços. On-line, não vemos nada do esforço envolvido, portanto não achamos que devemos pagar muito por aplicativos ou serviços da internet.

Empresas grandes e pequenas passaram a descobrir que a transparência mostra esforço e, portanto, mostra – e prova – valor. Cada vez mais, estão se esforçando em fornecer indícios para que valorizemos mais seus serviços. O site de viagens Kayak.com é especialmente forte em transparência. Ele nos mostra o andamento ao pesquisar voos, com uma barra móvel, itens de rolagem, um gráfico crescente povoado com opções mutáveis, do horário ao preço e à companhia aérea, conscientizando-nos de todos os aspectos diferentes que estão sendo pesquisados. O Kayak nos mostra que uma série de fatores estão sendo analisados e um monte de cálculos estão sendo efetuados. No final, não podemos deixar de nos impressionar com todo o trabalho sendo realizado a nosso favor e percebemos que, sem o Kayak, levaríamos uma eternidade, talvez até mais, para fazer tudo aquilo sozinhos.

Compare isso com a pesquisa do Google. Digitamos algo e imediatamente obtemos a resposta. O que o Google faz deve ser simples e fácil, certo?

Outro exemplo é a mudança mais inovadora no setor de pizzas: o singular Domino's Pizza Tracker®. Sempre que encomendamos uma pizza Domino's pela internet, uma barra de progresso mostra o status do nosso pedido – de receber o pedido a ordenhar a vaca para obter queijo, espalhá-lo na pizza, colocá-la no forno, levá-la até o carro, enfrentar o trânsito, entupir nossas artérias e obter uma receita de remédio para colesterol. Claro que a Domino's salta alguns desses passos no esforço por agilizar o Pizza Tracker, mas os passos que a rede de pizzarias exibe atraem muitas pessoas ao seu site diariamente para observarem o progresso de sua pizza.

Alguns dos processos mais opacos são aqueles do governo. Um projeto inteligente que tentou tornar as atividades do governo mais transparentes ocorreu em Boston. Para dar mais transparência aos reparos de ruas, a prefeitura postou mapas on-line de todos os buracos que operários estavam consertando ou planejando consertar. Aquilo mostrava aos moradores que os operários da cidade estavam se esforçando, mesmo que as equipes ainda não tivessem aparecido em seus bairros.

Mike Norton, um amigo nosso de Harvard, inventou outras formas criativas de mostrar o valor da transparência, incluindo exemplos de um site de relacionamento que não só nos mostra as pessoas compatíveis com nosso perfil, mas também todas aquelas com quem *não* combinamos. Ao nos mostrar milhares de más combinações (sejamos honestos – são geralmente combinações *horríveis* e de dar risada), os operadores do site também provam o esforço que fazem em avaliar as pessoas que se cadastraram no site – e em encontrar apenas as certas para o nosso perfil.[6]

Se o Uber, o chaveiro e o homem do guarda-chuva explicassem o esforço por trás dos preços que cobram, aquelas explicações poderiam ter feito os preços parecerem mais justos. A Netflix poderia ter explicado que existem taxas de licenciamento bem altas para o *streaming*; que a empresa está reduzindo o custo para usuários de apenas um serviço; que a Netflix pode se concentrar em melhorar cada serviço; e que entregará uma programação nova em folha... mas não explicou. Os restaurantes poderiam colocar cartazes explicando os motivos de cada aumento de preço: o custo do gás, matérias-primas, ovos, mão de obra. Poderiam evitar as acusações apontando para os impostos abusivos. Qualquer uma dessas explicações ajudaria os clientes a entenderem e aceitarem aqueles aumentos de preços. Mas as empresas não costumam fazer isso. Sim, a transparência nos ajuda a entender o valor, porém, infelizmente, se estamos dirigindo um negócio, normalmente não esperamos que, ao explicar o esforço por trás do nosso produto ou serviço, isso mude a avaliação deles pelos clientes. Mas muda...

Embora enfatizar o desejo humano por transparência nos ajude a enxergar valor no mundo à nossa volta, também nos deixa suscetíveis à manipulação. A consultoria demonstrou um grande esforço, mas alcançou de fato grandes resultados? O chaveiro inexperiente deu duro para conseguir abrir a porta, porém teria apenas desperdiçado uma hora do nosso tempo? Os operários da cidade de Boston estão realmente dando duro ou tudo não passa de um jogo de aparências?

Podemos nos tornar vítimas da transparência, ou da falta dela, com mais frequência do que gostaríamos de admitir. Quando nos é mostrado esforço, tendemos a supervalorizar um produto ou serviço. A transparência, por revelar esforço e, assim, dar a aparência de justiça, pode alterar a nossa percepção do valor de formas que pouco têm a ver com o valor real.

ESFORÇO DENTRO DE CASA

A nossa sensação de justiça e esforço transcende o domínio financeiro. Claro que não podemos aconselhar ninguém no que diz respeito a relacionamentos pessoais, mas constatamos que, se pegarmos qualquer casal, colocarmos os dois em quartos separados e pedirmos aos dois que informem quanto do trabalho doméstico total cada um faz, a soma sempre fica bem acima de 100%. Em outras palavras, ambos acreditam que estão se esforçando muito, que o parceiro está contribuindo menos e que talvez aquela divisão do trabalho não seja justa.

Por que a quantidade de esforço é sempre superior a 100%? É porque estamos sempre programados para agir no modo transparente. Sempre vemos os detalhes do nosso esforço, mas não vemos os detalhes do esforço do nosso parceiro. Temos uma assimetria de transparência. Se esfregamos o chão, percebemos isso e sabemos o trabalho que deu, mas, se outra pessoa esfregou, não percebemos o chão limpo e não reconhecemos o esforço realizado para fazê-lo brilhar. Sabemos quando levamos o lixo para fora e todos os passos necessários e a sujeira que faz, mas não vemos quando o nosso parceiro faz isso. Sabemos quando pomos a louça na lava-louça usando uma lógica geométrica perfeita e quando o nosso parceiro não mostra nenhum respeito pela forma como os pratos deveriam obviamente se encaixar ao lado das tigelas.

Deveríamos então adotar a abordagem da consultoria no nosso relacionamento, criando um PowerPoint mensal para mostrar ao nosso parceiro e aos nossos filhos quantas pias e mesas limpamos, quanta louça lavamos, quantas contas pagamos, quantas fraldas trocamos, quanto lixo levamos para fora de casa? Deveríamos adotar a abordagem dos advogados e simplesmente fornecer uma conta detalhando as horas trabalhadas? Quando preparamos o jantar, deveríamos descrever todos os passos, de comprar e cortar tudo a cozinhar e limpar? Ou deveríamos apenas ficar suspirando alto – para que o nosso cônjuge nos valorize mais?

Bem, aborrecer o nosso parceiro com banalidades tem suas desvantagens, de modo que deixaremos que cada um escolha o equilíbrio certo entre mostrar esforço e aborrecer sua cara-metade, mas ao menos use essas informações aprendidas como tema de reflexão. No mais, lembre-se: advogados especializados em direito de família, que cuidam da papelada de divórcios, são caros. Pode ser que cobrem por hora e não mostrem nada do seu esforço.

JUSTIÇA EXAGERADA

As pessoas sempre exigem o que é "justo". Nas negociações, nas vendas, no casamento e na vida. Isso não é ruim. A justiça é algo bom. Quando, em 2015, nos Estados Unidos, Martin Shkreli aumentou o preço do remédio salva-vidas Daraprim de US$ 13,50 para US$ 750,00 – um aumento de 5.555% – logo após adquirir a empresa que produzia o medicamento, as pessoas ficaram indignadas. Aquilo foi visto como um absurdo de injusto e, enquanto o Daraprim permanece caro, isso tudo atraiu uma atenção que já veio tarde para a justiça dos preços dos medicamentos. Então a nossa sensação de justiça pode ser útil, mesmo no mundo dos negócios.

Mas às vezes supervalorizamos a justiça. Em circunstâncias menos chocantes do que a de Shkreli, quando um preço parece injusto, procuramos punir quem fixou o preço e com frequência acabamos punindo a nós mesmos, rejeitando um valor normalmente bom.

A justiça é função do esforço, e o esforço é mostrado pela transparência. Como o nível de transparência é uma questão de estratégia do produtor, promover o uso da justiça (e especialmente promover enganosamente o nosso uso dela) como substituto do valor pode nem sempre ser feito com a melhor das intenções.

A transparência desenvolve confiança e cria valor mostrando o esforço que associamos à justiça. Pessoas inescrupulosas poderiam tentar tirar proveito do nosso desejo de transparência e dar a *impressão* de que trabalharam mais do que *de fato* trabalharam só para aumentar o valor do produto ou serviço oferecido? Bem, nos mais de 150 anos de trabalho duro que levamos para escrever este livro, precisamos dizer que... não. Isso nunca aconteceria.

10
ACREDITAMOS NA MAGIA DA LINGUAGEM E DOS RITUAIS

Cheryl King vem trabalhando até tarde. Ela está encabeçando um estudo para analisar a viabilidade da contratação de uma equipe de especialistas para descobrir exatamente quais itens sua empresa deveria estar produzindo e se alguém os comprará. Nenhuma decisão real foi tomada ainda, no entanto ela tem um prazo, um CEO ansioso e nenhuma opção a não ser tocar o projeto. Ela consegue trabalhar ocasionalmente até tarde. O que não consegue suportar é a comida horrorosa que acompanha esses longos dias e noites de trabalho.

Vez ou outra, a equipe encomenda um combinado japonês de um bistrô franco-asiático supostamente bem recomendado no centro da cidade chamado Oooh La La Garden. O restaurante badalado acabou de inaugurar um serviço de entregas. A primeira vez que a equipe encomendou dele, Cheryl sequer olhou o cardápio – na pressa, pediu que os colegas escolhessem para ela. Seu colega Brian trouxe para ela o "rolinho Dragão Serpenteante". Cheryl pôs o rolinho numa toalha de papel e, distraída, começou a empurrá-lo garganta abaixo enquanto fitava a tela do computador. "Eca!", Cheryl pensou dando a última mastigada. "Uma consistência horrível. Que droga!"

Nesse ínterim, na sala ao lado, seus colegas estão empolgados com a refeição – brindando e dando gritinhos de satisfação. Amaram. Cheryl coloca seus fones de ouvido gigantes e tenta se concentrar no trabalho.

Brian logo volta com uma garrafa de vinho. Oferece a Cheryl, dizendo que havia recebido aquele mesmo vinho de presente de aniversário e que era incrível. Um Pinot Noir de 2010 do Chateau Vin De Yum – que diziam ser excelente. Brian coloca um pouco na caneca "Uma das 500 Melhores Mães do Mundo" de Cheryl. Cheryl bebe um gole e murmura: "Hummm, obrigada. Vou tomar só um pouquinho porque vou voltar para casa dirigindo." Nos próximos 30 minutos, Cheryl beberica da caneca enquanto finaliza sua parte do projeto. O vinho é bonzinho. Nada de especial. Não se compara ao vinho que a aguarda em casa.

Ao sair do escritório, passa por Brian e entrega US$ 10,00 pela comida e a bebida.

– Tudo bem?

– Sim, isso cobre a despesa. Não foi ótimo? Veja bem, foi feito com...

– Sim, foi ótimo. Nos vemos na segunda.

Naquele fim de semana, Cheryl e o marido, Rick, estão descendo a Laurel Street rumo ao Le Café Grand Dragon Peu Peu Peu, o novo ponto quente da cozinha *fusion* cujo nome soa como uma metralhadora francesa. *Peu peu peu*. Seus amigos já chegaram, de modo que eles se sentam nas cadeiras que lhes reservaram.

– Nossa, olha este cardápio! É lindo!

– Não é? Ouvi dizer que tudo aqui é bom – diz a amiga dela, Jennifer Watson, concordando.

Lendo o menu, Cheryl murmura:

– Ah, olha só: queijo de leite de cabra artesanalmente envelhecido de fonte local orna um composto artesanal de carne de gado alimentado em pasto, complementado com hortaliças frescas, "tomates" maturados em videiras da família, verduras selecionadas, cebolas escolhidas à mão de uma colheita de milhares e mistura de temperos de reserva especial, importados de fontes globais e segundo fórmula de experts, tudo servido no estilo de uma taverna escura e misteriosa.

– Parece interessante – diz Rick.

– Parece um X-burger metido a besta – resmunga Bill Watson.

Os casais batem papo por uns minutos até que o garçom chega e recita seu monólogo shakespeariano moderno sobre as especialidades do dia. Apontando para o menu, Bill Watson pede que explique a *spécialité de la maison*.

– Significa "especialidade da casa", senhor.

– Sim, eu sei, mas o que é?

– Bem... – o garçom pigarreia. – O chef é muito conhecido tanto aqui como na França, sua terra natal, por criar uma experiência culinária única para cada estação.

– Tudo bem, mas o que é?

– Bem, nesta estação, é um filé minuciosamente preparado de modo a realçar os sabores do alimento fornecido ao gado, que foi criado ao ar livre, com água fresca e ao sol das pradarias e impecavelmente cuidado do nascimento ao prato.

– Humm. Vou ficar com essa opção do queijo de leite de cabra mesmo.

Logo o *sommelier* chega e oferece a carta de vinhos a Rick. Um calhamaço pesado, com escrita caprichada, de texto elegante. Rick não é especialista em vinhos, portanto pede uma recomendação.

– Bem, o Pinot Noir de 2010 do Chateau Vin De Yum é um produto de uma safra especial, extraordinária e rara. As chuvas no sul da França naquele verão fizeram com que o lençol freático absorvesse mais água, de modo que o subsolo da maioria dos vinhedos foi inundado com um sedimento luxuriante que deu às uvas um caráter mais voluptuoso e robusto. Colhida da videira 144 horas após o tempo normal, a partir de uma calibragem precisa, e amadurecida usando brisas da montanha e água fresca, essa safra recebeu diversos prêmios e condecorações ao redor do mundo. Foi feita para um paladar impecável.

Murmúrios de aprovação geral.

– Parece ótimo. Pode começar trazendo esse vinho.

O *sommelier* retorna e serve um pouco do vinho na taça de Rick. Ele ergue a taça, examina a cor do vinho contra a luz, gira a taça, toma um pequeno gole, fecha os olhos, faz beicinho e deixa o vinho percorrer a boca toda, não esquecendo de movimentar as bochechas durante o processo. Engole, faz uma pausa, depois faz um gesto ao garçom para que todas as taças sejam servidas. Logo todos erguem suas taças, Rick faz um brinde e os convivas retribuem, dando início ao jantar.

Eles todos compartilham uma entrada especial do dia.

– Este é o nosso famoso Dragão Serpenteante. Este rolinho é feito à mão com diversos tipos de peixe selecionados pelo chef, como salmão, *masago*, olho-de-boi e barriga de atum, todos localmente criados e pescados, salpicados com *tobiko*, cebolinhas, algas temperadas com molho de soja, pepino, abacate e nozes, lavado e depois enrolado com pegadores de prata.

– Hummm.

– Divino.

A conta chega. No fim, o vinho, o rolinho, um X-burger sofisticado e uma noite de gargalhadas e histórias exageradas custa US$ 150,00 por casal. Eles acham uma pechincha.

O QUE ESTÁ ACONTECENDO AQUI?

Essas duas cenas mostram a magia modificadora do valor da linguagem. A linguagem pode moldar a forma como enquadramos as nossas experiências. Ela pode fazer com que prestemos atenção dobrada no que consumimos e direcionar a nossa atenção para partes específicas da experiência. Pode nos ajudar a apreciar as nossas experiências mais do que apreciaríamos normalmente. E, quando obtemos maior prazer com algo – seja com a experiência física de consumi-lo ou com a linguagem que o descreve –, nós o valorizamos mais e estamos dispostos a pagar mais por aquilo. A coisa em si não mudou, mas a nossa experiência dela, sim, bem como a nossa disposição em pagar por ela. A linguagem não está apenas descrevendo o mundo à nossa volta. Ela influencia aquilo em que prestamos atenção, aquilo de que acabamos gostando e aquilo de que não gostamos.

Você se lembra do combinado e do vinho a que Cheryl mal deu bola no trabalho? Ela deu bem mais valor a exatamente as mesmas comida e bebida quando se pegou envolvida na linguagem que as descrevia. De forma semelhante, se Cheryl tivesse simplesmente comido um "X-burger" no restaurante em vez de um "um composto artesanal de carne de gado com queijo de fonte local", teria curtido bem menos e certamente hesitaria em pagar o alto preço cobrado.

Agora, é claro, comer com amigos, longe da tela do computador e dos memorandos da consultoria, tem um valor adicional em si. Todos nós pagaríamos por isso. Curtimos mais a comida quando associada a esse tipo de experiência e estamos dispostos a pagar mais por ela. No entanto, podemos apreciar mais a comida ainda que o ambiente seja o mesmo e que a comida seja exatamente a mesma se essa comida for descrita de forma diferente. A linguagem possui o poder mágico de mudar a maneira como vemos a comida, de fazer com que possa receber um preço compatível com a forma como é descrita.

Quando se trata de criar valor, o ambiente do restaurante (todo luxuoso), a situação social (com os amigos maravilhosos) e a descrição da comida (incluindo todos aqueles termos pós-modernos) aprimoram a experiência.

Que a linguagem é o componente mais poderoso e criador de valor de todo esse cenário deve ter ficado claro. As palavras não deveriam tornar a cadeira mais confortável, os temperos mais saborosos, a carne mais tenra ou a companhia mais agradável. Objetivamente, não deveria importar como um item é descrito. Um hambúrguer é um hambúrguer, uma casa com fachada de pedra é uma casa com fachada de pedra, um Toyota é um Toyota. Nenhuma quantidade ou nenhum estilo de descrição fundamentalmente modifica o que algo é. Estamos obtendo um hambúrguer, uma casa com fachada de pedra e um Toyota ou estamos obtendo um frango, um apartamento e um Ford. Estamos escolhendo entre itens e tão somente itens, certo?

Na verdade, não. Desde o comecinho das pesquisas sobre tomada de decisões ficou claro que escolhemos entre descrições de itens diferentes, não entre os itens em si. Aqui reside a magia modificadora do valor da linguagem.

A linguagem nos concentra em atributos específicos de um produto ou uma experiência. Imagine dois restaurantes que funcionam lado a lado. Um oferece um hambúrguer que é apresentado como "carne com 80% menos gordura". O vizinho tem ofertas semelhantes, porém descreve seu hambúrguer como "carne com 20% de gordura". E agora? Os dados mostram que as duas formas diferentes de descrever os mesmos hambúrgueres nos leva a avaliá-los de modo bem distinto. O hambúrguer de 80% dá ênfase à parte "menos gordura", direcionando o nosso foco para seus aspectos saudáveis, saborosos e desejáveis. O hambúrguer de 20%, por sua vez, dirige a nossa atenção somente para a quantidade de gordura – e portanto pensamos em seus aspectos pouco saudáveis. A segunda descrição faz com que achemos o hambúrguer repulsivo e cogitemos nos tornar vegetarianos. Valorizamos o hambúrguer com "menos gordura" bem mais e estamos dispostos a pagar mais por ele.

O modo como dizemos algo pode, de um segundo para outro, alterar a nossa percepção, introduzindo nova perspectiva e novo contexto à situação. Vimos pessoas dizerem que poderiam se aposentar com 80% da renda atual, mas que não poderiam se aposentar com 20% menos do que a renda atual; vimos também que doamos a uma instituição de caridade se a quantia é descrita em termos de centavos por dia, mas não quando nos pedem que doemos a mesma quantia descrita em termos anuais;[1] e que "restituições" de US$ 200,00 levam as pessoas ao banco, enquanto "bônus" de US$ 200,00 as levam às Bahamas.[2] Os 80% de renda, a doação à instituição de caridade e os US$ 200,00 são as mesmas quantias, não importa como são descritas, mas as descrições mudam as nossas sensações sobre um produto ou serviço e, como veremos, mudam a nossa experiência real de consumi-lo.

Aqueles que mais praticam a manipulação da linguagem talvez sejam os produtores de vinhos. Eles criaram uma linguagem própria. Usam palavras como "tanino", "complexidade", "terrosidade" e "acidez" para descrever o gosto do vinho. Existem também termos para descrever o processo de produção do vinho e como ele se move, como as "lágrimas" que aparecem quando o giramos na nossa taça. Não está claro se a maioria das pessoas consegue diferenciar ou entender as distinções ou a importância desses itens, mas muitos de nós agimos como se conseguíssemos. Servimos o vinho cuidadosamente, depois o giramos, examinamos contra a luz e o degustamos suavemente. Claro que estamos dispostos a pagar bem mais por um vinho bem descrito.

Por um lado, pagar mais pela descrição do vinho e pelo processo é algo irracional: a linguagem não muda o produto. Por outro, porém, estamos realmente obtendo mais do vinho bem descrito. Ou seja, a linguagem muda a maneira como experimentamos e consumimos o vinho, influenciando-nos de forma profunda, mas sem mudar a bebida física na garrafa. A linguagem nos conta uma história. Depois, ouvindo a descrição desde o abrir ao servir, da taça inclinada até o inalar do "aroma", do leve gole ao gosto residual, aderimos à história do vinho. Isso aprimora e transforma quanto valorizamos o vinho e a nossa experiência de degustá-lo.

Assim, embora a linguagem não mude o produto, muda o modo como interagimos com ele e o experimentamos. A linguagem também pode nos persuadir, por exemplo, a desacelerar e a prestar atenção no que estamos fazendo. Imagine que temos a melhor taça de vinho do mundo, no entanto, assim como Cheryl, nós o bebemos sentados diante do computador do trabalho, sem prestar atenção. Quanto desfrutaríamos dele? Por outro lado, imagine que temos um vinho inferior, mas pensamos nele, levamos em conta sua história e o degustamos, analisamos e valorizamos. Apesar da real inferioridade, obteríamos um bom valor dele, potencialmente até mais do que do vinho objetivamente melhor.

A indústria do café, assim como a indústria do vinho antes dela, começou a empregar escritores criativos para aprimorar a linguagem em torno do seu produto, aumentando então o valor dele. Ou assim parece. Ouvimos falar de "cafés especiais", "cafés de um tipo só de grão", "cafés com selos BSCA, UTZ, IBD ou WWF" – que vão de certificações a preocupações com o meio ambiente e mercado justo –, "café que foi naturalmente prensado nos intestinos de um gato", "café Kopi Luwak" (nem queira saber) e "café que recebeu o beijo solar das lágrimas de povos indígenas segurando as folhas de mil gerações". Este último não é real, mas é verossímil, porque existe uma longa e melodramática história associada a cada gota das nossas xícaras de café. E, com cada detalhe de uma história que absorvemos, existe um aumento de preço que estamos dispostos a pagar.

O chocolate está seguindo esse caminho, com o chamado chocolate de um tipo só de grão (não temos a menor ideia de por que grãos solitários resultam num alimento melhor, mas os consumidores parecem curtir essa tendência) e outros produtos cada vez mais caros. Existe uma empresa no Reino Unido que está servindo os "aficcionados por chocolate". Oferece serviços de assinatura e todo tipo de experiência que nos deixam imersos no mundo do chocolate. Por um preço, é claro. (Quem é que não se considera um fã de chocolate?)

Até que ponto chegará essa tendência da linguagem?

Como vimos, a linguagem muda a forma como valorizamos os bens, os serviços e as experiências de todos os tipos. Após séculos de debates, parece que enfim contestamos a teoria de Julieta Capuleto: Uma rosa com qualquer outro nome *não* cheiraria como uma rosa.

REALÇANDO O CONSUMO

Desfrutar algo advém tanto da sensação da coisa – do gosto da comida, da velocidade de um carro, do som de uma canção – quanto do que está ocorrendo no nosso cérebro, de modo que, em conjunto, criam uma experiência completa. Podemos chamar isso de experiência de consumo plena.

A linguagem aumenta ou reduz a qualidade da experiência de consumo – e por essa razão básica acaba influenciando fortemente a forma como valorizamos algo, seja chocolate, vinho ou um hambúrguer artesanal. Um tipo importante de linguagem que atua dessa forma denomina-se *VOCABULÁRIO DE CONSUMO*. Ele aparece quando usamos termos específicos para descrever uma experiência, como o "aroma" de um vinho ou a "estampa" de uma colcha. O vocabulário de consumo faz com que as pessoas pensem, parem, se concentrem e prestem atenção, desacelerem e apreciem a experiência de um modo distinto e depois percebam o mundo de uma forma diferente.

Uma descrição de um minuto do prato especial de um chef não apenas dirige a nossa atenção para esse prato por um minuto inteiro, mas também fornece contexto e profundidade ao próprio prato. Faz com que nos concentremos nos aromas, na textura e no sabor, proporcionando uma forma alternativa e complexa de pensar naquele prato. Poderíamos nos imaginar olhando, mastigando, cheirando ou cortando aquela comida. Mente e corpo se preparam para a experiência. Quando respalda uma experiência, ou a expectativa por ela, a linguagem muda e aprimora o que experimentamos e como o valorizamos.

Ao ouvirem o garçom descrever as especialidades e o vinho, Cheryl e Rick se envolveram cada vez mais com aqueles itens. Ficaram mais conscientes das qualidades especiais oferecidas e da alegria e do valor que estavam prestes a experimentar.

Embora não sejam os exemplos mais saudáveis, os comerciais do McDonald's costumavam listar todos os ingredientes de seu produto típico em uma canção: "Dois hambúrgueres, alface, queijo, molho especial, cebola, picles num pão com gergelim!" Por 30 segundos, pensamos em cada item que estamos prevendo comer. O comercial – assim como seu primo mais longo, o infomercial – descreve em detalhes a experiência para que possamos imaginar a nossa mordida incluindo sete sabores diferentes. O que soa melhor: essa mescla de sabores ou um simples "hambúrguer"?

Os redatores publicitários utilizam o vocabulário de consumo para realçar as partes da nossa experiência que querem que adotemos e as que desejam que ignoremos. Não se preocupe com o preço desses tênis e a dificuldade em se tornar um atleta de elite: "Just Do It" ("Simplesmente Faça" – Nike). Esqueça os riscos de se cortar por causa da pressão social de parecer limpo e arrumado. Nossas lâminas serão "O melhor para o homem" (Gillette). Sim, você está duro, mas, se "Existem coisas que o dinheiro não compra, para todas as outras existe MasterCard". Entre as peças publicitárias de consumo menos sutis estão "Coca-Cola e um sorriso", "Tão bom que é de lamber os dedos" (KFC), "Mais sabor, enche menos" (cerveja Miller Lite), "Amo muito tudo isso" (McDonald's) e o direto e instrutivo "Derrete na sua boca, não na sua mão" (M&M).

Jeff observou a estranha justaposição de vocabulário de consumo em um Café Europa na Times Square, em Nova York. Cartazes incutem as palavras "relaxar", "sorrisos", "acalmar", "riso", "aprecie", "aroma" e "saboreie" nas mentes dos clientes, descrevendo a experiência que o "café" quer que eles tenham, para que valorizem mais sua visita. Deve dar certo, já que as pessoas pagam US$ 3,50 por um cafezinho. Talvez avisos mais úteis naquele local pudessem dizer "Ignore os táxis que buzinam", "Tente não inspirar pelo nariz" e "Não compre ingressos de teatro de um homem sem calças".

Quando o vocabulário de consumo descreve não apenas o que estamos prestes a consumir, mas também o processo de produção, apreciamos o item ainda mais (lembre-se do impacto do esforço e da justiça), aumentando assim seu valor para nós. Também nos envolvemos mais com o produto em virtude do nosso compromisso com a linguagem. Lembra-se do efeito dotação, em que apenas segurar um objeto pode alterar a forma como percebemos o valor dele por meio da propriedade virtual? Assim, também, dedicar tempo a obter uma melhor compreensão e valorização da construção de algo – uma mesa Ikea ou uma refeição requintada – poderia aumentar o valor do item para nós.

COMIDAS ENGRAÇADAS

A tendência dos restaurantes de exagerar na linguagem descritiva não passou despercebida aos profissionais do humor. Dois dos nossos favoritos são os cardápios fictícios de Fuds (www.fudsmenu.com/menu.html) e do Brooklyn Bar Menu Generator (www.brooklynbarmenus.com), sites que escolhem palavras aleatórias para criar o menu de um novo restaurante badalado.

Como nova-iorquino, Jeff pode confirmar que se trata de um absurdo verossímil bem semelhante aos cardápios reais de muitos restaurantes da moda.

tábua de limão artesanal com espetos de sal & manteiga	14
anchova miniatura com presunto de cidra	16
frittata de cordeiro & chucrute francês	14
figo de inverno com mariscos	14
pasta de arroz	11
alcachofra expandida	18
birita assustada	12
centeio ao sal marinho	10
tartare de tutano amaciado, sardinha & feijão-fava	14
torta d'água com arremesso de rampa	14

Infelizmente essas não são opções reais, mas você não gostaria de provar uma birita assustada? Talvez com uma guarnição de um arremesso de rampa?

AS PALAVRAS SOAM JUSTAS

Outro meio pelo qual uma descrição cria uma influência poderosa na nossa valorização das coisas é ao expressar esforço. Como acabamos de ver, termos como esforço são de extrema importância. Termos como "artesanal", "feito à mão", "mercado justo" e "orgânico" são usados não apenas para indicar criatividade, singularidade, visões políticas e saúde, mas também para sinalizar esforço extra. Termos de esforço informam que uma grande quantidade de trabalho e recursos entrou num produto e implicitamente sugerem que ele vale mais do que normalmente valeria. E essas palavras adicionam valor.

Esperaríamos pagar mais por queijo produzido em pequenos lotes usando utensílios e métodos tradicionais ou por um queijo semelhante produzido em massa, quase só por meio de máquinas? Obviamente, o queijo em pequenos lotes requer bem mais esforço para ser produzido. Portanto, precisa custar mais, e estaremos provavelmente dispostos a pagar mais por ele. Mas talvez nem fôssemos capazes de perceber a diferença entre os queijos se a linguagem não chamasse a nossa atenção.

A linguagem do esforço está por toda parte. Até demais. Queijos, vinhos, xales, apartamentos. Tudo é artesanal, artístico. Existem "*artisan lofts*" (apartamentos artisticamente decorados) e "fios dentais artesanais" (verdade). Jeff se lembra de ter lido em uma revista de bordo uma matéria sobre um *moonshine* artesanal. "Artesanal" significa "feito por um artesão", em oposição à fábrica gigante. A palavra inglesa *moonshine*, naquele caso, referia-se a uísque destilado à mão. O "artesanal" não acrescenta nenhum significado (ou valor). É uma forma redundante de dizer a mesma coisa.

Por mais irritantes que palavras corriqueiras como "artesanal" possam ser, o que elas fazem? Dão a entender que uma pessoa hábil fez o produto à mão e, por definição, tudo que é feito à mão requer esforço extra. Assim, deve-se pagar um dinheiro extra por ele. Pense em todos os termos que aludem à complexidade do processo – a heurística do esforço – usados pelo garçom para descrever exatamente os mesmos itens que Cheryl havia consumido baratinho em sua mesa no trabalho, sem as descrições pomposas.

COMPARTILHAR É JUSTO

Que tal a ideia de "economia do compartilhamento"? Empresas como Uber e Airbnb pertencem à "economia do compartilhamento", uma expressão que enquadra esses serviços de um modo positivo. Quem é que não gosta de compartilhar e quem não aprecia aqueles que compartilham? Quem, acima da idade pré-escolar, não pensa no ato de compartilhar e dividir como uma qualidade humana maravilhosa? Ninguém, essa é que é a verdade.

A expressão "economia do compartilhamento" evoca uma imagem do lado bom dos seres humanos e isso leva a maioria de nós a valorizar ainda mais um serviço. Certamente a linguagem não chama a atenção para os aspectos negativos da economia do compartilhamento. "Compartilhamento" faz com que tudo pareça ser desinteressado e altruísta, como se estivéssemos deixando nossa irmã mais nova brincar com nosso Lego ou doando um rim a um órfão. Mas nem sempre é assim. Na verdade, os críticos alegam que a ascensão da economia do compartilhamento é o subproduto de um mercado de trabalho que oferece menos empregos em horário integral, poucos benefícios e segurança, que reduz a proteção aos trabalhadores e tira proveito da "nação dos trabalhadores autônomos", outro termo criado para ajudar a convivermos melhor com o subemprego. Mas todos adoramos obter corridas de carro com mais facilidade, não é mesmo?

Algumas empresas foram acusadas de lavagem verde, também chamada de maquiagem verde, ou seja, pequenas mudanças de identidade visual nos produtos para que possam ser considerados ambientalmente corretos. Outras foram acusadas de lavagem rosa, também conhecida como *pinkwashing* – pagar para serem certificadas como pró-saúde feminina por organizações como a Susan G. Komen, que se dedica à prevenção e à cura do câncer de mama –, porque sabem que pagaremos mais por produtos associados ao esforço extra de fazer o bem para o mundo. Bons profissionais de marketing são feras em usar a linguagem para transmitir uma sensação de encantamento, mas não existem regras tão rigorosas que regulem quem pode se autodenominar grupo "verde" ou do "mercado justo" ou "bom para bebês, árvores e golfinhos". Qualquer um pode criar uma organização, contratar um designer gráfico para bolar uma logomarca e associar aquilo a qualquer produto por aí. E então você tem: "Uma Seleção de Escolha Inteligente e Saudável", "Ecologicamente Amigável" ou "Certificado pelo Conselho em Prol das Boas Coisas da Vida que Fazem Você Feliz".

O fato é que a linguagem oferece uma janela aberta para o esforço que tanto ansiamos ver, o que significa justiça e qualidade. Por sua vez, percepções de justiça e qualidade tornam-se substitutos do valor. Essa é a longa e tortuosa rota que percorremos da linguagem ao valor, e podemos ser enganados em qualquer ponto da trajetória.

FALA ENGANOSA

A linguagem pode não apenas criar uma percepção de esforço e uma sensação de valor. Pode também fazer com que atribuamos expertise a pessoas usando esses termos. Vejamos as atividades de assistência médica, finanças e direito. Nós, leigos, não temos ideia do que algumas de suas expressões significam – ligamento colateral medial, obrigações de dívida colateralizada, prisão civil – e com frequência nem sequer conseguimos decifrar seus textos. Uma linguagem obscura e impenetrável transmite uma sensação de expertise. Ela nos lembra de que eles sabem mais do que nós, de que devem ter se esforçado muito e por bastante tempo para adquirir tais conhecimentos e habilidades, que agora eles exibem para nós usando sua linguagem complicada demais. Portanto, devem ser supervaliosos.

Esse uso da linguagem cria o que o escritor John Lanchester denomina de "sacerdócios" – usar ritual e linguagem elaborados visando confundir, iludir e intimidar, deixando-nos com uma sensação de que não temos certeza sobre o que se está falando, mas que, enquanto usarmos o serviço dessas pessoas qualificadas, estaremos sob os cuidados de especialistas.[3]

De novo, a descrição do vinho pelo *sommelier* foi atraente em sua complexidade e poesia, no entanto foi também desconcertante para aqueles que nada sabem sobre chuvas, colheitas e taninos. Pareceu especial porque soou como algo que apenas especialistas entendem. Felizmente nos beneficiamos de sua expertise obscura e conquistada à base de muito esforço.

Nesse caso, é a *falta* de transparência que acrescenta valor. A obscuridade na produção de vinhos, ou em qualquer outro processo que não seja do conhecimento do leigo, cria uma sensação de complexidade subjacente que pode não se justificar, mas que mesmo assim influencia o modo como valorizamos a própria experiência.

LINGUAGEM TRANSFORMADORA

Podemos achar que uma descrição evocando emoções possa mudar o valor de uma experiência apenas progressivamente – digamos, influenciando Cheryl a gastar US$ 150,00 no jantar em vez de US$ 10,00. Mas, na verdade, descrições ricas, específicas e sensoriais podem mudar substancialmente o valor de uma experiência – Cheryl estava disposta a gastar US$ 150,00 pelo jantar no restaurante, em contraste com os US$ 10,00 pela refeição em seu escritório. Além disso, a descrição evocativa pode até influenciar se iremos pagar ou *ser pagos* por um bem ou serviço.

No brilhante livro de Mark Twain *As aventuras de Tom Sawyer*, Tom precisa caiar a cerca de sua tia. Quando os amigos implicam com ele por precisar trabalhar, ele responde: "Vocês chamam isto de trabalho?", "Não é todo dia que a gente tem a oportunidade de pintar uma cerca" e "tia Polly é muito exigente com esta cerca". Tendo ouvido o trabalho de caiar a cerca ser descrito como um prazer, os amigos se oferecem para experimentar as alegrias de caiar e em pouco tempo trocam seus itens pessoais favoritos com Tom pelo privilégio de fazê-lo.

Ao final do capítulo, Twain escreve: "Se Tom fosse um grande e sábio filósofo, como o autor deste livro, teria compreendido então que trabalho consiste em tudo que se é obrigado a fazer e que prazer consiste naquilo que não se é obrigado a fazer. [...] Há senhores muito ricos, na Inglaterra, capazes de guiar carros de passageiros puxados por quatro cavalos num caminho de 30 ou 50 quilômetros todos os dias no verão, porque para isso precisam pagar uma quantia considerável, mas que se recusariam a fazê-lo se lhes oferecessem um ordenado, pois isso passaria então a ser considerado trabalho."

A linguagem pode ser transformadora. Pode converter dor em prazer ou um hobby em trabalho, e pode fazer essas transformações seguirem uma ou outra direção. Jeff alega que reflete sobre a aventura da caiação de Tom sempre que submete algo ao site HuffPost – de graça. Segundo a opinião geral, a fundadora Arianna Huffington foi uma das maiores pintoras de cercas de todos os tempos: ela ofereceu, com sucesso, "divulgação" e, assim, demonstrou o poder mágico da linguagem.

RITUAIS

Como os rituais se enquadram nisso tudo? O fato de Rick girar a taça, fazer beicinho e erguer um brinde fez o vinho ficar mais prazeroso do que o normal? Na verdade, sim – e num grau maior do que esperaríamos.

A linguagem descritiva e o vocabulário de consumo para qualquer dado produto ou serviço tendem a ser notadamente coerentes. Não mudam com frequência e se baseiam neles mesmos. Sempre pensamos nos mesmos termos para cada experiência nova de um produto – o aroma de um vinho, a textura de um queijo, o corte de um bife. Além do benefício valorizador da linguagem já discutido, essa coerência nos termos – como os usamos e repetimos e como moldam o nosso comportamento – cria rituais.

Os rituais conectam uma experiência individual a muitas outras experiências passadas e futuras semelhantes. Essa conexão dá à experiência um significado extra, tornando-a parte de uma tradição que retrocede até o passado e se estende até o futuro.

A maioria dos rituais vem da religião. Temos rituais religiosos como cobrir a cabeça com um solidéu no judaísmo, contar as contas no islamismo ou beijar a cruz no cristianismo. Sim, todos esses rituais são ações com processos e descrições específicos. Todos vinculam as pessoas a ações passadas e à sua história. Porém o mais importante é que são símbolos que transmitem uma sensação extra – uma ordem superior – de significado. E isso torna o que está ligado ao ritual bem mais valioso do que isoladamente – seja uma prece ou uma taça de vinho.

Lembre-se: o prazer vem da experiência que estamos tendo com o produto ou serviço externamente e daquela que estamos tendo em nosso cérebro. Como a linguagem, os rituais acentuam a experiência de consumo, o que, aumentando a nossa sensação de conexão com experiências passadas e criando uma sensação de significado, aumenta o nosso prazer. No processo, os rituais aumentam a nossa avaliação da coisa usada naquele ritual: um combinado japonês ou uma taça de vinho podem parecer "mais caros" em virtude das ações que tomamos e dos movimentos que fazemos ao consumi-los.

Kathleen Vohs, Yajin Wang, Francesca Gino e Mike Norton estudaram os rituais.[4] Descobriram que eles podem aumentar a fruição, o prazer, o valor e, é claro, a disposição para a hora do pagamento. Os participantes sortudos desse estudo receberam uma barra de chocolate, sendo instruídos a consumi-la comendo diretamente ou primeiro quebrando-a e removendo a embalagem de uma forma específica, para somente então comê-la. Aqueles que a quebraram e removeram a embalagem de uma forma específica estavam essencialmente realizando um ritual antes do consumo. Não foi um ritual muito significativo, mas tratou-se de um ritual mesmo assim. De forma semelhante, dois outros grupos receberam cenouras e foram instruídos a comê-las normalmente ou primeiro realizar rituais que incluíam bater com o nó do dedo, respirar profundamente e fechar os olhos e somente então comer as cenouras.

O que eles descobriram foi que as pessoas que se envolveram em rituais desfrutaram bem mais a experiência de comer. Aquilo ocorreu com as cenouras e o chocolate. Os rituais aumentaram a experiência e a satisfação, tanto na expectativa da experiência real como no momento. Com certeza um prazer maior tem seu valor, certo? Claro. Ao testarem a "disposição em pagar", descobriram que quem comeu o chocolate depois de seguir o ritual estava disposto a pagar mais e achou o que comeu mais "atraente".

Os rituais não são apenas padrões de pancadas estranhos e respiração extravagante. Erguer um brinde, dar as mãos, recitar uma prece antes da refeição ou abrir um biscoito Oreo e lamber o recheio – estes e tantos outros rituais nos ajudam a ficar mais presentes, para podermos nos concentrar mais na experiência, no item ou no consumo iminente.

Os rituais que praticamos durante o consumo tornam a experiência especial. Nós a assumimos mais. Torna-se um investimento maior, mais entrelaçado em nossas vidas e experiências. Também obtemos uma sensação maior de controle por meio dos rituais. Uma atividade torna-se familiar, mais conhecida. Torna-se nossa quando a ritualizamos. Estamos no comando. E isto também acrescenta valor.

Os rituais fazem a comida parecer mais saborosa, os eventos parecerem mais especiais e a vida parecer mais viva. Tornam as experiências mais valiosas. Como o vocabulário de consumo, os rituais nos fazem parar e focar o que estamos fazendo. Aumentam o nosso prazer do consumo porque nos permitem maior envolvimento. Mas os rituais vão um passo além do vocabulário de consumo, por envolverem certa atividade da nossa parte e envolverem também o significado. No processo, podem acentuar quase qualquer experiência.

Podemos simplesmente beber uma taça de vinho, mas com um ritual sentimos, no momento de beber, mais prazer do que sem ele. Dentre duas garrafas idênticas de Pinot Noir, lado a lado – uma servida numa caneca de café; a outra, numa taça de cristal, com uma leve girada, observada contra a luz, sentida na língua e depois percorrendo todos os cantos da boca –, qual Rick valorizaria mais? Por qual pagaria mais? As garrafas e os vinhos contidos nelas são os mesmos. Deveriam ser valorizados exatamente do mesmo modo. Mas não são. Valorizamos mais o vinho que passou pelo ritual! O nosso hábito de consumo nesse aspecto não é economicamente racional, embora seja compreensível e, em certos casos, até desejável.

BEM ABERTO

Àqueles que duvidam do poder do ritual e da linguagem no que diz respeito a aumento de consumo sugerimos que tentem servir purê de ervilhas a um bebê. Depois tentem fazer o mesmo, mas, dessa vez, contando ao bebê que a colher é um avião que vai aterrissar.* Agitem o braço no ar. Imitem o zumbido da hélice! "Olha o aviãozinho!" Pareceremos ridículos, mas sabemos que qualquer criança prefere comer um aviãozinho do que uma colherada de pasta verde. Se você acha que os adultos não são mais influenciados por uma exibição sobre o que ou quanto estão dispostos a comer, vá a um restaurante estilo Hibachi** ou a um teatro-restaurante*** que esteja exibindo uma peça de mistério, ou pare e preste atenção no que vem sendo empurrado a você goela abaixo quando está se empanturrando vendo TV.

Nós, seres humanos, queremos acreditar que a comida que vamos comer será deliciosa, que nossos investimentos renderão bem, que conseguiremos encontrar uma ótima oferta, que podemos virar milionários de uma hora para outra e que estamos prestes a comer um avião. Se é isso que a linguagem e os rituais nos informam, suspenderemos a descrença – ao menos até certo ponto. Vamos viver e aproveitar o que queremos viver e aproveitar.

Os rituais e a linguagem de consumo nos influenciam a valorizar as coisas mais do que elas valem de verdade. Sua magia está em como transformam as nossas experiências, da compra de produtos do dia a dia à tomada de decisões importantes sobre assuntos como casamento, emprego e a nossa interação com o mundo à nossa volta.

---

* Norton afirma que os pais vêm fingindo que uma colher de ervilhas é, digamos, "um avião aterrissando" para torná-la mais atraente *há séculos*.
** Estilo japonês em que as carnes são preparadas num pequeno braseiro na mesa do freguês. (*N. do T.*)
*** *Dinner theater*, forma de entretenimento que combina uma refeição com uma peça musical. (*N. do T.*)

11

SUPERVALORIZAMOS AS EXPECTATIVAS

Vinny del Rey Ray adora a boa vida. Carros velozes, negócios vantajosos, momentos divertidos. Considera-se um conhecedor de todas as coisas fantásticas. Está na crista de todas as ondas, à frente de todas as tendências, sempre inovando. Se algo é considerado "o melhor", ele precisa ter – e depois se vangloriar daquilo. Na verdade, se algum produto não tem reputação de excelência, ele nem chega perto. Não é super-rico, mas tem dinheiro, que lhe permite se dar ao luxo de não desperdiçar sua vida com produtos e experiências inferiores.

Ele veste ternos Armani. Os melhores. Caem como uma luva e projetam um ar de sucesso que lhe tem servido bem no trabalho como investidor em imóveis comerciais.

Hoje ele está indo de carro assinar o contrato de um negócio imobiliário em seu novo Tesla, Modelo S – o melhor carro do mundo. Nenhuma emissão de poluentes. Alta velocidade. Olhares de inveja. Vinny adquire um carro novo de luxo a cada um ou dois anos. Leu tudo sobre o Modelo S antes de se sentar ao volante, mas foi o *test drive* que o conquistou. Deu para sentir a potência, a dirigibilidade e o controle sobre os quais tanto lera.

Dava para ver os olhares fixos nele e ouvir os murmúrios com que sonhara. Aquele carro tinha sido feito para ele.

Vinny se julga o melhor negociador de imóveis do Vale. Qual Vale? Todos eles. Mas hoje ele vai fechar um negócio com Richard Von Strong, um homem cuja reputação de sucesso – e mau-caratismo – o precede como uma onda de choque. Normalmente sereno, calmo e controlado, Vinny sentiu uma terrível dor de cabeça o dia inteiro. Ele segue para o estacionamento da primeira loja de conveniência pela qual passa.

Dentro, procura pelo Tylenol mais forte, mas está em falta.

– Aqui, experimente este genérico – oferece o balconista. – É a mesma coisa que o Tylenol, só que bem mais barato.

– O quê? Está de sacanagem comigo? Nem ofereça essa imitação barata para mim. Não vai fazer efeito nunca. Tylenol é o que resolve. De qualquer modo, obrigado.

De volta ao Modelo S, Vinny retorna uns poucos quilômetros, consegue encontrar seu Tylenol extraforte e o engole com um gole de água vitaminada de US$ 3,00.

Ele chega ao hotel de luxo onde Von Strong realiza todas as suas reuniões. Von Strong é conhecido por alugar uma cobertura para intimidar os adversários. A cabeça de Vinny está latejando. Massageando-a, passa pelo estacionamento ao ar livre e entrega ao manobrista suas chaves, esforçando-se por dizer ao adolescente no balcão que seu Modelo S foi o carro com a melhor avaliação em sua classe, tem o desempenho de uma nave espacial e também salva o planeta.

No elevador, Vinny recebe uma mensagem de texto de sua assistente. Aparentemente, Von Strong precisou sair correndo por conta de uma emergência de família e sua parceira de negócios, Gloria Marsh, assumirá seu lugar. Vinny respira fundo, relaxa os ombros, ajeita o terno sedoso e sente a dor de cabeça diminuindo.

Vinny está à vontade na negociação, achando que Gloria não pode ser tão durona quanto Von Strong. Ouve a primeira oferta feita por ela com entusiasmo, já que está claro que ela com certeza não é o tipo que pega pesado. Ele reage com um valor maior do que estava planejando pedir a Von Strong. Não está preocupado. Ela não vai levar a melhor sobre Vinny del Rey Ray. Não naquele dia. No final, ele fecha o negócio. As condições são menos favoráveis do que ele esperava obter de Von Strong, mas se sente bem com aquilo.

Ele parte, manda uma mensagem à assistente para que compre a melhor garrafa de vinho que conseguir encontrar e entra contente no seu Modelo S para ir celebrar.

O QUE ESTÁ ACONTECENDO AQUI?

Vinny ilustra a história de como as expectativas distorcem nossos julgamentos de valor. Ele esperava que seu carro rodasse, parecesse e fosse percebido como melhor do que quaisquer outros, por isso pagou mais por ele do que por outro de que esperasse menos. Esperava que o Tylenol aliviasse sua dor de cabeça melhor do que uma marca desconhecida com a mesma substância química, por isso pagou mais por ele. Esperava que o homem fosse um negociador mais durão do que uma mulher, e pagou por isso também.

Quem já leu alguma coisa sobre o mercado de ações teve contato com as "expectativas". Os preços das ações costumam refletir o desempenho de uma empresa em relação às expectativas dos analistas. Uma empresa como a Apple pode ter faturado 70 zilhões de dólares num trimestre, mas, se os analistas esperavam que faturasse 80 zilhões, então "ficou aquém das expectativas" e o preço da ação provavelmente cairá. Assim, em relação às expectativas, o desempenho dela foi fraco.

Mas existe uma armadilha aqui que costumamos ignorar. Foram as expectativas dos analistas que elevaram o preço da ação a princípio. Os analistas esperavam que a Apple tivesse um bom desempenho – um desempenho de 80 zilhões –, de modo que aumentaram sua percepção do valor da empresa. É isso que o nosso cérebro faz com as experiências também.

À semelhança das ações das empresas, nossas avaliações são afetadas pelas expectativas do nosso analista mais confiável: nós mesmos. Se esperamos que algo seja realmente fantástico, nós o avaliaremos melhor do que se esperamos que seja uma droga. Esperaremos que o mesmo vinho bebido numa taça de cristal seja mais gostoso do que se for bebido de uma caneca rachada – e pagaremos mais por ele também. Isso acontece ainda que o dispositivo, item ou vinho subjacente fundamental seja exatamente o mesmo.

O cérebro desempenha um papel importante no modo como experimentamos as coisas. (Não me diga!)

O futuro é um lugar incerto. Não sabemos o que vai acontecer. Mesmo quando conhecemos o plano geral – amanhã vamos acordar às 6h30, tomar uma ducha, tomar café, sair para trabalhar, voltar para casa, beijar nossos entes queridos e, por fim, deitar e dormir –, não conhecemos todos os detalhes, todas as reviravoltas imprevistas. O amigo da escola que veremos no metrô, o molho que vamos deixar cair na calça ou a tensão provocada pelo telefonema inesperado de um cliente difícil.

Felizmente, nosso cérebro está dando duro para preencher algumas lacunas para nós. Baseamo-nos em nossos conhecimentos e em nossa imaginação para prever os detalhes de uma experiência futura. É o que a expectativa faz. Expectativas acrescentam cor às imagens em preto e branco que possuímos dos nossos eus futuros.

Nossa imaginação é incrivelmente poderosa. Elizabeth Dunn e Mike Norton pedem aos seus leitores que se imaginem cavalgando um unicórnio nos anéis de Saturno, depois observam que "a capacidade de evocar uma imagem dessa atividade sensacional e impossível contribui para a magia que é ser humano e demonstra a nossa capacidade de ir a quase qualquer lugar em nossa mente."[1]

Pense em nossa imaginação do futuro como uma superfície, com rachaduras, fendas e buracos. Aqueles buracos podem ser preenchidos com o líquido pegajoso das expectativas. Em outras palavras, a mente emprega as expectativas para completar a nossa visão do futuro. Nossas mentes são espetaculares!

GRANDES EXPECTATIVAS

As expectativas alteram o valor de nossas experiências durante dois períodos diferentes de tempo: antes de experimentarmos uma compra, ou o que poderíamos chamar de período de antecipação, e durante a própria experiência. Esses dois tipos de expectativa atuam de formas fundamentalmente distintas mas igualmente importantes. As expectativas proporcionam prazer (ou dor) enquanto antecipamos uma experiência e depois também mudam a própria experiência.

Primeiro, ao ansiarmos pelas próximas férias, nós as planejamos, imaginando os bons momentos, os drinques e a praia de areia clara. Obtemos um prazer extra dessa antecipação mental.

O segundo efeito das expectativas, porém, é bem mais poderoso. Durante a experiência, elas têm a capacidade de mudar a forma como experimentamos o mundo à nossa volta. Uma semana de férias pode se tornar bem mais agradável e valiosa por causa das expectativas maiores. Prestamos bem mais atenção e saboreamos os momentos mais plenamente como resultado das expectativas. Não é só a nossa mente que muda com elas; o nosso corpo também muda. Sim, quando dedicamos tempo à antecipação mental de algo, o nosso sistema fisiológico se modifica também. O exemplo clássico é o cão de Pavlov, cuja antecipação mental de comida o levava a salivar.

No momento em que começamos a esperar algo, mente e corpo começam a se preparar para aquela realidade. Essa preparação pode e consegue afetar a realidade da experiência.

EXPECTATIVAS IMPORTAM?

Ao contrário dos demais efeitos psicológicos do dinheiro que exploramos, as expectativas – como a linguagem e os rituais – podem modificar o valor real da nossa experiência, e não apenas a nossa *percepção* desse valor. Exploraremos mais essa distinção importante na Parte 3 deste livro, na qual sugerimos como podemos usar algumas peculiaridades humanas a nosso favor.

ANTECIPAÇÃO POSITIVA E NEGATIVA

No período de antecipação, as expectativas aumentam ou reduzem o valor de qualquer compra que fazemos. Se esperamos que uma experiência seja positiva, nós nos preparamos para ela, talvez sorrindo, liberando endorfinas, ou simplesmente vendo o mundo sob uma luz mais favorável. O mesmo vale para as expectativas negativas. Se esperamos que algo seja ruim, nosso corpo se prepara para aquela experiência negativa, talvez se tensionando, resmungando, ficando estressado, fitando nossos sapatos e nos preparando para encarar o mundo miserável à nossa volta.

Se obtemos prazer ao antecipar férias divertidas, isso aprimora a nossa experiência das férias quando chegamos lá. Se passamos quatro semanas devaneando sobre deitar na praia e beber coquetéis, isso tem seu valor. Se acrescentamos o prazer das expectativas à experiência real – quatro semanas sonhando mais uma semana de férias reais –, vemos como as expectativas aumentam o valor total para nós, acima e além do simples momento das férias reais. Em outras palavras, adquirir uma semana de férias nos traz cinco semanas de prazer. (Algumas pessoas dizem que compram bilhetes de loteria sabendo perfeitamente que não ganharão só porque os bilhetes dão a elas alguns dias de prazer imaginando o que farão com o prêmio.)

De modo parecido, baixas expectativas podem reduzir o prazer de uma experiência. Se vamos fazer um tratamento de canal daqui a uma semana, ele pode arruinar cada dia até lá, com todas as imagens e todos os pesadelos horríveis que teremos. Depois teremos o tratamento de canal. E vai doer. Teremos a dor do tratamento de canal mais o pavor do tratamento de canal.

Lembra-se de como discutimos que descrições ricas e rituais aprimoram a "experiência de consumo"? As expectativas atuam de forma semelhante. Expectativas aprimoradas mudam o modo como avaliamos as próprias experiências. As expectativas atuam como sinais do valor que não estão ligados diretamente à coisa que estamos comprando. Não estão mudando o item comprado – elas são a percepção daquele item pelo nosso cérebro, que muda a nossa experiência daquele item.

A CONEXÃO EXPECTATIVA-EXPERIÊNCIA

Não é só a nossa percepção de algo que é modificada pelas expectativas, mas o desempenho real e a experiência da própria coisa. As expectativas têm um impacto real não apenas em como nos preparamos para uma experiência, mas na sensação subjetiva e objetiva da experiência.

Já foi comprovado que as expectativas melhoram o desempenho, aprimoram a experiência de consumo e mudam as nossas percepções, afetando assim a nossa capacidade de mensurar o valor e a disposição para o pagamento. Como a linguagem e os rituais, as expectativas nos ajudam a enfatizar os aspectos positivos – ou negativos – daquela experiência, dando a esses elementos um grande peso. Venham de onde vierem, as expectativas têm o poder de alterar a nossa realidade.

Vinny esperava que seu Tylenol e seu Tesla funcionassem bem, de modo que, na experiência com eles, funcionaram. Pessoas que esperam que um desenho animado seja engraçado riem mais. Aquelas que esperam que um político se saia bem em um debate acreditam, depois, que tenha se saído bem.[2] E aquelas que esperam que uma cerveja tenha gosto ruim acabam não gostando dela tanto quanto gostariam sem essa expectativa.[3]

No clássico de Rudolf Erich Raspe *As surpreendentes aventuras do barão de Münchausen,* o herói da história está preso num pântano. Ele consegue sair do lodaçal junto com seu cavalo simplesmente puxando a si mesmo pelos próprios cabelos. Embora seja claro que isso é fisicamente impossível, Münchausen acreditava que funcionaria – *esperava* que funcionasse – e funcionou. Infelizmente, nós, personagens de não ficção, não somos capazes de usar as expectativas para mudar tanto nosso corpo, mas, mesmo assim, elas fazem uma grande diferença.

Existem muitas pesquisas sobre como as expectativas mudam o desempenho das nossas atividades mentais. Entre algumas das descobertas mais surpreendentes – e perturbadoras – incluem-se:

A. Quando mulheres são lembradas do fato de serem mulheres, elas esperam ter um desempenho pior em exercícios de matemática e realmente têm um desempenho pior.

B. Quando mulheres asiáticas são lembradas do fato de serem mulheres, elas esperam ter um desempenho pior em exercícios de matemática e realmente têm. Mas, quando essas mesmas mulheres são lembradas de que são também asiáticas, elas então esperam ter um desempenho melhor nos exercícios e realmente têm.[4]

C. Quando professores esperam que certas crianças na turma tenham um desempenho melhor e que outras tenham um desempenho pior, cada grupo de crianças tem um desempenho correspondente ao esperado. Isso ocorre porque o comportamento do professor e as expectativas da criança sobre o próprio desempenho foram moldados pelas expectativas iniciais do professor.[5]

Embora esses estudos tenham implicações maiores sobre o impacto dos estereótipos e preconceitos, para os nossos propósitos eles simplesmente enfatizam a capacidade das expectativas de alterar a nossa perspectiva mental e as nossas habilidades.

Vale a pena observar que existe uma aceitação intercultural crescente do poder das expectativas de impactar o desempenho além das nossas meras habilidades *mentais*. Do apelo para "jogar o seu desejo para o universo" à disseminação dos "quadros de sonhos" e ao uso da visualização pelos atletas de elite, as pessoas acreditam no poder transformador da criação de expectativas. Embora a gente não vá comentar a eficiência científica dessas práticas específicas, nós – autores do que será um best-seller mundial, um filme de sucesso e algo imprescindível para promover a vida e a paz na Terra – também acreditamos um pouco nelas.

Então, as expectativas importam, mas de onde elas vêm?

DANDO UMA REPAGINADA

O *branding*, ou gestão de marca, cria expectativas porque aumenta a percepção de valor. Ele certamente influencia o desempenho subjetivo, como estudos que remontam à década de 1960 confirmam. As mesmas carne[6] e cerveja têm um gosto melhor quando existe uma marca associada a elas.[7] E, entrando na neurociência por um momento, pessoas "relataram maior prazer ao consumir um refrigerante com marca conhecida, correspondendo a níveis de ativação maiores no córtex pré-frontal dorsolateral, uma área do cérebro associada às emoções e lembranças culturais".[8] Em outras palavras, o *branding* não apenas faz as pessoas *dizerem* que desfrutaram mais as coisas. Realmente torna essas coisas mais desfrutáveis dentro do cérebro.

Em um recente estudo de *branding*, voluntários foram solicitados a testar determinados produtos, alguns de marcas sofisticadas e outros não. Os participantes acabaram acreditando realmente que os óculos de sol de marca bloqueavam mais a luminosidade do que aqueles menos conhecidos e que protetores de ouvidos de marca eliminavam mais os sons. Nesse experimento, todos os produtos eram exatamente os mesmos, mas com etiquetas diferentes. O rótulo teve um impacto real na utilidade percebida de cada produto.[9]

Seria de esperar que as marcas melhorassem apenas as expectativas em relação a um produto – de que um deles *iria*, supostamente, bloquear mais luz e eliminar mais ruído. Mas as expectativas criadas pelas marcas realmente melhoram o desempenho em termos objetivos: quando examinamos o desempenho real, vemos que cada produto de marca, respectivamente, *de fato* bloqueou mais luz e eliminou mais ruído. Os participantes se convenceram a ser verdadeiros crentes, convertendo-se à igreja da santa marca. Esperavam que os itens de marca tivessem um melhor desempenho e fossem mais valiosos, e foi a própria expectativa de cada participante de um tal valor maior que aumentou o valor. Foi uma profecia autorrealizável aplicada aos óculos de sol e protetores de ouvidos.

Também gostamos de nos ater a marcas em que passamos a confiar. Talvez já tenhamos comprado certo tipo de carro: digamos, um Honda. Acreditamos que essa marca tem mais valor do que outras, que deve ser melhor, que nosso julgamento deve estar certo. Dick Wittink e Rahul Guha descobriram que, na verdade, pessoas que compram um carro novo do mesmo fabricante do qual compraram antes pagam mais do que aquelas que estão comprando aquela marca de carro pela primeira vez.[10] Trata-se de um comportamento de "automanada"* e de um acréscimo de preço por uma marca de renome combinados.

A reputação – relacionada à marca e, muitas vezes, confundida com ela – também molda as expectativas. Vemos seus efeitos por toda parte.

Não foram apenas os nomes Tesla, Tylenol e Armani que fizeram Vinny acreditar que os itens que escolheu eram produtos mais velozes, mais prestigiosos e melhores. Foram também as reputações daqueles produtos específicos.

Dan e seus colegas Baba Shiv e Ziv Carmon realizaram um experimento em que apresentaram aos participantes bebidas energéticas da marca Sobe, sozinhas ou acompanhadas de um texto que afirmava que melhoravam a função mental e a resolução de quebra-cabeças. Os participantes que receberam o texto também receberam muitos artigos científicos (fictícios) respaldando aquela afirmação. O que os resultados mostraram foi que o desempenho dos participantes que obtiveram os estudos (fictícios) foi melhor,

---

* Volte ao Capítulo 7, "Confiamos em nós mesmos", para refrescar a memória.

em testes subsequentes, do que o daqueles que beberam Sobe e não tiveram acesso ao selo de aprovação científica. Ou seja, a reputação do Sobe como solucionador de problemas criou nos voluntários do estudo uma expectativa de que bebê-lo aumentaria seu desempenho mental, e aquela expectativa levou a um desempenho realmente melhor.[11]

Em julho de 1911, a *Mona Lisa* era só mais uma pintura. Em agosto de 1911, foi roubada do Louvre. Enquanto as autoridades tentavam localizá-la, subitamente longas filas de visitantes se formaram aguardando para ver o espaço vazio onde a pintura estivera pendurada. O número de pessoas que foram ver a ausência da pintura foi maior do que o das que tinham ido para ver a própria pintura antes do furto.

O furto havia se tornado um sinal do valor da *Mona Lisa*. Com certeza ninguém iria furtar uma pintura sem valor. O crime trouxe um valor ainda mais duradouro para a *Mona Lisa* e o Louvre. Atualmente a pintura talvez seja a obra de arte mais conhecida de todo o museu. Seu valor é imensurável. Sua reputação – reforçada pelo furto – a antecede no mundo inteiro.

Jeff estudou na Universidade de Princeton, uma instituição "de prestígio" e de "alto renome". Ele esperava uma educação excelente, provavelmente a obteve e com certeza pagou por ela. Ele também se beneficiou da reputação da universidade – independentemente do aprendizado que possa ter recebido – em entrevistas de emprego, networking e festas de confraternização. A reputação de uma grande variedade de universidades e faculdades costuma moldar as expectativas de todos: de pais a funcionários de admissões, de recrutadores de empregos a encontros às cegas. O que não significa que suas reputações não sejam merecidas, mas suas marcas e reputações certamente afetam as opiniões das pessoas e as expectativas de seus graduados.

O PASSADO É PRÓLOGO

Nossas experiências passadas também moldam nossas expectativas sobre experiências futuras. Uma boa experiência com um produto – um carro, um computador, um café, um destino de férias – fará com que supervalorizemos aquele produto, projetando a nossa experiência passada sobre o nosso consumo futuro potencial.

Hollywood produz continuações e refilmagens aos montes. (Estudos provavelmente revelariam que 145% de todos os novos projetos de Hollywood não passam de velhos projetos sob novos nomes.) Por quê? Porque gostamos do filme original e recompensamos o estúdio na bilheteria. Como a nossa experiência anterior coletiva foi positiva, as expectativas de todos (especialmente do estúdio) em relação à continuação deveriam ser altas. Ao menos suficientemente altas para que eu gaste uma grana para vê-los detonarem a minha infância.

Um dos problemas das expectativas que resultam de experiências passadas é que, caso elas divirjam demais da própria experiência, podemos ficar desapontados. Quando o contraste entre as expectativas e a realidade é grande demais, a força das expectativas não consegue superar essa diferença e elas fracassam. Os clientes da JCPenney esperavam preços de liquidação e, quando não viram ofertas, ficaram indignados, ainda que os preços reais fossem, na prática, os mesmos de antes.

Imagine um adolescente que recebe um vale-presente de R$ 25,00 de aniversário de uma tia que, durante muitos anos, havia enviado vales-presente de R$ 100,00. Qual seria a sua reação? "Ela normalmente manda R$ 100,00. Que droga! Perdi R$ 75,00." Em vez de vê-lo como um ganho de R$ 25,00, ele o vê em termos de sua expectativa de R$ 100,00 baseada em padrões do passado e percebe o presente como um prejuízo.

De novo, o desempenho passado simplesmente não é garantia de sucesso futuro. Mas vá dizer isso às nossas expectativas. O fato de algo ter dado certo no passado não significa que dará certo no futuro. Um bife pode estar bem passado demais, um furacão pode atingir o nosso local de férias, um momento assustador num filme de terror pode parecer trivial sem o elemento surpresa. Só temos uma chance de passar uma primeira impressão: isso vale para pessoas e compras. Mas não é assim que acontece com as nossas expectativas. Elas estão previamente carregadas com as nossas experiências passadas, ávidas por serem aplicadas repetidas vezes às mesmas experiências e às novas.

Apresentação e ambiente também criam expectativas que ajudam a transformar a percepção em realidade.

Servir o vinho em recipientes de diferentes formatos, estilos e materiais – um cálice de licor, uma taça de cristal elegante, uma caneca – pode mudar a percepção do valor e, ao mesmo tempo, mudar o preço do vinho. Lembra-se de quando Cheryl bebeu o vinho fino numa caneca de café em sua escrivaninha e depois num restaurante chique com amigos? O líquido – o mesmo produto – valeu bem mais para ela quando bebido em uma delicada taça de cristal.

Marco Bertini, Elie Ofek e Dan realizaram um experimento em que ofereceram café a estudantes. Colocaram creme e açúcar perto do café, em louças bonitas ou em copos de isopor. Aqueles que obtiveram seu creme e açúcar do conjunto mais bonito disseram que gostaram mais do café e que pagariam mais por ele, ainda que, sem saberem, fosse idêntico ao café servido ao lado dos copos de isopor.[12]

De forma semelhante, alguém famoso e supertalentoso tocando violino no metrô soa como um mendigo para quem passa apressado, enquanto um amador arranhando as cordas em um suntuoso teatro pode não soar "bem", mas soa menos mal do que se tocasse nas ruas.

TIMING É TUDO

O poder das expectativas é mais forte quando pagamos por algo antes de consumi-lo ou experimentá-lo.

Como exemplo, vamos rever a dor do pagamento. Quando pagamos antes de consumir algo, aquilo reduz a dor que sentimos no momento do consumo. Se pagamos R$ 100,00 por algo que não consumiremos por, digamos, três meses, obtemos o item de R$ 100,00 mais os três meses de antecipação, de momentos sonhando acordados pensando nele e de empolgação. Assim recebemos mais do que pagamos e, quando enfim chegamos a consumir o tal item, podemos até sentir que o conseguimos por uma pechincha.

Pagar após consumir também reduz a dor no momento do consumo até certo ponto, mas obtemos menos valor e menos alegria na antecipação da experiência de consumo em si. Ao refletirmos sobre o passado, precisamos usar a nossa memória, que, com aqueles fatos e detalhes obstinados, tem menos liberdade criativa do que a nossa imaginação quando ela é usada para sonharmos com o futuro, com todos os seus espaços vagos e suas possibilidades acenando para a gente.

Estudantes da Universidade do Sul da Califórnia obtiveram mais prazer de um videogame quando, antes de jogarem, imaginaram quão empolgante seria o jogo. Adiar o consumo aumenta o que os cientistas sociais chamam de "fator antecipação". Usando chocolate e refrigerante, eles constataram que os participantes apreciavam mais consumir esses itens se tivessem que aguardar um pouco.[13] Embora esses resultados reforcem o que instintivamente sabemos sobre o prazer maior que resulta da antecipação, parece que alguém precisa descobrir por que tantos estudos em ciência social envolvem experimentos baseados em chocolate.

Você se lembra de que Jeff e a esposa pagaram antecipadamente pela lua de mel e tiveram várias semanas para imaginar quão divertida ela seria, certo? Aquilo mostrou o benefício das expectativas de uma experiência prazerosa. Por outro lado, expectativas negativas podem enfraquecer nossas avaliações. Dan e alguns colegas certa vez serviram a estudantes cerveja com uma gota de vinagre. (Havia só um pouco de vinagre na cerveja, mas o suficiente para mudar o sabor.) Aqueles informados do vinagre *antes* de beberem a cerveja gostaram dela bem menos do que aqueles que ficaram sabendo do vinagre *depois*. Se contamos às pessoas que algo pode ser desagradável, provavelmente concordarão conosco não apenas porque a experiência física é diferente, mas também por conta das expectativas geradas pela advertência.[14]

O futuro encerra possibilidades infinitas. Quando se trata dessas possibilidades, tendemos a ser otimistas. Antecipação, imaginação, expectativas: todas elas contribuem para que o valor do que obteremos depois aumente, seja um espetáculo, uma viagem ou um chocolate gourmet delicioso. Entretanto, quando refletimos sobre uma experiência do passado, a realidade rudemente orienta a nossa avaliação. Somos forçados a preencher as lacunas com fatos.

REVENDO OS RITUAIS

Os rituais e a linguagem também criam expectativas que impactam o desempenho e a fruição de algo. Já discutimos as formas como descrições detalhadas – digamos, de itens no cardápio de restaurantes sofisticados – aumentam a nossa atenção e o nosso foco. Mas ainda não analisamos como elas também aumentam as nossas expectativas. Qualquer refeição digna de um monólogo de três minutos deve ser deliciosa. É o que esperamos, e é o que nos convenceremos de estar experimentando.

Sabemos que os rituais podem melhorar ainda mais a nossa experiência. Eles reduzem a ansiedade e aumentam a confiança, o foco e a atenção.

Em *Previsivelmente irracional*, Dan descreveu o benefício de tomar, como ritual, Airborne, o suplemento nutricional que alegava prevenir ou curar o resfriado comum. A efervescência e a espuma davam a impressão de estar funcionando. O ritual o influenciava a se concentrar e fazia com que esperasse se sentir melhor. Antes de se apresentar no palco ou de jogar sinuca, Jeff passa por certos rituais – com chicletes, pastilhas e refrigerante ginger ale (não pergunte por quê). Serão superstições, rituais ou simples besteirol? Não sabemos. O que sabemos é que Jeff acredita que melhoram o desempenho dele – talvez porque tenha crescido inspirado nos rituais estranhos, e de inegável sucesso, do excêntrico jogador Wade Boggs, da terceira base do time de beisebol Boston Red Sox.*

EXPECTATIVAS? ÓTIMO!

Mal arranhamos a superfície das muitas origens das nossas expectativas, mas o objetivo é percebermos quão comuns e poderosas elas são. Seu impacto é inegável: fazem com que valorizemos as coisas de formas não relacionadas ao valor real e estão por toda parte.

Está claro que as expectativas modificam a maneira como valorizamos as coisas na nossa vida, do trivial (Tylenol e café) ao sublime (arte, literatura, música, comida, vinho, amizade). Se nossas expectativas sobre uma experiência são altas, qualquer que seja a fonte dessas expectativas, nós a valorizaremos muito e estaremos dispostos a pagar um adicional por ela. Se esperamos menos dela, nós a valorizaremos menos e estaremos dispostos a pagar menos. Às vezes isso é bom. Se vamos gostar ainda mais de comer comida japonesa, talvez devêssemos pagar mais por expectativas boas e um combinado mais gostoso. No entanto, às vezes as coisas não são tão claras

---

* Boggs – cinco vezes campeão de rebatidas – comia frango antes de cada partida, escrevia a palavra "vida" em hebraico na terra antes de se posicionar e tinha uma série de outros rituais específicos, como o momento do treinamento de rebatidas, dos alongamentos e dos treinamentos em campo.

assim. Se acreditamos que um produto caro de marca funciona melhor do que o mesmo produto com um nome genérico – e as nossas expectativas condizem com essa atitude –, deveríamos pagar mais por ele?

Alguns contam com as próprias expectativas mais do que outros. Admitimos que Vinny parece ser do tipo babaca, mas somos como ele às vezes, quando, na incapacidade de reconhecer nosso comportamento, contamos com as próprias expectativas para avaliar nossas escolhas e definir nossos gastos.

Claro que uma fonte poderosa de expectativas que alteram o valor é exatamente aquilo que estamos tentando compreender: o dinheiro. Quando as coisas são caras, esperamos mais delas, e quando são baratas, esperamos menos. Depois, por um ciclo autocriado de expectativa e valor, obtemos aquilo por que pagamos (ou estamos dispostos a pagar).

12

PERDEMOS O CONTROLE

Rob Mansfield só vai conseguir se aposentar no dia de São Nunca.

Um homem de negócios altamente instruído, bem-sucedido e que trabalha por conta própria, Rob não tem poupado para a aposentadoria. Na casa dos 20 anos e até o início da dos 30, ele trabalhou numa grande empresa que oferecia um fundo de pensão, incluindo uma contribuição patronal, mas ele optou por não aderir. Ganhando o que considerava um salário escasso, achava que precisava de cada tostão só para sobreviver e para se divertir um pouco enquanto ainda era jovem. Optar por descontar algumas centenas de dólares de seu contracheque parecia uma ideia idiota para ele. Em vez disso, preferiu curtir a vida pelos cinco ou 10 anos seguintes. Depois que obtivesse um aumento substancial, pensou, não seria problema poupar um montão a cada mês. O Rob Futuro cuidaria do Rob Aposentado.

Como consultor freelancer gerindo o próprio negócio, Rob agora ganha uma boa grana. Não é sempre, mas consegue pagar as contas para si e a nova esposa, bem como ocasionalmente aproveitar as melhores coisas da vida. Mensalmente reserva dinheiro para os impostos e o plano de saúde, mas não para a aposentadoria.

Em seu casamento, cinco anos atrás, os novos sogros distraíram os convidados de Rob com relatos da aposentadoria precoce deles. Os dois foram poupadores frugais e, aos 60 e poucos anos, estavam desfrutando um estilo de vida simples, mas sem trabalhar. Viajavam para visitar parentes, jogavam tênis, passavam bons momentos juntos, curtindo um ao outro. Ah, e comiam num monte de restaurantes de comida a quilo.

Aquilo parecia de um tédio mortal para Rob, que se deleitava com a emoção de gerir o próprio negócio e com as recompensas de jantar fora, viajar e comprar brinquedinhos novos sempre que fechava um contrato. Ele tem gosto por motocicletas clássicas. Compra uma nova a cada não sei quantos anos e está constantemente reformando, consertando e polindo o cromo daquelas que possui. Às vezes até anda nelas.

Cerca de dois anos após se casarem, por insistência dos pais dela, a esposa de Rob perguntou a ele, pela primeira vez, sobre o plano de aposentadoria. Ele brincou que vinha investindo na loteria e havia recentemente plantado dois carvalhos e comprado uma rede.

A mulher fez um olhar de espanto e perguntou:
– Sério?
Ele respondeu:
– Não, mas relaxa, não esquenta com isso.
– Rob!
– Fica tranquila.

Desde então, todo mês Rob cogita dar início a um plano de previdência autofinanciado. Mas ao final de cada mês, não importa quanto tenha ganhado, sente que não consegue. Tem contas para pagar. Além disso, existem coisas que quer fazer para ele e a mulher – jantares românticos, viagens de fim de semana, novos acessórios para as motos, sistemas de som melhores –, e é mais importante eles se sentirem bem e curtirem a vida enquanto podem do que poupar. Na verdade, passaram anos e ele continua sem economizar. E agora o trabalho está diminuindo um pouco. O Rob do futuro não está poupando mais dinheiro do que o Rob de 25 anos atrás.

Infelizmente, Rob está em boa companhia ao deixar de poupar (ou não poupar o suficiente) para a aposentadoria. Em 2014, quase um terço dos adultos americanos não havia começado a poupar para a aposentadoria. E quase um quarto daqueles mais próximos do fim de suas carreiras (50-64 anos) não havia começado a poupar para a aposentadoria.[1] Em outras palavras, quase 40 milhões de famílias com pessoas em idade para trabalhar nos Estados Unidos não têm quaisquer ativos para a aposentadoria. Mesmo entre aquelas que têm, os saldos das contas estão bem abaixo das estimativas conservadoras de quanto essas famílias precisarão para financiar suas aposentadorias.[2] Outra pesquisa descobriu que 30% dos americanos estão tão defasados na poupança para a aposentadoria que precisarão trabalhar até os 80 anos.[3] A expectativa de vida média é de... 78 anos. São dois anos negativos para curtir a aposentadoria. Os americanos são ruins não só na poupança, mas na matemática também.

Uma pesquisa interessante até descobriu que 46% dos *consultores financeiros* americanos não têm planos de aposentadoria.[4] É isto mesmo: aqueles cuja profissão é nos ajudar a poupar não estão poupando. Boa sorte, mundo.

No Brasil, de acordo com dados do Banco Mundial de 2016, 4 em cada 100 brasileiros economizam dinheiro para os anos finais de vida – um dos índices mais baixos do mundo nesse quesito e o pior da América Latina. Pensar em juntar quantias fixas mensalmente para quando estivermos aposentados nos ajuda a ganhar controle no que diz respeito à qualidade da nossa velhice.

O QUE ESTÁ ACONTECENDO AQUI?

A história de Rob – e a das poupanças para aposentadoria em geral – ressalta nossos problemas com a gratificação adiada e o autocontrole. Temos dificuldade em resistir às tentações, mesmo quando sabemos perfeitamente o que é bom para nós.

Levante a mão se você prometeu ontem à noite que acordaria cedo para malhar. Levante a mão se levantar a mão foi o único exercício que fez hoje.

A gratificação adiada e o autocontrole não estão unicamente ligados à psicologia do dinheiro, é claro, mas a nossa capacidade de adiar a gratificação e nos controlarmos influencia a forma como gerimos (bem ou mal) o nosso dinheiro. Enfrentamos questões de autocontrole o tempo todo, do trivial – nós procrastinamos, perdemos horas fuçando mídias sociais, comemos uma terceira porção de sobremesa – ao perigoso e destrutivo – não tomamos nossos medicamentos, fazemos sexo desprotegido, lemos mensagens de texto ao volante.

ADIANDO O CHOCOLATE

Por que temos tantas dificuldades com autocontrole? É porque tendemos a valorizar certas coisas agora no presente bem mais do que as valorizamos no futuro. Algo que é ótimo para nós – porém que só chegará daqui a dias, semanas, meses ou anos – não é tão valioso quanto algo que é satisfatório mas está disponível agora. O futuro simplesmente não nos tenta tanto quanto o presente.

Em seu famoso teste do marshmallow, Walter Mischel deixou crianças de 4 e 5 anos sozinhas, cada uma com um só marshmallow. Disse a cada criança que, se não tocasse no marshmallow por determinado tempo, alguém traria um segundo marshmallow – porém só se aquele primeiro não tivesse sido tocado. A maioria das crianças devorou o marshmallow logo de cara e nem chegou a curtir o segundo.

Mas nós não somos crianças, não é mesmo? Não somos impulsivos. Temos autocontrole. Assim, responda a isto: você preferiria metade de uma caixa de chocolates gourmet agora ou uma caixa *cheia* dos mesmos chocolates daqui a uma semana? Imagine que passamos com os chocolates por você para que possa vê-los e cheirá-los. Eles estão bem debaixo do seu nariz, bem perto da sua boca salivante. O que você faria?

A maioria das pessoas – a maioria dos *adultos* – diz que não vale a pena esperar mais uma semana pela caixa completa de chocolates, preferindo pegar a meia caixa agora. Então somos iguais às criancinhas que adoram marshmallow?

Mas espere! E se adiarmos a escolha para o futuro? Preferiríamos a meia caixa de chocolates daqui a um ano ou a caixa inteira de chocolates daqui a um ano e uma semana? É a mesma pergunta: vale a pena esperar outra semana pela caixa completa? Acontece que, quando a pergunta é apresentada dessa forma, sobre o futuro distante, a maioria das pessoas diz que preferiria esperar mais uma semana pela caixa de chocolates maior. Daqui a um ano, parece que acreditamos que esperar mais uma semana por meia caixa adicional de chocolates é uma escolha válida. Ah, então talvez sejamos adultos afinal!

Na verdade, não. A diferença entre a nossa escolha agora e a nossa escolha sobre o futuro é simplesmente que decisões tomadas no presente (algum chocolate agora ou mais daqui a uma semana?) envolvem emoção, e decisões sobre o futuro, não.

Quando imaginamos a nossa realidade no futuro – nossa vida, nossas escolhas, nosso ambiente –, pensamos nas coisas diferentemente do que fazemos no presente. Hoje a nossa realidade está claramente definida, com detalhes, emoções e assim por diante. No futuro, não está. Assim, no futuro, podemos ser pessoas maravilhosas. Praticaremos exercícios, faremos dieta e tomaremos nossos remédios. Acordaremos cedo, pouparemos para a aposentadoria e jamais leremos mensagens de texto enquanto dirigimos. Imagine quão enriquecido estaria o mundo se todos escrevessem os grandes romances que prometeram começar "qualquer dia desses".

O problema, é claro, é que nunca chegamos a viver no futuro. Sempre vivemos no presente. Hoje nossas emoções atrapalham. Neste exato momento elas são reais e tangíveis. Nossas emoções no futuro são, na melhor das hipóteses, apenas uma previsão. Elas são imaginárias e, no nosso futuro imaginário, podemos controlá-las. Assim, nossas decisões sobre o futuro estão livres das emoções.

No presente, porém, elas são reais e poderosas. Levam-nos a sucumbir à tentação repetidamente e cometer um erro após outro. Foi por isso que todos os meses – mesmo aqueles que estiveram antes "no futuro" – Rob deixou de poupar para a aposentadoria e sucumbiu à compra de um alto-falante novo ou um pote de cera para pneus.

É isto que acontece quando acrescentamos as emoções ao mix de tomada de decisões: o agora nos tenta, mas o futuro não. Mantendo nossos exemplos na área geral do estômago, imagine que nos perguntem o que preferiríamos no mês que vem: uma banana ou um bolo de chocolate? A banana é mais saudável, melhor para nós. O bolo de chocolate é delicioso. Diríamos: "No futuro, comerei a banana." O futuro não tem nenhuma emoção, de modo que a escolha alimentar gera apenas uma comparação de valor nutricional. O que é melhor para nós? Mas, quando enfrentamos a escolha no presente entre a banana e o bolo de chocolate, pensamos: "Neste momento, *quero* mesmo é o bolo." No presente, levamos em conta o valor nutricional e as emoções, e também desejos e necessidades. Para a maioria das pessoas, o bolo de chocolate cria muito mais atração emocional do que a banana.

> **DEFINIÇÃO EMOCIONAL**
>
> Grande parte do que nos afasta emocionalmente dos nossos eus futuros é o fato de esses eus futuros serem tão mal definidos. Com frequência os imaginamos como pessoas inteiramente diferentes dos nossos eus presentes.[5] Entendemos, sentimos e nos conectamos com nossas necessidades e nossos desejos atuais bem mais do que com os desejos e as necessidades futuros.
>
> As recompensas *imediatas* de um marshmallow, meia caixa de chocolates ou um sistema de som melhor são claras e intensas, portanto impactam nossas decisões num grau maior. As recompensas dessas coisas no futuro desconhecido são bem menos intensas, menos tangíveis e menos reais para nós, motivo pelo qual só têm uma influência pequena nas nossas decisões. É mais difícil se conectar emocionalmente com um futuro abstrato do que com um presente real.

Poupar para o futuro – ou a incapacidade de fazê-lo – é um ótimo exemplo da diferença emocional entre pensar no agora *versus* pensar em mais tarde (e, quando se trata da aposentadoria, bem mais tarde). Quando economizamos para a aposentadoria, temos que abrir mão de algo real agora para que o nosso eu futuro possa aproveitar – e precisamos fazer esse sacrifício por um eu futuro com o qual nem sequer conseguimos nos conectar, um eu futuro no qual nem sequer queremos pensar. Quem quer pensar em ficar velho e necessitado quando podemos estar jovens e necessitados agora?

Como deveríamos julgar valor com base nos custos de oportunidade – quais outras coisas conseguiríamos comprar com o dinheiro que estamos prestes a gastar –, acrescentar gastos futuros a essa equação torna a análise dos custos de oportunidade ainda mais complexa. Como comparamos a tentação real de comprar ingressos para assistir a um show esta noite com a possibilidade de que esse ingresso de R$ 200,00 poderia ser gasto num medicamento de que talvez precisemos daqui a 30 anos? É bem difícil fazer essa comparação.

A questão da poupança para a aposentadoria é particularmente complexa e incerta. Precisamos saber quando pararemos de trabalhar, quanto receberemos até aquela data, quanto tempo viveremos, quais serão as nossas despesas durante a aposentadoria e, é claro, qual será o rendimento dos nossos investimentos. Basicamente, quem seremos, do que precisaremos, o que o mundo nos fornecerá, e a qual custo, daqui a 20, 30, 40 anos? Mole, mole, não é mesmo?

As ferramentas para o planejamento da aposentadoria tampouco são simples. Existem planos e também planos alternativos e planos para gerir os planos alternativos enquanto a gerência altera os planos alternativos. Existe a questão dos impostos e as das despesas futuras, dos rendimentos de nossos investimentos (se os temos), da inflação, dos planos de previdência privada ou dos fundos de pensão, da aposentadoria pelo governo e por aí vai. Tentar entender tudo isso pode ser intimidante e confuso. É como tentar pensar num sinônimo para a palavra "sinônimo".

Poupar requer que avaliemos o futuro distante e incerto e planejemos de acordo. Algo que Rob foi incapaz de fazer. E algo que muitos de nós não conseguimos. Ainda que sejamos capazes de descobrir a melhor forma de poupar o máximo, ainda assim enfrentamos tentações e os desafios do autocontrole. É fácil sentir-se bem agora. É difícil imaginar que poderemos não nos sentir bem amanhã. Como já dissemos, muitos outros disseram antes e acreditamos valer a pena repetir: o benefício de consumir algo no presente sempre sobrepujará o custo de abrir mão daquilo a fim de poupar para outra coisa no futuro. Ou, como Oscar Wilde sintetizou a questão: "Posso resistir a tudo, menos às tentações."[6]

FORÇA DE VONTADE *VERSUS* TENTAÇÃO

A maioria de nós tenta superar a tentação usando a força de vontade. Mas raramente temos o suficiente desta última para superarmos a oferta incessante da primeira. A tentação está por toda parte e, com o tempo e a tecnologia, aumenta sempre mais. Pense nas leis aparentemente supérfluas de que precisamos para refrear a tentação: de impedir o roubo a evitar que bebamos ao volante, de controlar o abuso de analgésicos a reprimir o casamento entre primos. Não haveria leis contra essas coisas se as pessoas não fossem tentadas a praticá-las.

Vejamos, por um momento, as mensagens de texto ao volante. Claro que somos capazes de medir os custos e benefícios de ler uma mensagem de texto assim que aparece *versus* potencialmente sofrer um desastre e morrer ou matar alguém. Ninguém jamais disse: "Veja bem, pensei na relação custo-benefício de conferir minhas mensagens de texto enquanto dirijo. Pensei nos custos de tirar uma vida. Pensei em quanto quero permanecer vivo. E decidi que vale a pena checar as mensagens de texto. Na verdade, vou começar a ler e mandar mais mensagens daqui pra frente."

Não! Todo mundo reconhece que o momento em que abrimos um celular enquanto dirigimos aumenta a probabilidade de um acidente. Todos admitem que fazer isso é uma forma bem estúpida de arriscar a nossa vida e a dos outros. Ninguém considera que essa seja uma escolha sábia. Mesmo assim, continuamos fazendo isso.

Por que somos tão tolos? Por causa dos fatores emocionais – da nossa incapacidade de adiar gratificações, da incerteza de morrer por usar o celular ao volante e da nossa superconfiança na capacidade de evitar a morte. Juntos, esses fatores distorcem a equação de valor. Continuamos sendo "pessoas perfeitas" no futuro, mas o uso do celular é no agora. O agora nos tenta.

Gastamos mais dinheiro do que sabemos que deveríamos, comemos mais do que sabemos que deveríamos e, dependendo da nossa afinidade com a divindade, pecamos mais do que sabemos que deveríamos. A tentação explica a lacuna entre como racionalmente achamos que *deveríamos* nos comportar e como emocionalmente nos comportamos, seja com a nossa carteira, a nossa boca ou os nossos instintos.

Quando se trata de gastar – e, portanto, deixar de poupar –, as tentações são quase constantes. Supomos que ninguém precisa de um compêndio sobre nossa cultura de consumo, mas, por via das dúvidas, ligue a TV, entre na internet, leia uma revista ou percorra um shopping e sinta a onipresença da tentação.

Rob mergulhou de cabeça na tentação. Cercou-se de equipamentos de lazer caros em casa e de equipamentos de moto sofisticados. Esses bens constantemente o lembravam do que ele possui, quem ele é e o que ele quer. Todo mês ele *sabia* que deveria poupar, mas não conseguia resistir à tentação de gastar. Como a criança em todos nós – e o adulto na maioria de nós –, Rob tinha pouquíssimo autocontrole.

O motivo é que o autocontrole requer não apenas o reconhecimento e a compreensão das tentações do agora, mas também a força de vontade para evitá-las. E força de vontade, por definição, requer esforço – o esforço para resistir à tentação, para rejeitar os nossos instintos, para recusar um marshmallow grátis ou um equipamento de moto sofisticado, ou qualquer coisa que tenha alguma ressonância emocional.

Não temos total compreensão sobre a força de vontade, mas sabemos que é um poder difícil de dominar.

Poupanças insuficientes são apenas uma manifestação da falta de força de vontade. Mas economizar requer mais do que apenas força de vontade. Para pouparmos, primeiro precisamos botar no papel um cálculo para criar uma estratégia de poupança, depois precisamos reconhecer as emoções que nos tentam a desviarmos dessa estratégia e ainda precisamos exibir a força de vontade para superar essas tentações que nos aguardam em todos os cantos.

Obviamente, é mais fácil *não* começar a poupar para a aposentadoria. Assim, não precisamos mudar nenhum comportamento nem reduzir quaisquer dos nossos prazeres atuais. É mais fácil esquentar uma refeição gordurosa no micro-ondas do que comprar, lavar e preparar legumes frescos. É mais fácil permanecer obeso. É mais fácil, também, justificar nossos comportamentos do que mudá-los. Não é culpa nossa que ocasionalmente nos deliciemos com aquele bolo de chocolate. A culpa é do bolo, por ser delicioso.

CONTROLES REMOTOS

Vale a pena indagar quais outros fatores – além de desconsiderar o futuro – reduzem nossa força de vontade (impactando nossa capacidade de superar a tentação... a qual usa as nossas emoções para nos fazer supervalorizar o presente... emoções que são a razão de não termos autocontrole).

Todos conhecem o fenômeno humano da excitação sexual. Dan publicou um artigo em 2006, com George Loewenstein, apresentando sua descoberta de que, quando sexualmente estimulados, os homens fazem coisas que normalmente considerariam repugnantes ou imorais.[7] Outro artigo relacionado ao assunto relatou que os homens tomavam decisões piores quando excitados.[8]

Além da excitação, outros fatores comuns que aumentam ainda mais nossa tendência a perder o controle incluem álcool, fadiga e distração. Juntos, eles constituem as bases do setor de cassinos e dos infomerciais altas horas da madrugada. A música medíocre, mesclada ao soar constante de moedas e ao retinir das máquinas caça-níqueis, nenhuma porta ou relógio visível, coquetéis grátis e oxigênio bombeado são as armas de distração dos cassinos. Edições aceleradas, descrições longas e os estados mentais dos espectadores durante o bloco de programação das três da madrugada são as armas prediletas da TV altas horas da noite. Os profissionais de ambas as áreas desenvolveram impérios com base na nossa incapacidade de resistir à tentação.

INTERAGINDO CONTRA NÓS MESMOS

Claro que o problema do autocontrole não atua independentemente dos outros problemas de avaliação já discutidos. Pelo contrário, amplia tais problemas. Passamos todo esse tempo mostrando que é realmente difícil pensar sobre dinheiro. É desafiador pesar os custos de oportunidade, evitar o valor relativo, ignorar a dor do pagamento, deixar de lado nossas expectativas, olhar além da linguagem e assim por diante.

E agora estamos deixando as coisas ainda mais desesperadoras ao explicarmos que, além de todos esses desafios, boa parte da tomada de decisões financeiras envolve o futuro. Envolve qual a quantia de dinheiro, quais desejos e necessidades teremos ou não mais tarde na nossa vida e, ainda, os desafios do autocontrole. Assim, além de avaliar o valor correto das nossas opções financeiras atuais, precisamos pensar no futuro, o que dificulta ainda mais as coisas.

Você se lembra de Brian Wansink, autor de *Por que comemos tanto?*, e de sua tigela de sopa sem fundo durante a nossa discussão sobre a relatividade? Bem, as pessoas não continuavam comendo a sopa só por causa dos sinais de fome causados pela relatividade (a quantidade de sopa julgada pelo tamanho da tigela). Ou seja, com frequência comemos só porque vemos comida – não porque estamos com fome, mas porque ela está ali. É o nosso instinto de comer porque comer *é gostoso*. É tentador, é imediato, é agora. Sem autocontrole, não há nada que nos impeça além do fundo distante de uma tigela sem fundo.

Ao menos não somos peixes. Se pusermos comida demais num aquário, o nosso peixinho dourado – vamos chamá-lo de Wanda – continuará comendo até seu estômago explodir. Por quê? Porque os peixes não têm autocontrole. E Wanda não leu este livro. Assim, quando nos sentirmos decepcionados com nosso autocontrole, podemos nos lembrar do peixe. Podemos nos comparar com Wanda e nos sentir bem. De modo relativo...

A dor do pagamento tem algumas implicações sobre o autocontrole. Ela nos deixa conscientes das nossas escolhas. Faz com que sejam mais óbvias e nos ajuda a manter certo autocontrole. Se usarmos dinheiro vivo em vez de cartão de crédito, tendemos ainda mais a sentir o impacto de um jantar de R$ 150,00 com amigos. Essa sensação no presente nos auxilia a combater a tentação da refeição cara. Da mesma forma, mecanismos que diminuem a dor do pagamento nos ajudam a detonar o autocontrole e nos fazem cair na tentação com mais facilidade e rapidez.

A contabilidade mental – especialmente a contabilidade mental maleável – é outra tática que usamos para enfraquecer o autocontrole. "Eu não deveria comer fora esta noite... mas e se eu considerá-lo um jantar de negócios? Hummm!"

Quando discutimos a confiança excessiva em nós mesmos, concentramo-nos na confiança em nossos eus *passados* – o eu que tomou uma decisão financeira no passado ou o eu que viu um preço irrelevante, como o preço sugerido de um imóvel. Mas também temos problemas de confiança entre nossos eus atuais e nossos eus futuros. O eu futuro de Rob confia que seu eu presente renuncie à gratificação imediata para poupar para a aposentadoria, enquanto seu eu presente confia que seu eu futuro tomará decisões mais inteligentes e desprendidas sobre... poupar para a aposentadoria. Nenhum deles se mostrou confiável. Para o resto de nós, depender dos eus futuros ou passados para resistir ou ter resistido à tentação é igualmente insensato.

Essas forças e as outras questões que discutimos nos levam a definir incorretamente o valor. Nossa falta de autocontrole, porém, faz com que ajamos de maneira irracional, quer valorizemos corretamente ou não as coisas. Podemos achar que navegamos por todas as armadilhas psicológicas para chegar a uma avaliação financeira racional... mas aí, em muitos casos, nossa falta de autocontrole nos leva a agir irracionalmente mesmo assim. A luta para manter o autocontrole é como enfrentar um carrinho de sobremesas deliciosas após termos encarado um jantar de couve e quinoa. Ora, só se vive, e se gasta, uma vez. Não é mesmo?

DINHEIRO NÃO TÃO FÁCIL

Dan certa vez foi a uma conferência com inúmeras celebridades do mundo dos esportes. Muhammad Ali estava lá, e claro que era difícil não pensar no impacto de longo prazo da carreira de boxeador sobre a vida dele. Ali estava disposto a suportar a brutalidade em troca do sucesso de uma carreira de boxeador, apenas para pagar por aquilo mais tarde com os efeitos da doença de Parkinson. Não vamos julgar as decisões dele – não sabemos quais fatores ele levou em conta ou qual ciência estava disponível para ele na época ou quais outros fatores afetaram suas escolhas –, mas a vida de Muhammad Ali mostra facilmente a dissociação entre nossos desejos presentes e nosso bem-estar futuro.

Na mesma conferência também estava um jogador de beisebol famoso que contou a Dan a história de seu primeiro contrato profissional. Quando seu treinador lhe entregou o primeiro contracheque, para seu choque, era de uma quantia de apenas US$ 2.000,00. Ele havia assinado um contrato de milhões e não entendeu por que estava recebendo tão pouco.

Então ligou para seu agente, que explicou: "Não se preocupe, estou com o seu dinheiro. Está seguro. Vou investi-lo para você; assim, quando se aposentar, não vai precisar se preocupar com nada. Enquanto isso, dei a você dinheiro para gastar. Se achar que precisa de mais para viver, me diga e conversaremos a respeito."

Os colegas do jogador estavam ganhando salários igualmente gigantescos, mas não tinham o mesmo agente. Assim, estavam gastando mais, dirigindo carros melhores e fazendo coisas mais caras. Mas não estavam economizando nem de longe o mesmo que ele. Agora, anos depois, a maioria está quebrada, enquanto aquele jogador e a esposa estão vivendo bem, graças a uma vida poupando dinheiro.

O jogador de beisebol lançou uma luz sobre um conjunto surpreendente de fatos. Muitos atletas profissionais ganham um montão de dinheiro muito rápido. Eles também gastam um montão em pouco tempo e com frequência ficam sem um tostão logo, logo. Cerca de 16% dos jogadores da Liga Nacional de Futebol Americano (NFL) entram com pedido de falência nos primeiros 12 anos de aposentadoria, apesar dos rendimentos médios da carreira de uns US$ 3.200.000,00 anuais.[9] Alguns estudos afirmam que o número de jogadores da liga "sob pressão financeira" é bem maior – chegando a 78% – após alguns anos de aposentadoria. De forma semelhante, cerca de 60% dos jogadores da Associação Nacional de Basquete (NBA) ficam em apuros financeiros nos primeiros cinco anos após deixarem de jogar.[10] No Brasil, muitos jogadores de futebol famosos viveram ou vivem essa situação. Existem relatos semelhantes sobre ganhadores da loteria que perdem tudo. Apesar dos prêmios polpudos, cerca de 70% deles perdem todo o dinheiro em até três anos.[11]

Conquistar ou ganhar um monte de dinheiro intensifica os desafios do autocontrole. Com frequência, um aumento muito rápido de riqueza é particularmente desafiador. Por incrível que pareça, acrescentar uma soma colossal às nossas contas bancárias não garante que seremos capazes de gerir melhor as nossas finanças.

Jeff tem uma hipótese que gostaria muito de estudar: ele acredita que, ao contrário da maioria das pessoas, seria capaz de gerir um súbito influxo de dinheiro. Infelizmente, não conseguiu obter o financiamento de sete dígitos para esse projeto, mas espera que alguém logo apoie essa importante pesquisa científica.

Quase tudo na nossa cultura encoraja e recompensa a falta de autocontrole. Os *reality shows* focam os piores comportamentos: quem perde o controle, quem age impulsivamente, quem faz loucuras. Eles não mostram quem tem bons hábitos alimentares, por exemplo. Problemas de autocontrole estão por toda parte. Eles nos acompanham eternamente, desde o tempo de Adão e Eva e aquela maçã suculenta (ou qualquer que seja a nossa escolha do pecado original).

Não apenas a tentação está por toda parte, mas está ficando pior. Pense nisto: o que o ambiente comercial à nossa volta quer que façamos? Ele se importa com o que será bom para nós daqui a 20 ou 30 anos? Com a nossa saúde, nossa família, nossos vizinhos, nossa produtividade, felicidade ou cintura? Parece que não.

Os interesses comerciais querem que façamos o que é bom para eles, e já. Lojas, apps, sites e mídia social clamam pela nossa atenção, pelo nosso tempo e dinheiro de formas que são boas para eles no curto prazo e sem muita (ou nenhuma) preocupação com nossos melhores interesses de longo prazo. E quer saber? Eles sabem melhor do que nós mesmos como nos manipular. E se aperfeiçoam nisso o tempo todo.

Em consequência dessas tentações crescentes, a notícia realmente ruim é que temos muitos problemas de autocontrole e provavelmente acabaremos tendo muitos mais. À medida que os celulares, as TVs, os sites, as lojas e seja qual for a próxima fronteira comercial se aperfeiçoam, também aperfeiçoam as formas de nos tentar. A boa notícia: não estamos indefesos. Podemos superar alguns desses problemas aprendendo mais sobre nosso comportamento, sobre os desafios que enfrentamos e sobre como nosso ambiente financeiro nos encoraja a fazer más escolhas. E podemos usar a tecnologia para nos ajudar a superá-los – para nos estimular a pensar em usar o dinheiro em prol dos nossos interesses de longo prazo em vez de servirmos aos interesses dos outros.

Falaremos mais a respeito disso daqui a pouco. Você consegue esperar? Tem a força de vontade de combater essa tentação de saltar mais adiante no livro em busca de soluções? Acreditamos que sim.

13

SUPERENFATIZAMOS O DINHEIRO

Na virada do século – ou seja, em torno do ano 2000 – um Dan Ariely (mais) jovem estava querendo comprar um sofá para seu escritório no Instituto de Tecnologia de Massachusetts (MIT). A pesquisa que fez o levou a um bom sofá que custava US$ 200,00. Pouco depois, achou outro sofá de um designer francês que custava US$ 2.000,00. Era bem mais interessante, mais baixo e sentar nele dava uma sensação diferente. Mas não estava claro se era mais confortável ou se cumpriria melhor seu papel de sofá. Certamente não parecia valer a pena pagar 10 vezes o preço do outro. Mas Dan comprou o sofá sofisticado mesmo assim. Desde então, quando convidados de todos os tipos vêm ao seu escritório, têm dificuldade em se abaixar até o nível do sofá e ainda mais dificuldade ao se levantar. Não vamos alimentar os boatos de que Dan manteve esse sofá com a simples finalidade de torturar os visitantes.

O QUE ESTÁ ACONTECENDO AQUI?

Dan teve dificuldade em avaliar a experiência de longo prazo oferecida pelo sofá sofisticado. Ele o testou sentando nele por uns minutos, mas as verdadeiras questões eram quão confortável seria o sofá após sentar-se nele por mais de uma hora – o sofá se mostrou bem confortável – e como seus convidados se sentiriam ao usá-lo – ao que se revelou, não tão bem assim. (Passados muitos anos, Dan agora sabe que certos convidados não se sentem confortáveis sentando tão baixo assim e que têm dificuldade ao se levantar.) Sem um meio de responder a essas perguntas na época da compra, e portanto sem um meio de saber quão adequado seria o sofá a suas necessidades, Dan usou uma heurística simples: caro deve significar bom. Portanto comprou o sofá caro.

Dan não é o único a usar essa estratégia de decisão. Você comeria uma lagosta barata? Que tal um caviar com desconto ou um *foie gras* numa loja cheia de promoções? Os restaurantes não dão descontos nessas iguarias por causa da nossa forma de lidar com o preço e aos sinais poderosos que ele envia. Ainda que os mercados atacadistas de lagosta, *foie gras* e caviar despencassem, como aconteceu há alguns anos, os restaurantes não repassariam aquela redução aos fregueses. Não é que eles sejam gananciosos, mas sim que preços baixos enviam mensagens incômodas sobre a natureza de itens de luxo. Inferimos que descontos significam qualidade menor. Começamos a achar que há algo de errado com aqueles produtos alimentícios. Com certeza supomos que são inferiores aos dos concorrentes.

E se, em vez de lagosta e *foie gras* barato, nos oferecessem cirurgias cardíacas extremamente baratas? Mesma coisa: acharíamos que algo está errado e procuraríamos o melhor cirurgião possível, o qual, dada a nossa falta de conhecimentos sobre cardiologia, seria provavelmente o mais caro que conseguíssemos encontrar.

Isso porque outra forma importante de avaliarmos as coisas – uma forma dissociada do valor real – é atribuindo significado ao preço. Quando não conseguimos avaliar algo diretamente, como costuma acontecer, associamos preço a valor. Isso acontece sobretudo na ausência de outros sinais claros de valor. Dan, como um jovem e impressionável professor do MIT, não sabia como avaliar o valor de um sofá de escritório, de modo que escolheu pelo que podia medir: preço. Uma década e meia e muitos convidados insatisfeitos depois, ele sabe que fez uma má escolha.

Em *Previsivelmente irracional,* Dan mostrou que estamos condicionados a ver o preço alto como um indicador de eficácia. Ele e seus colegas

Rebecca Waber, Baba Shiv e Ziv Carmon fizeram um experimento com um analgésico falso que chamaram de VeladoneRx.[1] (Na verdade, era uma cápsula de vitamina C.) Ministraram-no a voluntários, distribuindo folhetos e apresentando um técnico num terno executivo impecável e jaleco, e acrescentaram uma etiqueta de preço de US$ 2,50 por pílula. Depois submeteram os participantes a uma série de choques elétricos para ver quanta dor conseguiam aguentar. Quase todos os pacientes no estudo exibiram uma redução da dor após ingerirem VeladoneRx. Quando Dan e seus companheiros realizaram o mesmo experimento usando uma etiqueta de preço de US$ 0,10 por pílula, o alívio da dor que os pacientes experimentaram foi de aproximadamente metade daquele com o uso da pílula de US$ 2,50.

Baba, Ziv e Dan ampliaram aquelas descobertas usando bebidas energéticas da marca Sobe. Naquele experimento, como já mencionado, aqueles que tomaram a bebida com textos afirmando que aumentava o desempenho realmente mostraram um desempenho melhor em todo tipo de tarefa mental. Outro experimento revelou que aqueles que receberam bebidas energéticas com desconto no preço tiveram um desempenho pior do que os que ingeriram as bebidas com o preço original. Outro experimento indicou que aqueles que ganharam as bebidas com desconto esperavam que elas fossem piores, e de fato as viram como piores por conta dos sinais enviados pelo preço.[2]

Quer faça sentido ou não, um preço alto sinaliza um valor alto. No caso de coisas importantes como assistência médica, comida e roupas, também sinaliza que o produto não é vulgar ou de baixa qualidade. Às vezes a ausência de baixa qualidade é tão importante quanto a presença de alta qualidade. Tia Susan pode não pagar US$ 200,00 por uma camisa, mas se esse é o preço "normal" da JCPenney, pela lógica alguém deve estar disposto a pagar esse valor. Portanto, deve ser um produto de altíssima qualidade. Sorte de tia Susan ter conseguido uma daquelas camisas sofisticadas de US$ 200,00 por US$ 120,00. O telefone celular Vertu oferece o mesmo serviço e as mesmas funções da maioria dos outros celulares, mas quem tem poder aquisitivo paga entre US$ 4.200,00 e US$ 20.000,00 pela honra de tocar a musiquinha do jogo *Angry Birds* num símbolo de status prestigioso. "Com certeza ninguém pagaria tanto se não valesse", alguém deve ter raciocinado, e aí foi em frente e comprou um Vertu. Em outra plataforma tecnológica disponível por apenas um dia – porque foi rapidamente removido – houve um aplicativo de iPhone chamado "Sou Rico". Ele simplesmente exibia algumas palavras de afirmação sobre ser rico. Não fazia nada além disso. Custava US$ 999,99. Oito pessoas compraram. Gostaríamos de convidar aquelas oito pessoas para conversar conosco sobre algumas outras oportunidades igualmente promissoras.

Os preços não deveriam afetar o valor, o desempenho ou o prazer – mas afetam. Somos treinados para tomar decisões rápidas baseadas em quantias de dinheiro em cada transação econômica, e, especialmente na ausência de outros indicadores de valor, é isso que fazemos.

Lembre-se de que a ancoragem e a coerência arbitrária mostram que a simples exibição de um preço pode afetar nossa percepção do valor. (O primeiro preço que vemos associado a um produto ancora nossa avaliação dele, e nem precisa ser um preço; pode ser um número arbitrário como uma inscrição na previdência social ou o número de países da África.)

Vejamos o vinho, o melhor caminho para ganhar o estômago de um homem, que, como ouvimos dizer, é então o caminho para seu coração. Quanto maior o preço de uma garrafa de vinho, mais gostamos dele. Os indícios são claros: quando sabemos quanto estamos gastando no que estamos bebendo, a correlação entre preço e prazer é fortíssima. E não importa muito qual é o vinho.[3] Entretanto, usar o preço para inferir a qualidade é uma avaliação razoavelmente grosseira. O impacto do preço sobre essa qualidade inferida poderia se reduzir se conseguíssemos julgar o vinho de outras formas: se conhecemos sua procedência, quando foi cultivado, por que isso importa, ou se conhecemos o enólogo pessoalmente.

SITUAÇÕES INCERTAS

Tudo bem, mas com que frequência "conhecemos o enólogo"? Ou seja, com que frequência conhecemos os detalhes relevantes que nos permitiriam avaliar objetivamente o valor de um safári ou um item, ou um safári cheio de itens? Raramente. Como vimos, de modo geral não temos a menor ideia de quanto algo deveria custar. Sem referências, não temos nenhuma capacidade independente de realmente avaliar algo, sejam fichas de cassino, preços de imóveis ou Tylenol. Estamos à deriva num mar de incerteza quanto ao valor financeiro.

Em momentos como esses, o dinheiro torna-se a dimensão óbvia. É um número. Oferece clareza. Podemos compará-lo a várias opções. E por ser fácil pensar no dinheiro dessa forma literal, aparentemente precisa, prestamos atenção demais nele em detrimento de outros fatores.

E por que isso acontece? Bem, trata-se do nosso amor à precisão. Existe um ditado que diz que, no tocante às nossas decisões em geral, e mais especificamente às nossas decisões financeiras, a psicologia nos fornece uma resposta vagamente certa e a economia nos dá uma resposta precisamente errada.

Adoramos a precisão – e a ilusão de precisão – porque nos dá a sensação de que sabemos o que estamos fazendo. Especialmente quando não sabemos.

O estranho sobre o dinheiro é que, embora não entendamos o que seja, ele é mensurável. Sempre que encontramos um produto ou uma experiência com muitas propriedades diferentes junto com um atributo preciso e comparável (dinheiro), tendemos a superenfatizar aquele atributo específico por ser mais fácil fazê-lo. É difícil medir e comparar características como sabor, estilo ou desejabilidade. Assim, acabamos adotando o preço como forma de tomar nossas decisões, porque podemos medi-lo e compará-lo mais facilmente.

As pessoas com frequência dizem que prefeririam ser o funcionário com o salário mais alto de uma empresa do que aquele com o salário mais baixo – ainda que isso signifique ganhar menos dinheiro. Pergunte por aí se as pessoas prefeririam ganhar R$ 25.000,00 por mês e ser o chefão ou ganhar R$ 28.000,00 mensais e não ser, e elas escolherão os R$ 28.000,00. Faz sentido? Sim.

Mas, se fizermos a mesma pergunta com um foco diferente, obteremos uma resposta bem diferente. Quando perguntamos às pessoas se seriam mais *felizes* se ganhassem R$ 25.000,00 por mês e fossem a pessoa com o maior cargo ou se ganhassem R$ 28.000,00 mas não fossem – as mesmas opções com os mesmos parâmetros, apenas enquadrada em termos de felicidade –, elas dizem que seriam mais felizes ganhando apenas R$ 25.000 mensais. A diferença entre como as pessoas respondem ao problema em geral *versus* quando voltado para a felicidade deve-se ao fato de que é muito fácil pensar apenas no dinheiro. Na ausência de outro foco específico, o dinheiro é o foco padrão. Quando pensamos em algo como um emprego, embora haja muitas coisas que entrem em jogo, o dinheiro é tão específico, preciso e mensurável que vem à mente mais rapidamente e desempenha um papel maior em nossa decisão.

Para examinarmos um exemplo mais trivial do mesmo princípio, vejamos nosso pesadelo ao escolhermos um telefone celular. Existem muitos fatores: tamanho da tela, velocidade, peso, *pixels* da câmera, segurança, dados, cobertura. Dados todos esses fatores, que peso você deveria dar ao preço? Bem, conforme aumenta a complexidade de um produto, basear-se no preço vira uma estratégia relativamente mais simples e atraente, de modo que focamos no preço e ignoramos grande parte das complexidades dessa decisão.

Dentro do mesmo espírito, como aprendemos na discussão da coerência arbitrária, muitos de nós temos dificuldade em comparar um tipo de produto ou experiência com outro bem diferente. Ou seja, não usamos os custos de oportunidade para comparar um Toyota com férias ou 20 jantares caros. Em vez disso, comparamos coisas na mesma categoria – carros com carros, telefones com telefones, computadores com computadores, itens com itens. Imagine que compramos o primeiro iPhone, que era o único smartphone na época. Não havia nenhum produto semelhante para comparar, assim, com que haveríamos de compará-lo? (Sim, Palm Pilot e BlackBerry já existiam então, mas o iPhone estava tão à frente que era uma categoria completamente diferente de produto.) Como iríamos descobrir se valia o preço? Quando a Apple lançou o iPhone, o preço nos Estados Unidos era de US$ 600,00. Algumas semanas depois, a empresa reduziu o preço para US$ 400,00. Aquilo criou uma categoria nova com que comparar o iPhone: o *primeiro* iPhone, que era, na verdade, o mesmo iPhone por um preço diferente. Uma vez que existam vários produtos em uma categoria, o dinheiro torna-se uma forma atraente de compará-los, o que pode, por sua vez, nos levar a superenfatizar o preço. Damos ênfase à diferença de preço (uau, está US$ 200,00 mais barato) em vez de darmos ênfase às outras qualidades, e claro que continuamos ignorando os custos de oportunidade.

O dinheiro não é o único atributo facilmente usado como elemento de comparação. Outros atributos, se os quantificarmos, podem também funcionar do mesmo modo. Mas esses atributos – se não os quantificarmos – são difíceis demais de usar. É complicado medir a delícia de um chocolate ou a dirigibilidade de um carro esportivo. Essa dificuldade mostra a atração gravitacional do preço: é *sempre* fácil quantificar, medir e comparar. Por exemplo, megapixels, cavalos-vapor (HPs) ou megahertz (MHz), uma vez especificados e exibidos lado a lado, tornam-se mais comparáveis e precisos. É o que se chama de *AVALIABILIDADE*. Quando comparamos produtos, fica fácil avaliar as características que são quantificáveis, e, ainda que elas não sejam realmente importantes, recebem um foco maior, facilitando a avaliação das nossas opções em termos dessas características. Com frequência, essas são as características em que o fabricante quer que nos concentremos, excluindo as outras (em outras palavras, falemos dos pixels, e não da frequência com que a câmera quebra). Uma vez mensurado um atributo, prestamos mais atenção nele, aumentando sua importância em nossa decisão.

Christopher Hsee, George Loewenstein, Sally Blount e Max H. Bazerman certa vez realizaram um experimento em que perguntaram a universitários que estavam folheando livros-texto usados quanto pagariam por um dicionário de música com 10 mil verbetes e em perfeitas condições. Para outro grupo indagaram quanto pagariam por um dicionário de música com 20 mil verbetes, mas com a capa rasgada. Nenhum dos grupos sabia do outro dicionário. Em média, os estudantes estavam dispostos a pagar US$ 24,00 pelo dicionário com 10 mil verbetes e apenas US$ 20,00 por aquele com 20 mil verbetes e capa rasgada. A capa – irrelevante para pesquisa de verbetes – fez uma grande diferença.

Os pesquisadores então abordaram outro grupo, apresentando as duas opções simultaneamente. Agora os estudantes podiam comparar as duas opções lado a lado. Aquilo mudou a percepção deles em relação aos produtos. Nesse grupo fácil de comparar, os estudantes disseram que pagariam US$ 19,00 pelo dicionário de 10 mil verbetes e US$ 27,00 pelo de 20 mil verbetes com a capa rasgada. De uma hora para outra, com a introdução de um aspecto mais claramente comparável – o número de verbetes –, o dicionário maior tornou-se mais valioso, apesar da capa rasgada. Ao avaliarem apenas um produto, os participantes do estudo não estavam sendo influenciados pelo fato de o dicionário possuir 10 ou 20 mil verbetes. Foi apenas quando o atributo passou a ser fácil de comparar que ele se tornou um fator importante na avaliação do valor. De novo, quando não sabemos como avaliar itens, somos desproporcionalmente afetados por características facilmente comparáveis, ainda que essas características (a capa rasgada, em nosso exemplo) pouco tenham a ver com o valor real do produto em questão. Nesse caso, a importância do número de verbetes aumentou e a da condição da capa diminuiu. Com frequência, porém, a característica que superenfatizamos ao tomar as nossas decisões é aquela fácil de enxergar e avaliar: o preço.[4]

Portanto, se temos a tendência a dar foco ao que é mais mensurável e comparável, existe algo de errado nisso? Bem, sim. Pode ser um grande problema quando o aspecto mensurável não é a parte mais importante da decisão. Quando não é o fim desejado, mas apenas o meio para aquele fim. Um bom exemplo são os programas de milhagem. Ninguém almeja como uma das coisas mais importantes na vida a acumulação de milhas – elas são meros meios que podem um dia produzir o fim desejado de tirar férias ou proporcionar voos grátis. Mesmo o personagem de George Clooney no filme *Amor sem escalas* luta para obter milhas não por elas mesmas, mas por outras razões, como um símbolo de poder e prosperidade.

Embora poucas pessoas considerem que acumular a maior quantidade de milhas seja fundamental para se ter uma vida digna de ser vivida, é tentador acumular tudo que possa ser fácil de medir. Como comparamos 10 mil milhas adicionais com quatro horas adicionais de relaxamento em uma praia? Quantas milhas equivalem a uma hora de relaxamento?

O dinheiro funciona do mesmo jeito. Não é o objetivo final da vida, mas um meio para um fim. Mas como o dinheiro é bem mais tangível do que felicidade, bem-estar e propósito, tendemos a concentrar nossas tomadas de decisão no dinheiro em vez de focarmos nossas metas supremas, mais significativas.

Queremos ser felizes e saudáveis e curtir a vida. Coisas mensuráveis como milhas, dinheiro e indicações para o Emmy estão entre os meios mais fáceis de medir nosso progresso. As pessoas com frequência optam por percorrer rotas malucas só para obter mais milhas, em um processo que na verdade reduz a felicidade geral de quem viaja, por conta de atrasos de voos, assentos desconfortáveis e horários pouco convenientes.

VENCENDO O JOGO DA VIDA

Ah, sim, a vida. E o dinheiro. E tudo aquilo que é importante.

O dinheiro é um indicador de valor e importância, o que, na maior parte do tempo, é algo bom. Nossa vida é individual e coletivamente mais animada, enriquecida e livre graças ao dinheiro. Mas não é tão legal assim quando o papel do dinheiro como indicador de valor e de importância se estende para partes da vida além dos produtos e serviços.

Já que o dinheiro é mais tangível do que as necessidades humanas, como amor, felicidade e o riso de uma criança, com frequência damos ênfase ao dinheiro como indicador do valor de nossa vida. Quando paramos para pensar nele, sabemos que o dinheiro não é a parte mais importante da vida. Ninguém jamais mente em seu leito de morte desejando ter passado mais tempo ao lado do próprio dinheiro. Mas como o dinheiro é bem mais fácil de medir – e menos assustador de examinar – do que o sentido da vida, seja qual for, podemos voltar nossa atenção para ele.

Vejamos como o trabalho de um artista é valorizado em uma economia moderna que não paga pela criação de conteúdo como antigamente. Já que o dinheiro é a forma como nossa cultura define o valor, não ser pago por seu trabalho pode ser insultante e desmoralizador, embora o dinheiro não seja, provavelmente, o objetivo da arte. Muitos dos grandes artistas da história dependiam de protetores generosos, do tipo que não existe mais, ou morriam pobres... E isso na época em que não precisavam competir por atenção com Candy Crush e modelos do Instagram.

No decorrer da carreira anticonvencional de Jeff – que foi advogado por uns três minutos e também comediante, colunista, escritor e palestrante –, a família dele saudou cada uma de suas realizações, ao mesmo tempo que perguntava: "Quanto é que isso vai render?" Por um longo tempo, aquilo o incomodou, porque parecia insensível e indiferente, um sinal de que não entendiam o valor real do que ele vinha fazendo. Bem, não entendiam o que ele vinha fazendo, mas não estavam sendo indiferentes. Estavam tentando entender usando a pergunta sobre dinheiro como um substituto na tentativa de aprender. Buscar termos monetários foi uma ponte para eles traduzirem os passos intangíveis e incompreensíveis que Jeff estava dando em uma linguagem que pudessem entender: o dinheiro. De início, foi uma diferença dolorosa entre como Jeff e as pessoas à sua volta viam o mundo. No entanto, quando ele percebeu que não era só crítica, mas também uma tentativa de entendimento, aquilo se tornou uma ponte de linguagem em comum. Ajudou-os a analisar o que ele vinha fazendo e a acrescentar julgamentos, valores, conselhos e apoio. Desse modo, puderam ridicularizar as escolhas dele com críticas, olhares de descrença sutis e piadas *baseadas na realidade*.

Claro que, embora certo foco no dinheiro seja desejável, poderíamos dizer que deixamos as partes úteis desse foco para trás faz tempo e estamos agora avançando sem objetivo pelos mares da incerteza financeira, totalmente obcecados pelo dinheiro.

TERRA À TERRA, MAÇÃ À MAÇÃ, PÓ AO PÓ

Deveríamos perceber que o dinheiro é apenas um meio de troca. Permite que troquemos coisas como maçãs, vinho, mão de obra, férias, educação e moradia. Não deveríamos atribuir simbolismo a ele, mas sim tratá-lo pelo que é: uma mera ferramenta para que obtenhamos aquilo de que precisamos, que queremos e a que aspiramos... agora, daqui a pouco e bem mais tarde também.

Existe a velha expressão de como é difícil comparar alhos com bugalhos. Se trocarmos os dois para "maçãs" e "laranjas", por exemplo, você vai ver com mais clareza que não é verdade. Comparar as frutas é bem fácil, ninguém fica olhando para as duas refletindo se prefere a maçã ou a laranja. Quando valorizamos as coisas pelo prazer que nos dão – a chamada "avaliação hedonística direta" –, sabemos com bastante certeza qual opção esperamos que nos dê mais prazer.

O difícil é comparar maçãs com dinheiro. Quando introduzimos dinheiro na equação, tornamos as decisões bem mais difíceis e nos expomos a erros. Definir quanto dinheiro equivale ao prazer que esperamos obter de uma maçã é um exercício de cálculo perigoso.

Dessa perspectiva, uma estratégia de tomada de decisões financeiras útil é fingir que o dinheiro não existe.

E se removêssemos o dinheiro da equação de tempos em tempos? E se, em vez de ficar pesquisando sobre as próximas férias, quantificássemos a soma que elas custariam em termos de filmes que poderíamos ver ou vinhos que poderíamos beber? E se olhássemos o guarda-roupa que queremos renovar para o inverno e calculássemos quantos tanques de gasolina ou reparos de bicicleta ou dias de folga custaria? E se, em vez de pesquisar a diferença de preços entre duas TVs de tela grande, pensássemos nessa diferença de preços como um jantar com amigos num restaurante e 14 horas extras de trabalho e só então decidíssemos se vale a pena ou não substituir nossa TV?

Quando deixamos de comparar *dinheiro* com coisas e passamos a comparar *coisas com coisas* diretamente, nossas escolhas adquirem uma nova perspectiva.

Esse processo pode ser mais fácil de ser aplicado e útil quando se trata de grandes decisões. Imagine que temos a opção de comprar uma casa bem grande e gastar um dinheirão com um financiamento imobiliário, ou uma casa média com um financiamento menor. Fica difícil comparar essas opções quando as condições estão em prestações mensais, pagamento inicial ou entrada, taxas de juros e por aí vai. A decisão fica ainda mais difícil quando todos os envolvidos no processo – os vendedores, os corretores, a instituição financiadora – querem que gastemos mais para comprar a casa maior. E se não pensássemos em termos de dinheiro? E se disséssemos: "Quer saber, a casa maior me custa o mesmo que a casa menor mais um mês de férias, um semestre da faculdade para cada um dos meus filhos e três anos de trabalho adicional antes da aposentadoria. Sim, posso comprar, mas talvez não valha a pena trocar todas essas coisas por um banheiro extra e um terreno maior." Ou talvez façamos esse cálculo e mesmo assim decidamos que a casa maior vale a pena. Ótimo! Mas ao menos estamos tomando uma decisão perspicaz levando em conta algumas formas alternativas de usar nosso dinheiro.

Esse método de comparação direta não é necessariamente a abordagem mais eficiente ou mesmo a mais racional. Seria contraproducente reservar tempo para traduzir cada transação financeira em uma análise de custos de oportunidade que não envolvesse unidades monetárias. Mas é um bom exercício para avaliarmos nossa capacidade de tomada de decisões, particularmente quando enfrentamos decisões maiores.

O dinheiro é uma maldição e uma bênção. É maravilhoso dispor do dinheiro como um meio de troca, porém, como aprendemos, ele muitas vezes nos desencaminha, influenciando-nos a focar as coisas erradas. Como um antídoto, uma dose de reenquadramento que não envolva dinheiro nos dá uma ajudinha de tempos em tempos. Analise as escolhas não tão óbvias entre coisas e outras coisas em vez de entre coisas e dinheiro. Se estiver satisfeito com a escolha, vá fundo. Se não, reavalie. E reavalie de novo. E de novo.

Seja qual for a nossa condição social, acreditamos que seja importante que, em vez de pensarmos em decisões de vida em termos de dinheiro, pensemos nelas em termos de *vida*.

O DINHEIRO NO COMANDO

Você deve se lembrar de uma ou mais das pessoas que encontramos nos capítulos deste livro: George Jones, tia Susan, Jane Martin, Jeff na lua de mel, os corretores de imóveis de Tucson, Tom e Rachel Bradley, James Nolan, Cheryl King, Vinny del Rey Ray e Rob Mansfield. Eles passaram bastante tempo tentando descobrir como gastar seu dinheiro, mas ainda assim erraram. Foram tolos, não apenas por não conseguirem entender o mundo complexo e intricado do dinheiro, não apenas por acreditarem em sinais de valor irrelevantes, não apenas por cometerem erros, mas também porque gastaram muito tempo se preocupando com dinheiro. Eles estavam à deriva naquele mar de incertezas e se deixaram levar por sinais de valor que os puseram, como oferendas em rituais de sacrifício, na base de um vulcão de dinheiro.

Este capítulo começou com uma análise de como superenfatizamos o dinheiro – especificamente o preço –, quando tentamos avaliar o valor em cada uma de nossas decisões financeiras. Em seguida, analisou como poderíamos superenfatizar o dinheiro em outras decisões importantes e na avaliação da nossa vida.

Nenhum dos autores é competente, qualificado ou 110% feliz pra caramba para dizer a alguém o que fazer da própria vida, mas temos dados suficientes para mostrar que deveríamos tentar nos livrar um pouco da carga pesada do dinheiro. Ou ao menos fazer com que ela afrouxe um pouquinho o controle sobre nós.

Não queremos lhe ensinar a priorizar as coisas, onde deveria aplicar seu dinheiro na balança desigual da família, do amor, dos bons vinhos, dos times esportivos e das sonecas. Só queremos que pense em como *você* pensa sobre o dinheiro.

PARTE III

E AGORA?
CONSTRUINDO COM BASE
NO PENSAMENTO FALHO

14
APLIQUE SEU DINHEIRO ONDE SUA MENTE ESTÁ

E agora?
Vimos como pensamos de maneira equivocada sobre o dinheiro, como avaliamos o dinheiro de formas pouco ligadas ao valor real e como isso nos induz a erros e a gastar mal o nosso dinheiro. Demos uma espiada por trás da cortina – um vislumbre do funcionamento interno do nosso cérebro financeiro. O que aprendemos é que superenfatizamos fatores irrelevantes, esquecemos fatores importantes e nos deixamos desencaminhar por sinais de valor insignificantes.

Então, como deveríamos pensar sobre o dinheiro? Quais são as soluções para todos os nossos problemas?

Temos certeza de que alguns de vocês saltaram para o fim deste livro a fim de descobrir. Muitos podem estar fazendo isso enquanto o folheiam na livraria. Nesse caso, nós 1) parabenizamos você por economizar o custo deste livro, mas 2) achamos que não está avaliando corretamente o nosso esforço e 3) oferecemos aqui a versão curta: quando se trata de tomar decisões financeiras, o que *deveria* importar são os custos de oportunidade, o benefício real que uma compra fornece e o prazer real que obtemos dela quando comparado com outras formas de gastar o nosso dinheiro.

O que *não* deveria importar em um mundo perfeitamente racional:

➤ Preços promocionais ou pechinchas, ou quanto estamos gastando ao mesmo tempo em outra coisa (relatividade);
➤ A classificação do nosso dinheiro, de onde veio e como nos sentimos em relação a ele (contabilidade mental);
➤ A facilidade de pagamento (dor do pagamento);
➤ O primeiro preço que vemos ou preços anteriores que pagamos por uma compra semelhante (ancoragem);
➤ Nossa sensação de propriedade (efeito dotação e aversão à perda);
➤ Se alguém parece ter trabalhado duro (justiça e esforço);
➤ Se cedemos às tentações do presente (autocontrole);
➤ A facilidade de comparar o preço de um produto, uma experiência ou um item qualquer (superenfatizar o dinheiro).

Lembre-se: essas coisas não afetam o valor de uma compra (ainda que pensemos que sim). Existem outros fatores que não mudariam o valor se fôssemos perfeitamente racionais, mas, como somos cheios de defeitos, eles acabam mudando o valor das nossas experiências. Entre eles estão os seguintes:

➤ As palavras descrevendo algo e o que fazemos no momento do consumo (linguagem e rituais);
➤ Como antevemos a experiência de consumo em vez de sua natureza real (expectativas).

Linguagem, rituais e expectativas estão num grupo diferente dos demais fatores porque podem mudar a experiência. Um desconto de 25% num pagamento ou um só clique no mouse nunca mudarão o valor de um item. Por outro lado, aprender sobre o processo de vinicultura e um *sommelier* de luvas brancas servindo a nossa taça num piquenique à beira do lago podem tornar toda a experiência mais significativa, interessante e valiosa.

Se fôssemos perfeitamente racionais, linguagem, rituais e expectativas não deveriam influenciar nossas decisões de compra. Entretanto, por sermos humanos, e não robôs, é difícil afirmar que linguagem, rituais e expectativas *nunca* irão nos influenciar. É complicado dizer quando é que levar em conta essas forças se torna um erro, especialmente ao fornecerem uma experiência aprimorada. Se esperamos obter mais de um vinho – graças à linguagem descritiva, ao ambiente, à garrafa, aos rituais de degustação e assim por diante –, *obteremos* mais daquele vinho. Sendo assim, permitir que isso aconteça é um erro? Ou é um valor adicional pelo qual deveríamos estar dispostos a pagar?

Se a linguagem, os rituais e as expectativas são ou não acréscimos bem-vindos a qualquer avaliação específica, o que está claro é que deveria caber a nós tomar essa decisão de acrescentá-los ou não. Nós deveríamos optar por mergulhar mais fundo nessas irracionalidades a fim de obter mais valor em vez de deixar que essas influências nos sejam impostas. Com a consciência que temos agora, podemos decidir se, e quando, apreciaremos mais o vinho só por causa da forma como é servido.

Sinceramente, não temos certeza se queremos viver num mundo sem linguagem, rituais e expectativas – um mundo onde, portanto, experimentaríamos as coisas em estados emocionais puramente neutros. Não parece nem um pouco divertido (nem mesmo plausível). Apenas queremos nos assegurar de que estamos no controle de como esses elementos importantes são usados.

Pronto. Da relatividade às expectativas, você agora conhece como pensamos sobre o dinheiro e as tendências irracionais que nos afetam ao fazê-lo. Agora tome todas as suas decisões financeiras com essas lições em mente.

Não é tão fácil, concorda? Parece ser um belo de um desafio. Bem, existe um motivo pelo qual decidimos mostrar *por que* tomamos decisões financeiras insensatas em vez de dizer *o que fazer* em qualquer situação. Em primeiro lugar, simplesmente não sabemos qual é a coisa certa a fazer em cada situação. Ninguém sabe. Mas também não queremos lhe dar o peixe. Queremos mostrar como você vem pescando, para que possa abordar melhor suas pescarias futuras, caso queira. Talvez não seja justo despejar um monte de informações sobre você e dizer tchau. Mostrar que estamos subindo o riacho sem remos e depois deixar você na mão e sair nadando. Dizer "Estamos ferrados" e depois rir.

Só que não achamos que estamos ferrados. Somos, na verdade, otimistas. Acreditamos que temos capacidade de superar muitos dos nossos erros financeiros.

Se nos concentrarmos, poderemos, individual e coletivamente, melhorar nossas decisões financeiras. O primeiro passo é estar consciente, e já alcançamos isso. O próximo é transformar essa consciência em passos concretos, em mudança.

Agora que estudamos as inúmeras coisas que não fazemos direito, podemos começar a analisar as nuances do nosso comportamento a fim de achar ferramentas que nos ajudem a construir um futuro melhor. Uma das principais lições da economia comportamental é que mudanças pequenas no ambiente em que vivemos importam. Seguindo essa abordagem, acreditamos que uma compreensão detalhada da fragilidade humana é o melhor primeiro passo para melhorar a nossa tomada de decisões em geral e as decisões financeiras em particular.

Vamos começar procurando saber o que podemos fazer, individualmente, para evitar, corrigir ou mitigar cada erro de avaliação que cometemos.

Ignoramos os custos de oportunidade

Pense nas transações em termos de custos de oportunidade, analisando mais explicitamente o que estamos sacrificando pelo que obtemos. Por exemplo, podemos traduzir reais em tempo – quantas horas ou meses de salário precisamos trabalhar para pagar por algo.

Esquecemos que tudo é relativo

Quando vemos uma liquidação, não deveríamos considerar qual *era* o preço ou quanto estamos poupando. Pelo contrário, devemos considerar quanto realmente iremos gastar. Comprar uma camisa de R$ 60,00 cujo preço normal é R$ 100,00 não é "economizar R$ 40,00"; é "gastar R$ 60,00". Tia Susan nunca embolsou o "desconto" da JCPenney; apenas levou uma camisa feia que dificilmente usaria. Ou melhor, que seu sobrinho nunca usaria.

Quando se trata de compras grandes e complexas, podemos tentar decompor nossos gastos. Ou seja, quando compramos algo com muitas opções – como um carro ou uma casa –, deveríamos julgar cada item adicional em separado.

Devemos tentar não pensar em porcentagens. Quando o dado nos é apresentado em porcentagens (por exemplo, 1% dos ativos administrados), devemos fazer o trabalho extra e descobrir quanto dinheiro realmente está em jogo. O dinheiro no nosso bolso é tangível; existe em valores absolutos: R$ 100,00 são R$ 100,00. Se são 10% de uma compra de R$ 1.000,00 ou 1% de uma de R$ 100.000,00, continuam comprando os mesmos 100 bombons.

Compartimentalizamos

Orçamento pode ser útil, mas lembre-se deste princípio simples: o dinheiro é intercambiável. Cada real é o mesmo. Seja qual for sua origem – nosso emprego, uma herança, um bilhete de loteria, um roubo de banco ou nosso trabalho noturno como baixista de uma banda de rock (não custa sonhar) –, o dinheiro é todo nosso e pertence, na verdade, à conta geral "nosso dinheiro". Se nos vemos desperdiçando certos "tipos" de dinheiro – só porque na nossa mente ele pertence à conta de "bônus" ou "ganhos" –, precisamos parar, pensar e nos lembrar de que é apenas dinheiro. *Nosso* dinheiro.

Ao mesmo tempo, deveríamos nos lembrar de que a contabilidade mental para categorizar nossos *gastos* pode ser uma ferramenta de orçamento útil para quem não consegue fazer cálculos de custos de oportunidade constantes e instantâneos. Ou seja, para todos nós. Por um lado, trata-se de uma ferramenta potencialmente perigosa, porque nos deixa vulneráveis às incoerências na forma como usamos o dinheiro. Mas, por outro lado, se empregada corretamente, pode nos ajudar a permanecer próximos o bastante da maneira como queremos gastar o nosso dinheiro.

Evitamos a dor

A dor do pagamento pode ser a mais ardilosa e terrível de todas as formas como fazemos besteira com o dinheiro. Conservar certa dor do pagamento ao menos nos ajuda a analisar o valor das nossas opções e os custos de oportunidade inerentes. A dor nos ajuda a parar antes de comprar e a pensar se deveríamos ou não gastar dinheiro naquele momento – ajuda-nos a avaliar os custos de oportunidade.

O problema, é claro, é que as pessoas que criam os sistemas de pagamento não compartilham do nosso desejo de desacelerar, analisar alternativas e pensar. Por isso, a melhor solução para a dor do pagamento talvez seja não usar cartões de crédito. Ou talvez a ainda mais simples: "Dê um beliscão em si mesmo sempre que gastar dinheiro para que realmente sinta a dor do pagamento". Mas esse pode não ser um plano financeiro sustentável, já que as contas médicas vão acabar superando as outras despesas.

Ok, sabemos que não é realista parar de usar cartões de crédito de uma hora para outra. Mas deveríamos desconfiar das últimas tecnologias financeiras, especialmente daquelas projetadas para exigir menos do nosso tempo e da nossa atenção e facilitar que nos separemos do nosso dinheiro. Não demorará para que certo tipo de piscadela seja uma opção de pagamento. Não caia nessa.

Confiamos em nós mesmos

Confiar em nós mesmos – em nossos julgamentos, nossas escolhas e reações aos preços que encontramos no passado – costuma ser considerado algo bom. "Confie no seu instinto", o guru da autoajuda apregoa (cobrando caro). Geralmente não é uma boa ideia, em particular no contexto dos gastos. Quando se trata de gastar, confiar em nossas decisões passadas contribui para os problemas de ancoragem, comportamento de manada e coerência arbitrária. Assim, deveríamos questionar números aparentemente "aleatórios", preços sugeridos propositalmente expostos e produtos com preços absurdamente altos. Ao ver um par de sapatos de R$ 2.000,00 ou um sanduíche de R$ 150,00, cuidado com o segundo par ou o segundo sanduíche mais caro.

Além de questionar os preços fixados pelos outros, deveríamos também questionar os preços que nós mesmos fixamos. Deveríamos evitar fazer certas coisas o tempo todo, como beber um *espresso* de R$ 7,00 só porque sempre fizemos isso. De vez em quando, precisamos parar e questionar os hábitos que vimos nutrindo há um tempão. Aqueles que não aprendem com seus próprios históricos de gastos estão fadados a repeti-los. Deveríamos indagar se o café mais caro vale realmente esse custo maior ou se um combo de TV a cabo vale R$ 220,00 mensais, ou se ser sócio de uma academia vale a luta para estacionar o carro só para ficar olhando o celular enquanto enfrentamos uma hora de esteira.

Supervalorizamos o que temos e o que poderíamos perder

Não deveríamos confiar que as reformas da nossa casa irão aumentar o valor de revenda do imóvel. Deveríamos reconhecer que nosso gosto é singular e que outras pessoas podem ver as coisas de forma diferente. Reformar é ótimo, mas é preciso ter em mente que talvez o valor da casa só aumente para nós.

Cuidado com ofertas para testar alguma coisa. Os vendedores sabem que, depois que possuímos algo, valorizaremos mais e teremos mais dificuldade em abrir mão daquilo.

Custos irrecuperáveis, como o próprio nome indica, não conseguem ser recuperados. Se uma quantia é gasta, já era. Passado é passado. Ao tomar decisões, leve em conta apenas onde estamos agora e onde estaremos no futuro.

Preocupamo-nos com esforço e justiça

Existe uma lição simples que todos aprendemos em algum ponto da vida, seja aos 5 anos, ao cairmos de um balanço, ou aos 30, ao sermos preteridos numa promoção: o mundo não é justo. Sentimos muito por isso.

Não devemos perder tempo especulando se algo tem um preço justo. Em vez disso, vejamos quanto aquilo vale para nós. Não deveríamos abrir mão de um ótimo valor – acesso à fechadura de casa, um guarda-chuva durante um temporal, uma corrida de Uber no inverno – só para punir o fornecedor pelo que consideramos injusto. Ele provavelmente não aprenderá a lição e nós ficaremos lá fora na chuva e no frio sem conseguir entrar em casa.

Podemos também estar equivocados ao julgar se um preço é justo e se exigiu ou não um grande esforço. Reconheçamos também que existe valor no conhecimento e na experiência. Chaveiros, artistas, autores de livros sobre dinheiro – o valor do trabalho deles não advém do tempo e do esforço que testemunhamos, mas do tempo e do esforço que dedicaram a desenvolver seu *know-how* durante toda uma vida. Artesãos aperfeiçoaram a arte de fazer seu trabalho parecer fácil, mas não é. De Picasso à criação dos filhos, às vezes os serviços mais difíceis parecem mais simples do que realmente são.

Por outro lado, é bom tomar cuidado para não ser iludido pelo falso esforço. Devemos nos precaver contra o excesso de transparência. Se uma consultoria nos mostra todos os obstáculos que enfrentou para não produzir nada além da conta de R$ 100.000,00, é melhor reavaliar. Se uma página da web não passa de uma barra de progresso e um botão "Pague Agora", melhor continuar pesquisando.

Acreditamos na magia da linguagem e dos rituais

Se a descrição de algo, ou o processo de consumir algo, é prolixo e exagerado, estamos provavelmente pagando pela descrição e pelo processo, ainda que não acrescentem nenhum valor.

Cuidado com a heurística do esforço irrelevante: raramente há motivos para que se pague por um martelo artesanal.

Ao mesmo tempo, lembre-se de que a linguagem e os rituais podem mudar a qualidade das nossas experiências, portanto podemos aceitá-los para aprimorar experiências, desde que estejamos conscientes disso.

Supervalorizamos as expectativas

Expectativas nos dão motivos para acreditar que algo será bom – ou ruim, ou delicioso, ou grosseiro – e mudam nossa percepção e nossa experiência sem alterar a natureza subjacente real da coisa em si. Devemos estar conscientes da origem das expectativas – se é o prazer de sonhos e aspirações ou a atração irrelevante por marcas, inclinações e apresentação. Ou, nas palavras de muitos grandes filósofos e designers gráficos medíocres: "Não julgue um livro pela capa."

Quanto à linguagem e ao ritual, nós – Dan e Jeff – queremos reconhecer, de novo, que as expectativas na verdade podem alterar nossas experiências. Podemos *usar* tais expectativas em nosso proveito ou elas podem ser *usadas* por outros para tirar proveito de nós.

Quando compramos uma garrafa de vinho, podemos querer nos autoinduzir a acreditar que vale R$ 20,00 a mais do que pagamos. Podemos deixar o vinho aerar, servi-lo numa taça elegante, girá-lo e cheirá-lo, sabendo que, com todos esses truques, será uma experiência melhor. Isso é *saber usar* as expectativas.

O que não queremos é comprar uma garrafa de vinho porque alguém nos induziu a gastar R$ 20,00 mais do que deveríamos. Ouvimos o *sommelier* descrever a safra, taninos, prêmios, rótulos, resenhas e toques de fruto de sabugueiro e acreditamos que deve valer um dinheirão. Isso é *ser usado* pelas expectativas.

Qual é a realidade? O sabor do vinho degustado objetivamente como um robô o faria ou será que o sabor inclui as nossas expectativas e todas as influências psicológicas à nossa volta? Na verdade, ambos são realidades. Imagine que existem duas garrafas do mesmo vinho, mas uma tem formato, cor, rótulo e recomendação diferentes. Nossas expectativas podem fazer com que experimentemos essas duas garrafas de modos bem distintos. Uma degustação às cegas – ou uma degustação por um robô – constataria que os dois vinhos têm o mesmo gosto.

Só que não vivemos como robôs cegos. (Bem, não estamos por dentro de tudo que está acontecendo no campo da inteligência artificial e da neurociência, portanto talvez alguns vivam assim, mas a maioria de nós permanece humana.) Não deveríamos desprezar a realidade na qual nossas expectativas podem objetivamente melhorar o prazer de degustar um vinho. Isso acontece. Isso também é real.

É uma escolha entre manipulação e automanipulação. Não queremos ser manipulados involuntariamente ou inconscientemente por outra pessoa, mas, se optamos por ser manipulados ou projetamos um sistema para nós mesmos seguirmos, tudo bem. Todos que já comeram uma refeição de pé em frente à pia da cozinha sabem que a mesma refeição será bem mais agradável se nos sentarmos à mesa da sala de jantar e e nos deixarmos envolver pelo ambiente.

Superenfatizamos o dinheiro

O preço é apenas um dos muitos atributos que sinalizam o valor das coisas. Pode ser o único atributo que conseguimos entender facilmente, mas não é o único que importa. Pense na possibilidade de usar outros critérios, ainda que sejam difíceis de medir. Estamos todos flutuando naquele mar turbulento de incerteza. Não deixe que a ideia de valor de outra pessoa – ou seja, o preço – se torne aquilo a que você se agarra para se salvar. Um preço não passa de um número e, embora possa ser uma parte poderosa de uma decisão, não significa nem deve significar tudo.

Em linhas gerais

Quando não temos nenhuma ideia específica sobre o valor de um item, deveríamos dar uma pesquisada. Procure na internet, investigue, pergunte às pessoas. Com a quantidade maciça de informações disponíveis hoje em dia, não temos desculpa para não nos munirmos de conhecimento. Não precisamos passar uma semana pesquisando o preço de chicletes, mas deveríamos provavelmente pesquisar por umas horas, ou ao menos uns minutos, antes de ir a uma concessionária de veículos.

> **O QUE É PRECISO PARA VOCÊ COMEÇAR A PESQUISAR?**
>
> As concessionárias de veículos têm uma assimetria singularmente grande de informações entre os vendedores (que sabem muito) e o resto de nós (que sabemos muito pouco). Os vendedores de automóveis com frequência se valem dessa lacuna de conhecimentos e, de fato, costumam tirar mais proveito de certos consumidores, especialmente mulheres e minorias.
>
> Portanto, algumas pessoas tendem a se beneficiar mais do que outras quando pesquisam on-line antes de comprar um carro. Quem ganharia mais ao se munir de informações? Os mesmos grupos: mulheres e minorias.
>
> Concessionárias são ambientes comerciais especificamente ardilosos, com muitas armadilhas de preço e valor e distorções culturais, mas a lição aqui é ampla e se aplica de modo geral: sempre que enfrentamos uma situação em que sabemos menos do que os outros e essa lacuna pode ser usada contra nós – o que ocorre em grande parte da vida e com pessoas de todas as crenças –, tendemos a ganhar bem mais quando damos, no mínimo, uma pesquisadinha prévia.[1]

Queremos estar informados. Não apenas sobre nossas compras futuras, mas sobre nós mesmos, nossas tendências e nossos erros envolvendo dinheiro.

15

CONSELHO GRÁTIS

Lembre-se disto: grátis é um preço. É um preço que captura desproporcionalmente a nossa atenção.

Diz o ditado: "Se conselho fosse bom, não se dava, se vendia."

É verdade: Este capítulo custou à editora uma página.

16

CONTROLE-SE

O autocontrole é um assunto que merece atenção especial quando abordamos o modo como pensamos sobre dinheiro. Ainda que consigamos remover as muitas barreiras internas e externas entre nós e uma decisão financeira racional, a falta de autocontrole pode nos derrubar antes de atingirmos a linha de chegada. Podemos ser capazes de calcular o valor correto das nossas opções, mas nossa incapacidade de nos controlarmos acabará nos levando à escolha errada.

Procure sempre se lembrar disto: nossa falta de autocontrole se deve ao fato de desconsiderarmos o futuro – por não estarmos emocionalmente ligados a ele – e também à falta de força de vontade para superar as tentações do presente. Portanto, como podemos aumentar o autocontrole? Conectando-nos com nosso futuro e resistindo à tentação. É claro que é mais fácil falar do que fazer...

DE VOLTA PARA O FUTURO

Pensamos em nosso eu futuro como uma pessoa à parte, por isso poupar para o futuro pode dar a sensação de estar oferecendo dinheiro a um estranho em vez de a nós mesmos.¹ Um antídoto para isso é nos reconectarmos com nosso eu futuro.

Hal Hershfield vem estudando há algum tempo como poderíamos superar essa falha. Em geral, as descobertas resumem-se a uma ideia poderosa: usar ferramentas simples para nos ajudar a imaginar nosso eu futuro de forma mais nítida, específica e palpável.² Pode ser tão simples como uma conversa imaginária com um "eu" mais velho nosso. Ou podemos escrever uma carta à nossa versão mais velha. Podemos também simplesmente pensar sobre quais serão nossas necessidades, nossos desejos, nossas maiores alegrias e nossos piores arrependimentos específicos quando tivermos 65, 70, 95, 100 anos.

Conversar com nosso eu futuro é um passo útil para mudarmos nosso pensamento e desenvolvermos mais força de vontade a fim de resistir à tentação do agora. Não precisamos ter uma conversa sarcástica, negativa – "Ah, não, o meu eu jovem não poupou nada. Agora vivo numa caixa de papelão!". Ela deve ser positiva e útil. Pense em pagar previamente pelas diárias em um ótimo hotel. Na recepção, somos informados de que está tudo pago. Podemos nos dirigir ao eu mais jovem e dizer: "Ei, eu do passado, você é um cara legal por me pagar esse hotel! Que beleza!" Agora imagine essa conversa se, em vez de um quarto de hotel pré-pago, deixamos para nós R$ 500.000,00 num plano de previdência.

Podemos começar com essas conversas, mas devemos também aplicar outros sistemas que ajudem a nos envolvermos mais com nosso eu mais velho. Quanto mais definido, vivo e detalhado for o nosso futuro imaginado, mais palpável ele se tornará e mais cuidaremos de nosso eu futuro, nos conectaremos com ele e agiremos em seu interesse também.

Um meio de nos envolvermos mais é mudar um de nossos ambientes de tomada de decisões mais importantes: o departamento de recursos humanos. O RH, o lugar onde funcionários costumam tomar suas decisões de planos para a aposentadoria, deveria parecer o consultório de um médico ou um retiro para idosos. Ou, ainda melhor, um consultório médico em um retiro para idosos, decorado com potes de balas, baralhos, palavras cruzadas, canecas gravadas com "A melhor Vó (ou o melhor Vô) do mundo" e todos os tipos de coisa que fazem as pessoas lembrar sobre a velhice e pensar a longo prazo. Claro que isso fica mais complicado para os milhões de trabalhadores autônomos no mundo, cujo número continua a crescer, mas talvez possamos decorar a mesa da nossa cozinha para parecer um escritório de RH quando formos tomar decisões sobre aposentadoria.

Um estudo constatou que as pessoas davam mais atenção para o futuro quando descrito por uma data de calendário específica em vez de uma quantidade de tempo. Somos mais propensos a poupar para uma aposentadoria que começará no dia "18 de outubro de 2037" do que para uma que terá início "daqui a 20 anos". Essa simples mudança torna o futuro mais vivo, concreto, real e palpável.[3] É uma mudança fácil que profissionais de RH e consultores de investimentos devem realizar para nos inspirar a poupar mais dinheiro.

Podemos também usar a tecnologia para fazer com que as pessoas se conectem com seu eu futuro de forma literal (e um pouco bizarra). Quando interagimos com versões geradas por computador de nós mesmos mais velhos, poupamos mais.[4] Criamos uma conexão com aquele idoso do futuro. Sentimos empatia e emoção e queremos facilitar a vida dessa pessoa. Quer seja por alguma sensação de altruísmo com os outros ou puro interesse próprio, o resultado é o mesmo: esse indivíduo, esse "eu futuro", merece cuidados.

Esta pode parecer uma trama de filme de ficção científica, mas é uma ideia poderosa: em vez de *imaginar* conversas com nosso eu mais velho, poderíamos realmente ter esses papos. Poderíamos ver e interagir com um eu futuro. Claro que com certeza a gente vai perguntar quais foram os números sorteados na loteria e os resultados dos jogos de nossos esportes favoritos, mas, se isso falhar, ao menos estaremos mais inclinados a reservar mais dinheiro para essa pessoa que agora vemos com bem mais detalhes. E a olhar para nós: poderíamos também querer comer melhor e praticar mais exercícios. E nos hidratarmos, pelo amor de Deus, gente. Vamos lá passar creme na pele.

Claro que a maioria de nós não pode dar uma passeada pelo futuro usando realidade virtual enquanto é descontada das (ou paga as) contribuições para a previdência social, então como podemos democratizar essa ideia de "ver" o nosso eu mais velho? Talvez nossos contracheques ou cartões de crédito devessem conter uma foto do nosso rosto modificado para parecer mais velho. Ou, para explorar nossas aspirações e emoções sobre o futuro, pudéssemos usar fotos do nosso eu mais velho fazendo as maravilhosas coisas possíveis no nosso futuro perfeito: fotos de excursões, férias, passeios com os netos, nossas medalhas de ouro olímpicas, discursos presidenciais... e lançamentos de ônibus espaciais...

AMARRE-ME AO MASTRO

Quando se trata da tomada de decisões financeiras, podemos tentar todo tipo de coisa para fazer nossos eus presente e futuro se comportarem mais em sincronia com nosso autointeresse de longo prazo. Uma solução é usar contratos de autocontrole obrigatórios, ou o que chamamos de *CONTRATOS DE ULISSES*.

Todo mundo provavelmente se lembra da história de Ulisses e as sereias. Ulisses sabia que, se as sereias o chamassem, ele seguiria suas vozes até a própria morte e a de seus marinheiros, como ocorrera com tantos antes dele. Ele queria ouvir as sereias, mas, percebendo que não conseguiria resistir aos compassos mitológicos, pediu aos marinheiros que o amarrassem no mastro da embarcação. Assim, poderia ouvir o canto delas sem ceder ao desejo de segui-las. Além disso, pediu aos marinheiros que tapassem com cera os próprios ouvidos para não ouvirem as sereias ou os pedidos delas para que o libertassem do mastro e, assim, não fossem tentados a navegar para a morte. Funcionou. O navio sobreviveu.

Um "contrato de Ulisses" é um sistema pelo qual criamos barreiras contra a tentação futura. Não nos concedemos nenhuma escolha. Eliminamos o livre-arbítrio. Infelizmente, os contratos de Ulisses raramente vêm acompanhados de canções espetaculares, mas, por outro lado, raramente envolvem lançar o nosso navio contra rochas escarpadas.

Os contratos de Ulisses financeiros comuns incluem coisas como limites prefixados para nossos cartões de crédito, usar apenas cartões de débito pré-pagos ou mesmo cancelar todos esses cartões e usar somente dinheiro vivo. Outro desses pactos tem um nome decididamente não homérico: plano de previdência privada.

O contrato de Ulisses de um plano de previdência privada é uma estratégia irracional, mas de grande eficácia. A abordagem mais racional à poupança de longo prazo é aguardar o fim de cada mês, verificar nossas contas e despesas e, nesse ponto, decidir quanto é possível poupar. Mas claro que, se seguirmos essa estratégia de fim de mês, todos sabemos o que ocorrerá: jamais pouparemos, exatamente como Rob Mansfield com suas motocicletas e sua casa cheia de equipamentos eletrônicos. Então o que fazemos? Escolhemos uma estratégia irracional – nos comprometendo previamente com um tipo e uma quantidade de poupança, ainda que não saibamos de quanto dinheiro disporemos ou precisaremos a cada mês. Ao menos estamos reconhecendo nossas falhas no autocontrole e executando uma ação que nos ajudará a tomar as decisões que gostaríamos de tomar todo mês. O plano de previdência privada (e outros instrumentos semelhantes) com certeza não é a estratégia ideal, mas é melhor do que não fazer nada. O importante é que essa abordagem depende de uma decisão simples e única que funciona para nós no longo prazo: só precisamos superar a tentação uma vez em vez de 12 vezes ao ano. Superar um desafio é bem difícil; superar 12 é bem pior. Reduzir a tentação é um bom meio de tomar decisões melhores.

Tornar as contribuições para aposentadoria e poupança a opção automática e padrão, obrigando-nos a optar ativamente por *parar* de poupar, é outra abordagem inteligente. Além de eliminar os problemas mensais previsíveis de equilibrar a poupança para o futuro com as tentações e necessidades do presente, eliminamos também até a barreira da inscrição única e inicial.

Se aderimos a um plano de previdência (seja empresarial ou pessoal), a inércia e a nossa inclinação à preguiça operam a nosso favor, aumentando nossa tendência a não mudar nada e poupar para a aposentadoria antes de qualquer coisa. Mais tarde, nos ajudam a permanecer no plano, pois o esforço requerido para aderir é suficiente para superar qualquer barreira real a começar a poupar. O conceito de aderir a um plano de previdência contraria o pensamento econômico tradicional – de que deveríamos, e sempre podemos, tomar decisões informadas e racionais –, mas está alinhado com o caminho humano tortuoso da ciência comportamental.

Quando Rob tinha uns 20 anos e era funcionário de uma empresa, o RH lhe deu a opção de contribuir sistematicamente, o que ele resolveu *não* fazer. Mas e se tivesse sido incluído automaticamente? Provavelmente não teria agido de modo a cancelar a contribuição. A opção padrão, combinada com a preguiça e a inércia, teria feito uma imensa diferença para a poupança de longo prazo de Rob.

Esses tipos de plano de poupança automático – para aposentadoria, faculdade, assistência médica e assemelhados – se apoderam das armadilhas psicológicas que tornam os gastos automáticos tão preponderantes (como a dor do pagamento e a contabilidade mental maleável) e as utilizam para nosso benefício. Poupança automática *versus* gasto automático: *sabemos* qual dessas opções é melhor, mas, quando a iniciativa é só nossa, nem sempre a escolhemos.

Os contratos de Ulisses para poupanças realmente funcionam. Um estudo de Nava Ashraf, Dean Karlan e Wesley Yin descobriu que um grupo de participantes que restringiu suas contas bancárias – ou seja, que optou por ter dinheiro automaticamente depositado em uma conta de poupança – aumentou o saldo de sua poupança em 81% no período de um ano.[5]

Outro estudo deu ênfase à reserva automática de uma porção de todos os *aumentos de salário futuros*. Ou seja, as pessoas concordaram em reservar uma porção de seus aumentos futuros para poupança. Seus rendimentos atuais não foram afetados e continuaram recebendo aumentos futuros, e, ao receberem, esses aumentos foram apenas um pouco menores. Essa prática também funcionou para aumentar a poupança. Trata-se de outro ótimo exemplo de empregar nossos defeitos psicológicos – nesse caso, a tendência ao status quo e ao desejo de não mudar nada – para superar outro: nossa falta de autocontrole.[6]

O processo de alocação é outra forma de nos comprometermos previamente com a poupança e nos encorajarmos a cumprir os nossos planos. A alocação – designar quantias específicas de dinheiro para certas contas reais e mentais – pode funcionar a nosso favor quando é uma decisão proativa, intencional (em contraste com as escolhas não intencionais, de reação automática, já discutidas, que causam problemas). A alocação pode impedir que usemos o dinheiro para todos os outros propósitos – especialmente aqueles em que não planejamos gastar desde o princípio. Podemos alocar dinheiro dividindo-o entre contas bancárias separadas ou – como mencionamos no capítulo sobre compartimentalização – depositando nosso gasto semanal discricionário num cartão de débito pré-pago. Essas ações nos lembram das regras que fixamos e nos ajudam a permanecer "responsáveis".

Podemos nos manipular ainda mais com truques emocionais, como usar a maior arma da natureza: a culpa. Um estudo de Dilip Soman e Amar

Cheema descobriu que, se o dinheiro alocado fosse rotulado com os nomes dos filhos, as pessoas tendiam a empregá-lo de modo desfavorável com menos frequência do que se as crianças tivessem sido deixadas fora do processo.[7] Sim, é isso mesmo: envelopes cheios de dinheiro rotulados com os nomes dos filhos dos participantes fizeram com que os pais gastassem menos e, em consequência, poupassem mais.

Poderíamos também cogitar o uso do mais supremo dos contratos de Ulisses no âmbito financeiro. Ulisses foi amarrado ao mastro. E se pegássemos a analogia de amarrar e punir e levássemos adiante, criando um banco da disciplina com uma dominadora como logotipo? Esse banco tiraria todas as decisões financeiras possíveis das nossas mãos. Nosso empregador enviaria o nosso cheque ao banco da disciplina. O banco pagaria nossas contas e receberíamos uma mesada semanal. O dinheiro seria restringido. Não poderíamos fazer tudo que quiséssemos com ele, pois seria reservado para usos específicos, e o gerente do banco mudaria as regras da forma que julgasse conveniente. Se sacássemos da conta além do limite ou violássemos de algum outro modo as nossas diretrizes prefixadas, seríamos punidos, porque nos comportamos mal, muito mal. Uau, por que não combinar isso com uma ideia anterior e adotar como logotipo do banco uma foto de uma dominadora abusando de uma versão mais velha da gente gerada por computador? Estamos certos de que isso levaria as pessoas a fazer... algo... com seu dinheiro.

Claro que não queremos que esse banco exista de verdade – qualquer que seja o logotipo –, mas passa por nossas cabeças se curtiríamos melhor a vida sem precisarmos nos preocupar o tempo todo em gerir nosso dinheiro. E se delegássemos a maioria das nossas decisões e responsabilidades a um sistema, uma só vez, e então o sistema administraria o dinheiro para nós? Curtiríamos a vida um pouco mais? Teríamos menos liberdade, mas também menos preocupações. Achamos que sim, porém não temos certeza, portanto, para testar, envie o seu dinheiro todo para a gente e veremos o que podemos fazer. (É brincadeira. Não nos envie *todo* o seu dinheiro.)

Deveríamos observar que os contratos de Ulisses são ferramentas extremamente úteis para nos ajudar a evitar tentações em quase todas as outras partes da nossa vida. Os alunos de graduação de Dan contam para ele que, durante a semana de provas, entregam seus computadores a um amigo.

Pedem ao amigo que troque suas senhas no Facebook para que não possam se conectar antes do fim do período de provas. Talvez pudéssemos bolar um contrato de Ulisses literal, no qual cada vez que cedermos à tentação, teremos que ler a *Odisseia* de Homero, o poema épico sobre Ulisses. No original em grego antigo.

RECOMPENSAS

Outro meio de combater problemas de autocontrole é por uma *SUBSTITUIÇÃO DA RECOMPENSA*. Lembre-se de que um dos nossos desafios é que valorizamos uma recompensa no futuro – dois marshmallows, uma caixa inteira de chocolates – bem menos do que recompensas no presente, ainda que as recompensas no presente (um marshmallow, meia caixa de chocolates) sejam bem menores. E se tentássemos contornar nossa incapacidade de nos motivarmos com recompensas futuras substituindo-as por outro tipo de recompensa presente? Assim a balança penderia para um autocontrole maior?

Dan teve uma experiência particularmente relevante sobre uma questão de saúde. Quando adolescente, ele foi hospitalizado com queimaduras graves. Durante a longa hospitalização, contraiu hepatite C. Mais tarde, foi informado de que a Administração Federal de Alimentos e Medicamentos (Food and Drug Administration – FDA) estava testando um medicamento novo nos Estados Unidos, o interferon, com que poderia se tratar. Dan aderiu ao estudo, que infelizmente requeria que tomasse injeções desagradáveis três vezes por semana por um ano e meio. Após cada injeção, passava bem mal – com tremedeira, febre, vômitos – por uma noite inteira. Se completasse o tratamento, isso reduziria a chance de que contraísse cirrose hepática 30 anos mais tarde... no entanto, precisaria sofrer de noite. Eis um exemplo de sacrifício no presente para alcançar ganhos no futuro de forma bem clara e extrema.

Dan seguiu em frente e completou o tratamento. Mais tarde descobriu que foi o único paciente que aceitou se submeter àquele horrível regime médico. Ele não conseguiu persistir no plano por ser algum tipo de super-homem ou por ser melhor do que nós, mas porque entendeu a substituição da recompensa.

Sempre que precisava tomar o medicamento, entretinha-se alugando um filme. Chegava em casa, era medicado e na mesma hora começava a assistir ao filme altamente aguardado, bem antes que os efeitos colaterais desagradáveis se manifestassem. Ele associava algo desagradável – a injeção – a algo agradável: o filme. (De tempos em tempos, pegava comédias românticas ruins, que o deixavam ainda pior. Publicaremos *Os melhores filmes da Lista de Dan para superar a náusea* em futuro próximo.)

Dan não se preocupou em conectar-se com seu eu futuro. Não se concentrou nos benefícios de viver uma vida mais saudável. Aqueles benefícios futuros, ainda que empiricamente importantes, não podiam competir com os custos presentes dos efeitos colaterais horríveis. Em vez de entender a importância de cuidar do próprio futuro, ele mudou seu ambiente presente. Deu a si mesmo uma razão menos importante, no entanto bem mais imediata e tangível (os filmes), para perseverar no sacrifício atual. Em vez de dar ênfase ao motivo mais importante, só que menos tangível (livrar-se da hepatite C), para o sacrifício, Dan deu destaque a algo bem menos importante (um filme), porém imediato. Trata-se de um caso típico de substituição da recompensa.

Talvez pudéssemos fazer com que as pessoas gastassem de modo mais inteligente e poupassem com mais frequência se oferecêssemos substituições de recompensa a seus comportamentos racionais. Alguns estados americanos estão fazendo exatamente isso ao oferecer sorteios para pessoas que aplicam dinheiro em contas de poupança.[8] Cada depósito é saudado com um bilhete que oferece uma pequena chance aos participantes de ganhar uma quantia adicional de dinheiro. Esses planos de poupança baseados em sorteios funcionam. E são mais um exemplo da substituição da recompensa.

★ ★ ★

Existem, sem dúvida, várias outras formas de combater problemas de autocontrole em muitas situações diferentes. No mínimo, precisamos estar conscientes de que nossa falta de autocontrole sempre representa um obstáculo ao sucesso mesmo daqueles sistemas de tomada de decisões financeiras brilhantes que dissecaremos nas próximas páginas.

17

NÓS CONTRA ELES

Algumas páginas atrás, discutimos dicas para neutralizar alguns dos nossos muitos lapsos mentais envolvendo dinheiro. Deveríamos reconhecer, porém, que saber como *deveríamos* mudar nossos comportamentos e de fato mudá-los são coisas bem diferentes. Isso é especialmente verdadeiro com o dinheiro, pois, além de combatermos nossas tendências, também combatemos um ambiente financeiro que o tempo todo procura nos fazer cair na tentação de tomar decisões ruins. Vivemos em um mundo onde forças externas querem algo de nós a todo momento – nosso dinheiro, nosso tempo, nossa atenção –, o que torna difícil pensar racionalmente e agir com sabedoria.

Por exemplo, sabemos que, enquanto os financiamentos imobiliários eram descritos apenas com base na taxa de juros, as pessoas podiam descobrir facilmente qual deles era o melhor negócio, ou seja, 9,5% ao ano é menos do que 10,25%. (Mesmo assim, as pessoas não passam muito tempo tentando obter financiamentos mais baratos. Muitas não entendem que mesmo uma redução minúscula na porcentagem dos juros – como de 9,5% para 9,3% ao ano – resulta numa bela economia a longo prazo. É claro que a correção contratual do saldo devedor por um índice oficial de inflação complica ainda mais nossa avaliação e tomada de decisão.)

Mas, quando os agentes dos financiamentos imobiliários acrescentam um sistema de pontos às suas opções – por exemplo, poderíamos pagar uma entrada de, digamos, R$ 50.000,00 para reduzir nossas prestações em, digamos, 0,25% –, nossa capacidade de comparar as ofertas sucumbe por completo. Subitamente o cálculo vai de uma dimensão (porcentagens) para duas dimensões (entrada e porcentagens), e, nesse ambiente de decisão ligeiramente mais complexo, cometemos mais erros.

Ora, você poderia dizer: "Ah, tudo bem. Analisar coisas complexas é difícil." Verdade. Mas os agentes de financiamentos imobiliários conhecem muito bem nossas dificuldades em calcular valores quando as opções possuem várias dimensões. E justamente por causa disso é que os financiamentos estão disponíveis com cada vez mais opções. Eles são apresentados como "escolhas do consumidor" e descritos como se nos fornecessem a oportunidade de tomar decisões informadas; porém, claro, ter mais informações e opções significa que fica mais fácil cometer mais erros. Trata-se de um sistema criado não para ajudar, mas para agravar nossos equívocos financeiros.

Assim, a luta para aprimorar o processo de tomada de decisões financeiras não é apenas contra nossas falhas pessoais. É também contra sistemas projetados para agravar essas falhas e tirar vantagem de nossas deficiências. De qualquer modo, devemos reagir mais enérgica e racionalmente. Precisamos, individualmente, adaptar nossos processos de pensamento para refletir de modo mais inteligente sobre como gastamos nosso dinheiro. E, como sociedade (pressupondo que queremos que as pessoas à nossa volta tomem decisões financeiras melhores), precisamos também projetar sistemas compatíveis com a forma como pensamos sobre o dinheiro, para que nossas escolhas beneficiem a nós e à sociedade, não àqueles que podem explorar e abusar do nosso pensamento falho.

Por isso, quanto mais entendermos nossas falhas e limitações atuais, mais bem equipados estaremos para lidar com elas amanhã. Ninguém consegue prever o futuro: nem sobre nossos investimentos, nossa saúde e nossos empregos, nem sobre eventos mundiais, presidentes-celebridade e robôs bebedores de vinho.

O que sabemos é que o futuro tornará nossas decisões de gasto ainda mais desafiadoras. Do Bitcoin ao Apple Pay, *scanners* de retina, preferências da Amazon e entregas via *drone*, cada vez mais sistemas modernos são projetados para fazer com que gastemos mais, com mais facilidade e maior frequência. Estamos num ambiente ainda mais hostil à tomada de decisões ponderadas, fundamentadas e racionais. E, por causa dessas ferramentas modernas, ficará ainda mais difícil fazer escolhas que sirvam a nossos melhores interesses de longo prazo.

A TENTAÇÃO DA INFORMAÇÃO

Agora que sabemos que muitos interesses comerciais estão atrás do nosso tempo, do nosso dinheiro e da nossa atenção, podemos achar que existe algo que possamos fazer a respeito. Afinal, acreditamos que somos seres lógicos e racionais. Assim, se dispusermos das informações certas para tomarmos boas decisões, será que não tomaremos as decisões certas?

A gente come demais? Então basta fornecer informações sobre as calorias que tudo se resolverá. Não poupamos o suficiente? É só começar a usar uma calculadora da aposentadoria e acompanhar o crescimento das nossas contas de poupança. Mandamos mensagens de texto enquanto dirigimos? É só mostrar para todo mundo os perigos envolvidos. Os jovens abandonam a escola? Os médicos não lavam as mãos antes de atender seus pacientes? Basta explicar aos jovens por que deveriam permanecer na escola e aos médicos por que deveriam lavar as mãos.

Infelizmente, a vida não é tão simples assim. A maioria dos problemas da vida moderna não se deve à falta de informações, o que explica por que nossas repetidas tentativas de melhoria do comportamento não dão resultado mesmo quando fornecemos informações adicionais.

Estamos num ponto de inflexão interessante na história, um ponto em que a tecnologia pode funcionar contra nós ou a nosso favor. Atualmente, grande parte da tecnologia financeira vem operando contra nós, porque a maioria é projetada para nos levar a gastar mais e mais rápido em vez de menos e mais tarde. A tecnologia também é projetada para fazer com que pensemos menos no gasto e com que a gente caia mais em tentação. Se contarmos apenas com nossos instintos e a tecnologia sempre disponível, ficamos à mercê de um número esmagador de mecanismos que nos influenciam a tomar a tentadora decisão de curto prazo repetidas vezes.

Por exemplo, a carteira digital é promovida como o auge da evolução do consumo moderno. Livres de ter que carregar dinheiro vivo, podemos ser flexíveis, poupar tempo e nos concentrar menos na gestão do nosso dinheiro, enquanto somos munidos de dados para nos ajudar a analisar nossos gastos passados. Parece uma era utópica de euforia tecnológica. As filas serão curtas, as assinaturas serão mais rápidas, o acesso a produtos e serviços e a fruição deles serão mais fáceis, dinâmicas e sem atrito. O estorvo do pagamento será eliminado e mergulharemos em uma nova era pós-dinheiro de felicidade financeira.

Mas não tão rápido. Mais provavelmente, essas ferramentas financeiras modernas agravarão ainda mais nosso comportamento consumista e gastaremos demais, fácil demais, impensadamente demais, rápido demais, com frequência exagerada. Esse futuro parece brilhante se formos um advogado ou cobrador, mas, para a maioria de nós, esse brilho todo surge mesmo é das chamas consumindo nossa carteira.

Não precisa ser assim.

Um número crescente de pessoas reconhece que a tecnologia projetada para tornar os gastos "mais fáceis" não os tornam necessariamente "melhores". Elas estão começando a pensar não apenas em ajustar seus comportamentos, mas em mudar seus ambientes financeiros, suas ferramentas financeiras e seus padrões financeiros.

Devemos ampliar nosso conhecimento projetando sistemas, ambientes e tecnologias que nos ajudem em vez de tecnologias que nos levam para o caminho da tentação financeira. Podemos empregar os mesmos comportamentos e tecnologias que nos prejudicam para nos beneficiar. Virá-los de ponta-cabeça. Usar nossas peculiaridades a nosso favor.

Como podemos transformar o ambiente financeiro? Como é possível criar sistemas que sejam o oposto do Apple Pay e do Android Pay – ou seja, em vez de tornar os gastos mais descuidados, como podemos nos ajudar a pensar mais claramente a respeito? Não apenas agindo *após* terminar algo, como, por exemplo, criando um sistema contábil que registre nossas despesas depois de contraídas, mas desenvolvendo um sistema que nos ajude *antes* de tomarmos decisões financeiras? Como? Repensando como as ferramentas de pagamento deveriam funcionar para quem realmente somos: pessoas com tempo, atenção e capacidade cognitiva limitados e várias peculiaridades. Ao começar a entender o que conseguimos ou não fazer bem, podemos projetar instrumentos de gastos e poupança capazes de nos ajudar de fato.

Esperamos que este livro, as falhas humanas que ele expõe e o punhado de meios de usar essas falhas em nosso benefício inspirem todos nós a dar os próximos passos e a desenvolver tais ferramentas.

A PSICOLOGIA DOS APPS

Vejamos o mundo dos "apps", ou aplicativos. Desconhecidos uma década atrás, são agora os martelos e as chaves de fenda atuais. São ferramentas projetadas para entreter, educar e cativar. Se os apps podem nos ajudar nos quesitos da boa forma física e do bem-estar mental, por que não na boa forma financeira e no bem-estar fiscal também?

E se, para acompanharmos os custos de oportunidade, desenvolvêssemos um app que nos ajudasse a fazer uma série de comparações e cálculos o tempo todo? Poderia automatizar a comparação: pensando em sapatos de R$ 300,00? *Plim!* Bem, são dois ingressos de cinema para você e sua cara-metade, com pipoca durante e jantar e vinho após o filme. Quer investir na aparência ou na experiência?

Para gerir os bons e maus aspectos da contabilidade mental, que tal apps que criem categorias e limites de gastos e depois ofereçam alertas quando um limite de uma categoria se aproxima?

Com o intuito de combater a aversão à perda, talvez possamos desenvolver um app que calcule o valor esperado das nossas escolhas independentemente de se a escolha está atualmente enquadrada como um ganho ou prejuízo. Quer vender sua casa? Talvez o app possa ajudá-lo a fixar o preço certo e superar seu apego subjetivo a ela.

Essas são apenas algumas ideias iniciais. O conceito promissor é que os mesmos smartphones que levamos conosco a toda parte poderiam não apenas nos distrair e nos fazer cair em tentação, mas também fornecer ferramentas para tomarmos melhores decisões em tempo real. Existem vários programadores por aí prontos para ajudá-lo a desenvolver suas ideias e transformá-las em bons projetos.

EXCESSO DE ALGO BOM

Existe um grupo crescente de pesquisas mostrando que o excesso de informações pode impedir a mudança de comportamento.[1] Com apps monitorando o sono, a frequência cardíaca, as calorias, os exercícios, os passos, a quantidade de degraus de escada e a respiração – sem falar no monitoramento de gastos, uso da internet e outros comportamentos –, vivemos em uma era de quantificação pessoal. Podemos saber instantaneamente quanto de tudo estamos fazendo, já fizemos e deveríamos fazer. Embora seja ótimo dispor dessas informações, o excesso de dados pode, na verdade, reduzir o prazer obtido mesmo de atividades saudáveis, como exercício físico, sono, dieta e poupança. À medida que os dados se acumulam e que precisamos fazer um esforço para medi-los, acompanhá-los e pensar neles, as próprias atividades podem deixar de ser "estilo de vida" e se tornar "trabalho". Com isso, nossa motivação para nos envolvermos nessas atividades saudáveis diminui. Assim, ainda que os dados devessem nos ajudar a entender o que *deveríamos* fazer, o excesso derrota nosso desejo de fazer algo em relação a eles.

Como com todas as coisas – do vinho e do sorvete à tecnologia e a sonecas –, moderação é o segredo. Sim, mesmo vinho e sorvete deveriam ser consumidos com moderação. (Não queríamos incluir essa frase, mas nossos advogados e médicos insistiram.)

RASPE E GANHE

Como as carteiras eletrônicas atuais fazem com que fiquemos menos conscientes da dor do pagamento, num esforço para que aumentemos os *gastos*, poderíamos nos empenhar em ter mais *consciência* sobre nossos gastos, o que aumentaria nossa dor do pagamento, o que, por sua vez, reduziria os gastos e elevaria o montante da *poupança*.

Não pensamos em poupar dinheiro com muita frequência. Quando enfim refletimos sobre isso, nossos pensamentos raramente nos levam a economizar. Para testar até onde o projeto de carteiras digitais poderia influenciar o comportamento, Dan e seus colegas realizaram um experimento em larga escala com milhares de clientes quenianos de um sistema via celular para economizar dinheiro. Alguns participantes receberam duas mensagens de texto por semana: uma no início da semana para lembrá-los de poupar e outra no final da semana com um resumo de sua poupança. Outros participantes receberam lembretes ligeiramente diferentes, enviados como se viessem de seus filhos, pedindo que poupassem para o "nosso futuro".

Quatro outros grupos foram subornados (em linguagem formal, "financeiramente incentivados") para poupar. Os integrantes do primeiro desses grupos obtiveram um bônus de 10% pelos primeiros 100 xelins que pouparam. Os do segundo grupo obtiveram um bônus de 20% pelos primeiros 100 xelins que pouparam. Os do terceiro e quarto grupos obtiveram os mesmos bônus de 10% e 20% pelos primeiros 100 xelins poupados, porém com a aversão à perda. (Nessas condições, os pesquisadores depositaram a quantia plena do bônus – 10 ou 20 xelins – em suas contas no início da semana. Os participantes foram informados de que receberiam o bônus com base em quanto pouparam e que o montante do bônus não poupado seria retirado de suas contas. Financeiramente, aquela abordagem da aversão à perda foi semelhante ao bônus normal no final da semana, mas a ideia foi que sentir o dinheiro deixando suas contas seria doloroso e faria com que os participantes aumentassem sua poupança.)

Um conjunto final de participantes recebeu aquelas mesmas mensagens de texto mais uma moeda de cor dourada com os números 1 a 24 gravados nela, para indicar as 24 semanas de duração do plano. Pediu-se àqueles participantes que deixassem a moeda num local visível em sua casa e raspassem com uma faca o número daquela semana para indicar se haviam poupado ou não.[2]

Ao final de seis meses, o comportamento cujo desempenho superou espetacularmente todos os outros foi – que rufem os tambores! – o da moeda. Todos os demais resultaram em um pequeno aumento da poupança, mas aqueles que receberam a moeda pouparam cerca do dobro dos que receberam apenas mensagens de texto. Você poderia pensar que o vencedor teria sido o bônus de 20% ou talvez o bônus de 20% com aversão à perda – e foi isso que a maioria das pessoas previu como o meio mais eficaz de induzir as pessoas a poupar –, mas estaria equivocado.

Como uma simples moeda fez uma diferença tão substancial no comportamento das pessoas? Não se esqueça de que os participantes receberam lembretes por meio de mensagens de texto para que poupassem. Quando você leva em conta a quantia que as pessoas pouparam em diferentes dias da semana, os resultados mostram que a moeda não surtiu efeito nos dias em que as pessoas receberam lembretes – seu maior impacto foi nos outros dias. A moeda dourada fez com que o ato de poupar se destacasse ao causar uma mudança nas coisas em que as pessoas estavam pensando no seu dia a dia. De tempos em tempos reparavam na moeda dentro de casa. Ocasionalmente a tocavam, conversavam sobre ela, estavam conscientes de sua presença. Ao estar fisicamente presente, a moeda trouxe a ideia de poupar, e com ela o ato de poupar, às vidas diárias dos participantes. Não o tempo todo, mas em certos momentos, e isso foi o suficiente para levá-los a agir e a fazer a diferença.

Esse é um ótimo exemplo de como nosso pensamento sobre dinheiro e nossas deficiências podem ser usados em nosso benefício. *Deveríamos* reagir com mais veemência ao método que maximiza o nosso dinheiro – um bônus por termos poupado, bônus que significa dinheiro grátis –, mas não reagimos. Somos mais influenciados por algo que molda nossa memória, nossa atenção e nosso pensamento, como a moeda. Em vez de lamentar esse fenômeno, que pode ser caracterizado com um distúrbio da personalidade financeira, podemos projetar sistemas que nos forneçam o equivalente a essa moeda em muitas áreas da vida para nos motivar a poupar mais.

MOSTRANDO VALOR

Podemos tomar essa ideia básica – de que uma representação física da poupança a torna mais evidente para o poupador – e estendê-la à comunidade como um todo, tentando ajustar valores sociais e delicadamente pressionando as pessoas a poupar em vez de consumir.

Com frequência avaliamos o nível apropriado de gastos observando o que nossos colegas e vizinhos estão fazendo – ao dar uma espiada nas casas, nos carros e nas férias deles. Essas são coisas que podemos ver. As poupanças, por outro lado, não são observáveis. Sem nos intrometermos ou contratarmos espiões ou hackers, não sabemos quanto nossos colegas ou amigos poupam para a aposentadoria. Só sabemos, em geral, quanto gastam com roupas novas, reforma de cozinha e carros. Por conta da nossa percepção, sentimos uma pressão social para "competir com os vizinhos" nos gastos, mas não na poupança invisível.

Vejamos outras culturas. Em alguns lugares na África, as pessoas poupam comprando mais cabras. Se estamos bem de vida, temos mais cabras em nossa propriedade e todo mundo sabe quantas temos. Existem outros lugares onde os habitantes poupam comprando tijolos, empilhando-os diante de suas casas até terem juntado o suficiente para construir outro cômodo. Nesse caso, também, os outros sabem quantos tijolos cada um tem.

Quando se trata de poupança, não existe nada semelhante na nossa cultura digital moderna. Ao depositarmos dinheiro em uma conta de poupança para a faculdade ou um fundo de aposentadoria, não obtemos uma fanfarra de trompetes ou um conjunto mais brilhante de lâmpadas natalinas. Quando compramos um presente para nossos filhos, eles sabem disso e podem se sentir gratos. Não é o que ocorre quando depositamos dinheiro na conta de poupança para a faculdade.

Então, como dar visibilidade a essas "coisas invisíveis", não apenas para que nossos bons comportamentos sejam reconhecidos, mas também para iniciar um diálogo sobre poupança entre as famílias e comunidades de modo a obtermos o apoio dos outros para os sacrifícios financeiros que visam o futuro; sacrifícios que geralmente são feitos quase em silêncio e segredo? Como?

Quando os americanos realizam o dever cívico na urna, eles obtêm um adesivo que diz "Eu votei". Quando a democracia recentemente chegou a países como Iraque e Afeganistão, cidadãos orgulhosamente erguiam seus dedos manchados de tinta púrpura como sinal de participação. Poderia haver algo semelhante para a tarefa de poupar? Algo para mostrar quais tipos de conta abrimos a fim de poupar para nós e nossos filhos?

Poderíamos ganhar adesivos quando tivéssemos poupado mais de 15% da nossa renda? Pequenos troféus? Grandes estátuas? Cifrões escarlates em nossas lapelas e nossos lares? Seria de mau gosto instalar um desses termômetros enormes na frente da nossa casa marcando cada etapa de poupança, mas não há dúvida de que, se o fizéssemos, todos pouparíamos mais. Até que tais medidores se tornem culturalmente aceitáveis, será que poderíamos começar a celebrar quando quitamos nossa dívida de financiamento imobiliário ou as prestações do carro? Em vez de uma festa de debutante, seria uma festa de como juntei dinheiro para enviar meu filho à faculdade.

Essas ideias podem não ser viáveis, mas o princípio de tornar visíveis as coisas invisíveis é algo que deveríamos desenvolver. Podemos começar encorajando conversas sobre o que é razoável poupar, de modo a competirmos não apenas por carros maiores, mas também por poupanças mais polpudas.

ESTÁ VENDO QUE PESSOA BOA EU SOU?

Os benefícios de exibirmos nossas sábias decisões e escolhas altruístas não se confinam ao mundo das finanças. Enaltecer bons comportamentos poderia ser útil em outras partes da nossa vida também.

Vamos pegar o aquecimento global como exemplo. Sem contar o fato de separarmos o lixo para reciclagem e nos revoltarmos lendo as notícias de vez em quando, poucos de nós fazem sacrifícios pessoais com regularidade em prol do futuro do planeta. E se usássemos a substituição de recompensa para exibir o valor de tais decisões? Poderíamos, basicamente, induzir as pessoas a fazer a coisa certa pelas razões erradas? Bem... sim. Poderíamos e fazemos.

Pense no Toyota Prius e no Tesla. Esses carros com motor elétrico, menos poluente, permitem que motoristas passem às demais pessoas a mensagem de quão generosos, maravilhosos, cuidadosos e melhores do que os outros eles são. Quem possui um Prius ou Tesla pode sorrir, olhar para si e pensar: "Eu sou uma pessoa boa." Pode também mostrar ao mundo que tomou essa decisão e acredita que os outros olham para ele e seu carro e dizem: "Nossa, que pessoa boa deve estar dirigindo essa obra-prima sustentável!" A recompensa direta do combate ao aquecimento global pode não ser suficiente para todos, mas, se combinada com essa massagem egocêntrica, talvez leve mais pessoas a se preocuparem com a elevação do nível dos oceanos por um ou dois dias.

O FUTURO DAS CRIANÇAS

Pesquisas mostram que, quando os pais abrem uma conta de poupança para a faculdade dos filhos, estes se saem melhor na vida. Alguns estados americanos estão combinando essa descoberta com outra igualmente importante: a de que, se pessoas pobres recebem alguns ativos, elas começam a poupar e têm futuros financeiros melhores. O efeito dotação, a aversão à perda, a contabilidade mental e a ancoragem são alguns dos mecanismos que contribuem para esses resultados positivos.

As contas de desenvolvimento infantil* existentes nos Estados Unidos são contas de poupança ou investimento visando o desenvolvimento a longo prazo. Esses planos fornecem aos novos pais e mães uma conta de poupança automática para a faculdade, com um saldo inicial de US$ 500,00 ou US$ 1.000,00, o recebimento de parcelas – advindas de fontes públicas ou privadas – de valores correspondentes ao investimento próprio na poupança, extratos de contas, informações frequentes sobre faculdades e lembretes para continuarem poupando para esse fim.

Por que esses planos funcionam? Por muitas das mesmas razões pelas quais aqueles 100 xelins funcionaram na África. Além de ajudar as famílias a poupar dinheiro, essas contas atuam sobre nós em um nível psicológico. Lembram a pais e filhos que a faculdade é algo que pode ser alcançado, talvez até previsto, na vida e que poupar para ela é importante. Os extratos permitem que as famílias fiquem cientes do crescimento dos ativos. Além disso, as crianças que sabem que têm a capacidade e as ferramentas para cursar uma faculdade ficam mais confiantes, mais concentradas e mais orientadas para atingir essas metas futuras. E finalmente, essas crianças e seus pais se tornam mais predispostos a desenvolver expectativas e uma identidade em torno do conceito de ir para a faculdade.[3]

As contas de desenvolvimento infantil são mais um exemplo de um ambiente financeiro intencionalmente projetado que valoriza a poupança e a mentalidade que a acompanha. Essas contas estimulam as pessoas a poupar, fornecem uma sensação de participação e as ajudam a superar o medo de ter que abrir mão de uma quantia de dinheiro no presente, realçando o

---

* *Child development accounts* (CDAs), contas de poupança especiais visando o futuro dos filhos. (*N. do T.*)

valor de longo prazo de suas metas. Tudo isso, ainda que ligeiramente, faz com que a psicologia do dinheiro funcione a nosso favor.

ESCONDENDO DINHEIRO DE NÓS MESMOS

A maioria das pessoas vive com uma renda fixa – salário, aposentadoria, pensão, etc. – e certo nível de despesas fixas – moradia, transporte, alimentação e por aí vai. A sobra (diferença positiva entre receita e despesas fixas) é o que chamamos de dinheiro "discricionário". Deveríamos nos sentir à vontade gastando parte dessa quantia discricionária, mas também é recomendável evitar usar parte dele e, em vez disso, reclassificá-lo como poupança, gasto postergado ou fundo para emergências.

O método que usamos para definir qual parte do nosso dinheiro discricionário vai para qual categoria – "fácil de gastar" ou "inacessível" – pode ser usado a nosso favor. Atualmente, a forma mais simples de mensurar o nosso dinheiro discricionário é observando quanto dinheiro temos em nossa conta-corrente, ou seja, nosso saldo bancário. Se temos menos em conta – ou *sentimos* que temos menos –, isso restringe nosso comportamento de gasto. Se sentimos que temos um saldo maior, vamos em frente e gastamos mais.

Existem várias formas de uso dessa regra do saldo bancário que nos beneficiam, induzindo-nos a poupar. Por exemplo, podemos transferir um pouco de dinheiro da conta-corrente para uma conta de poupança. Desse modo, nossa conta-corrente estará ilusoriamente bem baixa, levando-nos a pensar que estamos mais pobres do que estamos de fato. Poderíamos produzir um resultado semelhante pedindo a nosso empregador que deposite diretamente parte do nosso salário em contas separadas, para nos ajudar a "esquecer" dessas poupanças. Com abordagens assim, poderíamos continuar usando o saldo da nossa conta como um indicador de quanto deveríamos gastar, mas nos veríamos gastando menos ao cortar um ou dois jantares ou guloseimas para ocasiões especiais e isso reduziria nosso gasto geral.

Basicamente, podemos diminuir gastos escondendo dinheiro de nós mesmos. Sim, se paramos para pensar, é claro que nos lembramos de que estamos escondendo dinheiro e onde ele está. Mas podemos tirar proveito da nossa preguiça cognitiva e do fato de que não pensamos com tanta frequência em quanto dinheiro existe nas nossas outras contas – e pensamos nele ainda menos se o depósito for automático, sem que nós mesmos precisemos transferir dinheiro toda vez. Assim, enganar a nós mesmos é uma estratégia fácil e útil. Não seria um engano permanente, mas com certeza impediria algumas despesas irracionais.

MAIS PODER PARA VOCÊ

Existem muitos outros truques que podemos usar para poupar dinheiro. Por exemplo, no Reino Unido algumas pessoas têm a opção de colocar moedas em um medidor quando querem aquecer suas casas, aproveitando assim o poder mental da dor do pagamento para reduzir as contas de energia. Em vez de alguém ler o medidor mensalmente e depois enviar uma conta para você, e um pouco depois você pagá-la, esses britânicos sentem frequentemente a dor psicológica de pagar por um pouco mais de aquecimento. Aí podem se tocar de que a solução é só vestir um casaco.

Passando daqueles que contam moedas para os que têm dinheiro suficiente para se esquecer de parte dele, especialistas da Fidelity Investments recentemente descobriram que os investidores cujas carteiras tiveram melhor desempenho foram aqueles que haviam se esquecido por completo de que as possuíam.[4] Ou seja, os investidores que simplesmente deixaram seus investimentos de lado – sem tentar negociar ou gerir, sem serem aprisionados pelas tendências do comportamento de manada, de superenfatizar o preço, de ser avesso à perda, de supervalorizar o que possuem e de ser vítima de expectativas – saíram-se melhor. Ao fazerem uma opção de "investimento inteligente" e depois não mexerem nele, minimizaram os erros envolvendo suas finanças. Podemos fazer isso também. E sonhar que em algum lugar existe uma grande conta de investimento da qual nos esquecemos...

A ILUSÃO DE RIQUEZA

Reagimos de modos diferentes a "Nossa, tomar um *espresso* custa R$ 7,00 por dia" e a "Nossa, tomar um *espresso* todo dia custa R$ 2.555,00 por ano".

Descrever o período de tempo em que uma quantia de dinheiro é gasta – em horas, semanas, meses ou anos – gera um impacto enorme sobre a forma como atribuímos valor e agimos com sabedoria em relação às nossas decisões de gasto.

Num conjunto de experimentos, quando demos às pessoas um salário anual de R$ 70.000,00 mas o enquadramos como um pagamento de cerca de R$ 35,00 por hora, elas pouparam menos do que quando o definimos como uma soma anual de R$ 70.000,00. Quando nosso salário é apresentado como uma quantia anual, adotamos uma visão de longo prazo. Portanto, poupamos mais para a aposentadoria. Claro que nos Estados Unidos a maioria dos empregos de baixa renda são pagos por hora, o que costuma piorar o problema da falta de poupança para o longo prazo.

Esse fenômeno, pelo qual um saldo total de R$ 100.000,00 no nosso plano de previdência privada parece maior do que o seu equivalente de R$ 500,00 mensais pelo resto da vida é chamado de "ilusão de riqueza".[5] E, embora a "ilusão de riqueza" possa ser vista como uma falha em nosso modo de pensar, ela também pode ser usada para projetar planos de poupança que nos beneficiem. No caso da poupança para a aposentadoria, apresentar a renda total mensalmente deveria, portanto, causar a sensação de que estamos poupando menos do que precisamos e nos fazer pensar que seria melhor aumentar essa quantia e poupar mais. De forma semelhante, poderíamos colocar a renda mensal projetada para a época prevista da nossa aposentadoria antes de quaisquer outras informações nos nossos extratos do plano de previdência privada, evidenciando que a necessidade de continuar investindo nessa conta continua grande. Alguns planos já deram passos nessa direção, com resultados positivos.[6]

Uma vez que entendamos melhor essas peculiaridades na forma como pensamos sobre números, podemos descobrir como utilizá-las para nosso proveito a longo prazo e mudar nosso comportamento e nossas opções de poupança. Parece que empregar o período de tempo certo é um fator importante. Para persuadir as pessoas a guardar dinheiro dos seus salários, deveríamos enquadrar os rendimentos delas em termos anuais. Para persuadi-las de que precisarão de mais economias no futuro, deveríamos enquadrar os gastos em termos mensais. Além desses dispositivos de enquadramento numérico, existem outras formas úteis de lidar com a nossa renda ano a ano com o intuito de aumentar a nossa felicidade e impedir decisões ruins de gastos. Quando temos uma renda regular – digamos, R$ 5.000,00 por mês –, costumamos aumentar nossas despesas habituais para se enquadrarem nessa faixa de R$ 5.000,00. E se, além disso, nos concedêssemos um bônus? Como usaríamos esse dinheiro?

Certa ocasião, Dan pediu a seus alunos que imaginassem que trabalhavam para ele e poderiam obter um aumento de US$ 1.000,00 mensais ou um bônus de US$ 12.000,00 no fim do ano. Praticamente todos concordaram que um aumento mensal de US$ 1.000,00 seria mais racional. Em primeiro lugar, receberiam o dinheiro mais cedo. Todos também disseram que usariam o dinheiro de modo diverso se, em vez de um aumento mensal, recebessem um bônus no fim do ano. Se o recebessem a cada mês, faria parte do fluxo regular de dinheiro e seria aplicado em coisas triviais, como contas e despesas mensais. Mas, se o recebessem no fim do ano, não faria parte da contabilidade mental que vem com o salário. Assim, eles se sentiriam mais livres para gastá-lo com compras especiais que os deixariam mais felizes em vez de simplesmente pagar as contas. Felizmente nem todos os US$ 12.000,00 seriam gastos assim, mas parte deles seria usada com mais liberdade.

Assim, se a escolha é entre um salário de R$ 6.000,00 mensais em vez de um de R$ 5.000,00 mensais mais um bônus de fim do ano de R$ 12.000,00, o que aconteceria com a qualidade de vida? A "pessoa" de R$ 6.000,00 mensais provavelmente aumentaria sua qualidade de vida com um carro um pouquinho melhor, um apartamento mais bacaninha e refeições ligeiramente melhores, mas não conseguiria completar nenhuma compra mais substancial. Já a pessoa com o bônus seria capaz de fazer coisas especiais, como comprar uma moto, fazer uma grande viagem nas férias ou aplicar em uma conta de poupança ou outro tipo de investimento.

Isso pode parecer uma contradição com o que acabamos de dizer sobre somas totais e poupança, mas 1) aquilo foi poupança, isso é gasto, 2) somos humanos e 3) ninguém jamais acreditou que o comportamento humano é coerente.

As pessoas usam a expressão "Pague a si mesmo primeiro" para falar da poupança, e é o que deveríamos fazer. Mas, se temos uma renda relativamente estável, uma forma útil de obter alguma alegria dela é reservando parte dessa renda regular, ajustando nossas despesas a um gasto padrão menor e usando essa reserva para nos conceder um bônus. Aí poderíamos usar parte desse bônus em algo que realmente curtimos. Sim, devemos alocar dinheiro investindo no futuro do nosso eu mais velho primeiro, mas podemos reservar um pouco para o nosso eu presente também.

18

PARE E PENSE

Os últimos capítulos forneceram alguns exemplos de ambientes projetados para transformar nossas falhas em ferramentas que funcionem a favor do nosso sucesso financeiro.

Poderíamos continuar por muitas páginas, selecionando experimentos e esforços do mundo inteiro, mas a questão é a seguinte: nosso trabalho começou como uma tentativa de usar nossas peculiaridades humanas – como reveladas pela psicologia financeira e pela economia comportamental – para melhorar os resultados dos nossos pensamentos falhos, em oposição a apenas tirar vantagem deles. Considerando o que vemos no mundo real, porém, está claro que é preciso fazer bem mais do que isso.

Seria maravilhoso se fôssemos capazes de projetar mais sistemas para melhorar nossos ambientes financeiros, para reduzir o impacto dos nossos erros mentais envolvendo dinheiro e para enfraquecer as forças externas que nos desencaminham.

Mas a verdade é que essas forças não são nossos únicos nem piores inimigos. *Nós* somos. Se não fizéssemos julgamentos de valor ruins a princípio, não estaríamos sujeitos a ser explorados no nível que somos agora.

Precisamos entender e aceitar nossas falhas e deficiências. Não acredite em tudo que você pensa. Deixe de ser teimoso. Não fique achando que você é esperto demais para cair nesses tipos de truque ou que eles só funcionam com os outros.

Um homem sábio sabe que é um tolo, mas um homem tolo abre sua carteira e elimina qualquer dúvida.

Reconhecer que somos influenciados por sinais de valor irrelevantes nos dá a oportunidade de aprender, crescer e melhorar como indivíduos que usam dinheiro todo santo dia, e, portanto, a oportunidade de ter mais dinheiro para comemorar esse crescimento (se possível, adiando um pouco a comemoração).

O incrível cartunista Sam Gross desenhou um painel no qual dois homens estão postados diante de um cartaz gigante com as palavras PARE E PENSE. Um homem se volta para o outro e diz: "Isto faz você parar e pensar, não faz?"

Precisamos desse tipo de sinalização para nos interromper durante nossas jornadas financeiras e para nos despertar de nosso sonambulismo financeiro. E precisamos que esse sinal apareça com bastante frequência, só para proporcionar um momento, uma pausa, algum atrito a mais, algo que nos tire do automático, que nos mantenha presentes e nos ajude a refletir sobre o que estamos fazendo.

Se nos sentamos no sofá com um saco gigante de pipocas, vamos comer tudo sem pensar. Porém, se recebemos a mesma quantidade, mas dividida em quatro sacos menores, paramos no momento em que precisamos mudar para o saco novo. Essa pequena ação nos dá uma oportunidade para refletir e decidir se queremos comer mais ou não. O resultado é que, com as pausas permitidas pelos vários sacos, comemos menos guloseimas do que se recebêssemos um só saco grande.

Traduzindo essa tendência das guloseimas para o mundo das finanças, se recebemos todo o nosso dinheiro para um dado período em um envelope grande, tendemos a gastar essa quantia toda, e de modo tão sem noção como quando comemos o saco gigante de pipocas no sofá. Mas, se a mesma quantia é distribuída em vários envelopes, suspendemos nosso gasto ao final de cada um. Além disso, como já observamos, se pegamos esses envelopes e escrevemos os nomes dos nossos filhos neles, nossa tendência a continuar gastando diminui ainda mais.[1]

O motivo pelo qual ajustamos nosso "lanche" ou nosso gasto quando chega a hora de abrir um saco ou envelope novo é que o ato de abrir esse novo recipiente nos força a parar e pensar no que estamos fazendo. Com isso se cria um ponto de decisão, durante o qual avaliamos, ainda que ligeiramente, nossas ações e reconsideramos os próximos passos.

No decorrer deste livro tentamos mostrar que enfrentamos muitas decisões em nossa vida financeira. Com frequência não paramos para pensar nelas, e com frequência nem sequer percebemos que são, de fato, decisões a enfrentar e a tomar. No entanto, em muitas delas recebemos inúmeros sinais de valor irrelevantes, que nos fazem cair como patinhos repetidamente. Essas são as coisas de que precisamos estar mais conscientes. Então poderíamos, de tempos em tempos, parar e pensar – e talvez tomar decisões melhores.

A vida está cheia de decisões. Decisões grandes, decisões pequenas e decisões que se repetem. As decisões grandes – como comprar uma casa, casar ou escolher uma faculdade – são pontos em que faz sentido parar e pensar o máximo possível sobre valor e gastos. A maioria das pessoas faz isso. Não o suficiente, mas ao menos fazemos um pouco.

As decisões pequenas – como se permitir comer algumas guloseimas em uma festa ou um prato extra no jantar de aniversário – geralmente não valem o tempo e o esforço para se preocupar com sinais de valor. Sim, seria bom pensar neles, mas adotar esse tipo de pensamento sobre cada pequena decisão o tempo todo deixaria qualquer um louco.

Depois existem as decisões que se repetem, que são essencialmente decisões pequenas que tomamos com certa frequência. São hábitos, como comprar café, fazer compras no supermercado, sair para jantar ou comprar flores para a casa a cada semana. Cada compra é individualmente pequena, mas fazemos muitas delas, o que, portanto, causa um impacto cumulativo grande. Nós provavelmente também não precisamos nos deter em cada uma dessas compras toda vez que as fazemos, mas ocasionalmente, talvez ao final de um semestre, uma estação ou um livro, possamos parar e pensar sobre elas.

★ ★ ★

Ora, não estamos dizendo que deveríamos questionar cada decisão financeira, sempre, de todas as formas possíveis. Isso seria economicamente sábio, mas psicologicamente extenuante, insensato e intimidante. Não queremos ficar assustados, sovinas ou preocupados a todo momento. Portanto, não questione tudo. A vida deve ser aproveitada. Mas pense nos seus pontos fracos e questione aquelas coisas que tendem a causar dano a longo prazo.

Vez ou outra, examine quanto prazer, quanto valor podemos realmente obter de uma compra. Pense em que outras coisas poderíamos gastar aquele dinheiro e por que estamos fazendo aquela escolha. Se reconhecemos o que estamos fazendo e por que, com o tempo, de forma lenta mas segura, vamos adquirir a habilidade de mudar nossa tomada de decisões para melhor.

Dinheiro é um conceito difícil e abstrato. É difícil lidar com ele e pensar nele. Mas isso não significa que somos impotentes. Desde que entendamos os incentivos, as ferramentas e nossos comportamentos psicológicos, podemos contra-atacar. Se nos dispusermos a cavar mais fundo na psicologia humana, poderemos melhorar nosso comportamento e nossa vida, assim nos libertando da confusão e tensão financeiras.

DINHEIRO NÃO É TUDO

Jeff certa vez foi pago para escrever o discurso de uma campanha para uma menina que estava concorrendo ao conselho estudantil do quinto ano. (Ela ganhou, senão ele não estaria contando esta história.) Ele passou grande parte do tempo nesse trabalho convencendo os pais da menina – ambos gerentes de fundos hedge bem-sucedidos – de que os dois eram gente boa, embora o que ele realmente achasse era que a riqueza e o relacionamento deles com o dinheiro haviam distorcido os valores do casal e também o relacionamento com a filha. Então por que ele mentiu para eles? Por que aceitou o trabalho? Pelo dinheiro, é claro. (Ele gosta de dizer que foi "pela história", mas foi sobretudo pelo dinheiro.)

O dinheiro faz com que qualquer um cometa umas doideiras. E se aprendemos algo com ganhadores de loteria na pindaíba e atletas profissionais falidos, mesmo se você possuir montanhas de dinheiro, isso não vai tornar mais fácil pensar sobre ele. Às vezes, ocorre o contrário.

Então o que deveríamos fazer? Poderíamos tentar abandonar a economia moderna e achar meios de contornar a necessidade de dinheiro. Poderíamos ir para uma comuna e ficar tecendo cestos em grupo ou abrir uma comunidade que não requer dinheiro, baseada no escambo, onde cada refeição custa um blorqui albanês de três dedos. Mas aí deixaríamos de desfrutar de peças de teatro, arte, viagens e vinho. O dinheiro nos permitiu desenvolver esta vasta, intricada e incrível sociedade moderna que todos compartilhamos, que faz com que a vida valha a pena ser vivida e o dinheiro valha a pena ser ganho (e gasto).

Portanto, vamos procurar ter uma coexistência pacífica com o dinheiro. Existe um movimento em ascensão de bilionários se desfazendo de suas fortunas, reconhecendo o valor da caridade e o efeito negativo da riqueza extrema. Existe também um corpo crescente de literatura que dá destaque a como obter mais prazer, sentido e realização a partir dos nossos gastos (liderado pelos nossos amigos Mike Norton e Elizabeth Dunn e seu livro *Dinheiro feliz*). Você provavelmente tem algumas boas ideias também. Compartilhe-as, desenvolva-as, explore suas possibilidades. Vamos continuar pensando sobre o dinheiro e sobre como podemos achar uma coexistência harmoniosa com essa invenção ardilosa mas vital.

Também é essencial que todos nós comecemos a conversar com nossos amigos sobre dinheiro. Não é fácil conversar sobre o que fazemos com ele, quanto poupamos, quanto gastamos e quantos erros financeiros cometemos. Mas é importante nos ajudarmos mutuamente quando o assunto envolve lidar com o dinheiro e com as decisões financeiras complexas que enfrentamos.

No final, o dinheiro não é a única coisa que importa. No entanto, ele importa, a todo mundo, e muito. Gastamos uma quantidade extraordinária de tempo pensando nele – e muitas vezes de modo incorreto.

Poderíamos continuar deixando que os responsáveis pela fixação dos preços, os vendedores e os interesses comerciais tirem proveito das nossas idiossincrasias psicológicas, do nosso comportamento, das nossas tendências e da nossa insensatez. Poderíamos aguardar por ações sociais ou governamentais que criem planos para nos proteger das maluquices que fazemos quando o assunto é dinheiro. Ou poderíamos nos conscientizar mais sobre nossas limitações, projetar sistemas pessoais para nos corrigirmos e então assumir o controle das nossas decisões financeiras para que nossa vida preciosa, finita e imensuravelmente valiosa possa se enriquecer a cada dia.

Cabe a nós. Nós erguemos as nossas canecas mais cafonas, cheias de vinho delicioso, num brinde a um amanhã melhor.

Abraços,

Dan e Jeff

AGRADECIMENTOS

Dan e Jeff gostariam de expressar seus sinceros agradecimentos ao dinheiro. Por ser tão complexo. Por todos os meios pelos quais dificulta pensar em você. Por permitir que o mundo financeiro se torne supercomplexo.

Agradecemos pelos cartões de crédito, pelos financiamentos, pelas taxas ocultas, pelo *internet banking*, pelos cassinos, pelas concessionárias de veículos, pelos consultores financeiros, pela Amazon.com, pelos preços sugeridos de produtos e imóveis, pelas cláusulas contratuais em letras miúdas, pelos alhos e bugalhos e pelas maçãs e laranjas.

Sem você, a vida seria bem mais simples, mas não haveria necessidade deste livro.

Este livro estaria cheio de meras especulações não fosse o trabalho brilhante dos pesquisadores, professores e escritores citados nestas páginas.

Seria um amontoado de palavras sem sentido se não fossem os imensos talentos de Elaine Grant, Matt Trower e Ingrid Paulin.

E seria apenas um arquivo corrompido em nossos discos rígidos se não fossem o amor e o apoio de Jim Levine e os conhecimentos e a paixão de Matt Harper.

Agradecemos a todos vocês.

Jeff gostaria também de agradecer aos seus pais, porque é isso que filhos ingratos fazem; aos irmãos, por serem pioneiros no campo da ingratidão; à esposa Anne, por sua paciência, sua inspiração e seu amor; a seus filhos,

Scott e Sarah, por terem as melhores risadas do mundo; e, é claro, a Dan Ariely, por usar seu sotaque israelense – que não diminuiu após décadas nos Estados Unidos – para superar o burburinho em um restaurante na Carolina do Norte e perguntar: "Então, a gente podia, quem sabe, escrever algo sobre dinheiro..."

Dan Ariely também ama a família dele, mas prefere deixar os detalhes para a sua imaginação.

NOTAS

INTRODUÇÃO
1. VOHS, Kathleen D. (Universidade de Minnesota); MEAD, Nicole L. (Universidade Estadual da Flórida); e GOODE, Miranda R. (Universidade da Colúmbia Britânica). "The Psychological Consequences of Money". *Science* 314, nº 5.802 (2006), pp. 1.154-1.156.
2. Institute for Divorce Financial Analysts. "Survey: Certified Divorce Financial Analyst˚ (CDFA˚) Professionals Reveal the Leading Causes of Divorce". 2013, https://www.institutedfa.com/Leading-Causes-Divorce/.
3. THOMPSON, Dennis. "The Biggest Cause of Stress in America Today". CBS News, 2015, http://www.cbsnews.com/news/the-biggest-cause-of-stress-in-america-today/.
4. MANI, Anandi (Universidade de Warwick); MULLAINATHAN, Sendhil (Harvard); SHAFIR, Eldar (Princeton); e ZHAO, Jiaying (Universidade da Colúmbia Britânica). "Poverty Impedes Cognitive Function", *Science* 341, nº 6.149 (2013), pp. 976-980.
5. PIFF, Paul K. (Universidade da Califórnia, Berkeley); STANCATO, Daniel M. (Berkeley); CÔTÉ, Stéphane (Faculdade de Administração Rotman); MENDOZA-DENTON, Rodolfo (Berkeley); e KELTNER, Dacher (Berkeley). "Higher Social Class Predicts Increased Unethical Behavior". *Proceedings of the National Academy of Sciences* 109 (2012).
6. KOUCHAKI, Maryam (Harvard); SMITH-CROWE, Kristin (Universidade de Utah); BRIEF, Arthur P. (Universidade de Utah); e SOUSA, Carlos (Universidade de Utah). "Seeing Green: Mere Exposure to Money Triggers a Business Decision Frame and Unethical Outcomes". *Organizational Behavior and Human Decision Processes* 121, nº 1 (2013), pp. 53-61.

CAPÍTULO 2: A OPORTUNIDADE BATE À PORTA

1. FREDERICK, Shane (Yale); NOVEMSKY, Nathan (Yale); WANG, Jing (Universidade de Administração de Singapura); DHAR, Ravi (Yale); e NOWLIS, Stephen (Universidade Estadual do Arizona). "Opportunity Cost Neglect". *Journal of Consumer Research* 36, nº 4 (2009), pp. 553-561.

CAPÍTULO 3: UMA PROPOSIÇÃO DE VALOR

1. GOPNIK, Adam. "Art and Money". *The New Yorker*, Talk of the Town, 1º de junho de 2015.
2. PAGLIERI, Jose. "How an Artist Can Steal and Sell Your Instagram Photos". CNN, 28 de maio de 2015, http://money.cnn.com/2015/05/28/technology/do-i-own-my-instagram-photos/.

CAPÍTULO 4: ESQUECEMOS QUE TUDO É RELATIVO

1. TUTTLE, Brad Tuttle. "JCPenney Reintroduces Fake Prices (and Lots of Coupons Too, Of Course)". *Time*, 2 de maio de 2013, http://business.time.com/2013/05/02/jc-penney-reintroduces-fake-prices-and-lots-of-coupons-too-of-course/.
2. WANSINK, Brian. *Mindless Eating: Why We Eat More Than We Think*. Nova York: Bantam, 2010. [Edição brasileira: *Por que comemos tanto? Não é apenas a nossa fome que determina o que comemos*. Rio de Janeiro: Campus Elsevier, 2006.]
3. AYDEINLI, Aylin (Vrije Universiteit, Amsterdã); BERTINI, Marco (Escola Superior d'Administració i Direcció d'Empreses [ESADE]); e LAMBRECHT, Anja (London Business School). "Price Promotion for Emotional Impact", *Journal of Marketing* 78, nº 4 (2014).

CAPÍTULO 5: COMPARTIMENTALIZAMOS

1. BELSKY, Gary; e GILOVICH, Thomas. *Why Smart People Make Big Money Mistakes and How to Correct Them: Lessons from the New Science of Behavioral Economics*. New York: Simon & Schuster, 2000. [Edição brasileira: *Proteja seu dinheiro de você mesmo*. São Paulo: Futura, 2002.]
2. LEVAV, Jonathan (Colúmbia); e McGRAW, A. Peter (Universidade do Colorado). "Emotional Accounting: How Feelings About Money Influence Consumer Choice". *Journal of Marketing Research* 46, nº 1 (2009), pp. 66-80.
3. *Ibid*.
4. CHEEMA, Amar (Universidade Washington, St. Louis); e SOMAN, Dilip (Universidade de Toronto). "Malleable Mental Accounting: The Effect of Flexibility on the Justification of Attractive Spending and Consumption Decisions". *Journal of Consumer Psychology* 16, nº 1 (2006), pp. 33-44.
5. *Ibid*.

6. SHAFIR, Eldar (Princeton); e THALER, Richard H. (Universidade de Chicago). "Invest Now, Drink Later, Spend Never: On the Mental Accounting of Delayed Consumption". *Journal of Economic Psychology* 27, nº 5 (2006), pp. 694-712.

CAPÍTULO 6: EVITAMOS A DOR

1. REDELMEIER, Donald A. (Universidade de Toronto); KATZ, Joel (Universidade de Toronto); e KAHNEMAN, Daniel (Princeton). "Memories of Colonoscopy: A Randomized Trial". *Pain* 104, nºs 1-2 (2003), pp. 187-194.
2. PRELEC, Drazen (MIT); e LOEWENSTEIN, George (Universidade Carnegie Mellon). "The Red and the Black: Mental Accounting of Savings and Debt". *Marketing Science* 17, nº 1 (1998), pp. 4-28.
3. MAZAR, Nina (Universidade de Toronto); PLASSMAN, Hilke (Institut Européen d'Administration des Affaires [INSEAD]); ROBITAILLE, Nicole (Universidade Queen's); e LINDNER, Axel (Hertie Institute for Clinical Brain Research). "Pain of Paying? A Metaphor Gone Literal: Evidence from Neural and Behavioral Science". Documento de Trabalho do INSEAD nº 2017/06/MKT, 2016.
4. ARIELY, Dan (MIT); e SILVA, Jose (Escola de Negócios Haas, Universidade da Califórnia, Berkeley). "Payment Method Design: Psychological and Economic Aspects of Payments". Documento de Trabalho 196, 2002.
5. PRELEC e LOEWENSTEIN. "The Red and the Black".
6. Para uma resenha: SOMAN, Dilip (Universidade de Toronto); AINSLIE, George (Universidade Temple); FREDERICK, Shane (MIT); XIUPING L. (Universidade de Toronto); LYNCH, John (Universidade Duke); MOREAU, Page (Universidade do Colorado); ZAUBERMAN, George (Universidade da Carolina do Norte, Chapel Hill) et al. "The Psychology of Intertemporal Discounting: Why Are Distant Events Valued Differently from Proximal Ones?". *Marketing Letters* 16, nºs 3-4 (2005), pp. 347-360.
7. DUNN, Elizabeth (Universidade da Colúmbia Britânica); e NORTON, Michael (Harvard Business School). *Happy Money: The Science of Happier Spending*. Nova York: Simon & Schuster, 2014, pp. 95.
8. PRELEC, Drazen (MIT); e SIMESTER, Duncan (MIT). "Always Leave Home Without It: A Further Investigation of the Credit-Card Effect on Willingness to Pay". *Marketing Letters* 12, nº 1 (2001), pp. 5-12.
9. FEINBERG, Richard A. (Purdue). "Credit Cards as Spending Facilitating Stimuli: A Conditioning Interpretation". *Journal of Consumer Research* 12 (1986), pp. 356-384.
10. CHATTERJEE, Promotesh (Universidade do Kansas); e ROSE, Randall L. (Universidade da Carolina do Sul). "Do Payment Mechanisms Change the Way Consumers Perceive Products?". *Journal of Consumer Research* 38, nº 6 (2012), pp. 1.129-1.139.

11. GNEEZY, Uri (Universidade da Califórnia, San Diego); HARUVY, Ernan (Universidade do Texas, Dallas); e YAFE, Hadas (Instituto de Tecnologia de Israel). "The Inefficiency of Splitting the Bill". *Economic Journal* 114, nº 495 (2004), pp. 265-280.

CAPÍTULO 7: CONFIAMOS EM NÓS MESMOS

1. NORTHCRAFT, Gregory B. (Universidade do Arizona); e NEALE, Margaret A. (Universidade do Arizona). "Experts, Amateurs, and Real Estate: An Anchoring-and-Adjustment Perspective on Property Pricing Decisions". *Organizational Behavior and Human Decision Processes* 39, nº 1 (1987), pp. 84-97.
2. TVERSKY, Amos (Universidade Hebraica de Jerusalém); e KAHNEMAN, Daniel (Universidade Hebraica de Jerusalém). "Judgment under Uncertainty: Heuristics and Biases". *Science* 185 (1974), pp. 1.124-1.131.
3. SIMMONS, Joseph P. (Yale); LeBOEUF, Robyn A. (Universidade da Flórida); e NELSON, Leif D. (Universidade da Califórnia, Berkeley). "The Effect of Accuracy Motivation on Anchoring and Adjustment: Do People Adjust from Provided Anchors?". *Journal of Personality and Social Psychology* 99, nº 6 (2010), pp. 917-932.
4. POUNDSTONE, William. *Priceless: The Myth of Fair Value (and How to Take Advantage of It*. Nova York: Hill & Wang, 2006. [Edição brasileira: *Preço: O mito do valor justo e como tirar vantagem disso*. Rio de Janeiro: Best Business, 2015.]
5. SIMMONS, LeBOEUF e NELSON. "The Effect of Accuracy Motivation on Anchoring and Adjustment".
6. ARIELY, Dan (Universidade Duke). *Predictably Irrational*. Nova York: HarperCollins, 2008. [Edição brasileira: *Previsivelmente irracional*. Rio de Janeiro: Elsevier, 2008.]

CAPÍTULO 8: SUPERVALORIZAMOS O QUE TEMOS

1. KAHNEMAN, Daniel (Princeton); KNETSCH, Jack L. (Universidade Simon Fraser); e THALER, Richard H. (Universidade de Chicago). "The Endowment Effect: Evidence of Losses Valued More than Gains". *Handbook of Experimental Economics Results* (2008).
2. NORTON, Michael I. (Harvard Business School); MOCHON, Daniel (Universidade da Califórnia, San Diego); e ARIELY, Dan (Universidade Duke). "The IKEA Effect: When Labor Leads to Love". *Journal of Consumer Psychology* 22, nº 3 (2012), pp. 453-460.
3. CARMON, Ziv (INSEAD); e ARIELY, Dan (MIT). "Focusing on the Forgone: How Value Can Appear So Different to Buyers and Sellers". *Journal of Consumer Research* 27, nº 3 (2000), pp. 360-370.
4. KAHNEMAN, Daniel (Universidade da Califórnia, Berkeley); KNETSCH, Jack L. (Universidade Simon Fraser); e THALER, Richard (Cornell). "Experimental Tests

of the Endowment Effect and the Coarse Theorem". *Journal of Political Economy* 98 (1990), pp. 1.325-1.348.
5. WOLF, James R. (Universidade Estadual de Illinois); ARKES, Hal R. (Universidade Estadual de Ohio); e MUHANNA, Waleed A. (Universidade Estadual de Ohio). "The Power of Touch: An Examination of the Effect of Duration of Physical Contact on the Valuation of Objects". *Judgment and Decision Making* 3, nº 6 (2008), pp. 476-482.
6. KAHNEMAN, Daniel (Universidade da Colúmbia Britânica); e TVERSKY, Amos (Stanford). "Prospect Theory: An Analysis of Decision under Risk". *Econometrica: Journal of Econometric Society* 47, nº 2 (1979), pp. 263-291.
7. BELSKY e GILOVICH. *Why Smart People Make Big Money Mistakes and How to Correct Them.*
8. WILSON, Dawn K. (Vanderbilt); KAPLAN, Robert M. (Universidade da Califórnia, San Diego); e SCHNEIDERMAN, Lawrence J. (Universidade da Califórnia, San Diego). "Framing of Decisions and Selection of Alternatives in Health Care". *Social Behaviour* 2 (1987), pp. 51-59.
9. BENARTZI, Shlomo (Universidade da Califórnia, Los Angeles); e THALER, Richard H. (Universidade de Chicago). "Risk Aversion or Myopia? Choices in Repeated Gambles and Retirement Investments". *Management Science* 45, nº 3 (1999), pp. 364-381.
10. BELSKY e GILOVICH. *Why Smart People Make Big Money Mistakes and How to Correct Them.*
11. ARKES, Hal R. (Universidade de Ohio); e BLUMER, Catherine (Universidade de Ohio). "The Psychology of Sunk Cost". *Organizational Behavior and Human Decision Processes* 35, nº 1 (1985), pp. 124-140.

CAPÍTULO 9: PREOCUPAMO-NOS COM ESFORÇO E JUSTIÇA

1. SANFEY, Alan G. (Princeton); RILLING, James K. (Princeton); ARONSON, Jessica A. (Princeton); NYSTROM, Leigh E. (Princeton); e COHEN, Jonathan D. (Princeton). "The Neural Basis of Economic Decision Making in the Ultimatum Game". *Science* 300 (2003), pp. 1.755-1.758.
2. KAHNEMAN, Daniel (Universidade da Califórnia, Berkeley); KNETSCH, Jack L. (Universidade Simon Fraser); e THALER, Richard H. (Cornell). "Fairness as a Constraint on Profit Seeking: Entitlements in the Market". *American Economic Review* 76, nº 4 (1986), pp. 728-741.
3. LOWREY, Annie. "Fare Game". *The New York Times Magazine*, 10 de janeiro de 2014.
4. AMIR, On (Universidade da Califórnia, San Diego); ARIELY, Dan (Duke); e CARMON, Ziv (INSEAD). "The Dissociation Between Monetary Assessment and Predicted Utility". *Marketing Science* 27, nº 6 (2008), pp. 1.055-1.064.

5. HOFFMAN, Jan. "What Would You Pay for This Meal?". *The New York Times*, 17 de agosto de 2015.
6. BUELL, Ryan W. (Harvard Business School); e NORTON, Michael I. (Harvard Business School). "The Labor Illusion: How Operational Transparency Increases Perceived Value". *Management Science* 57, nº 9 (2011), pp. 1.564-1.579.

CAPÍTULO 10: ACREDITAMOS NA MAGIA DA LINGUAGEM E DOS RITUAIS

1. GOURVILLE, John T. (Harvard); e SOMAN, Dilip (Universidade do Colorado, Boulder). "Payment Depreciation: The Behavioral Effects of Temporally Separating Payments From Consumption". *Journal of Consumer Research* 25, nº 2 (1998), pp. 160-174.
2. EPLEY, Nicholas (Universidade de Chicago); MAK, Dennis (Harvard); e IDSON, Lorraine Chen (Harvard Business School). "Bonus or Rebate? The Impact of Income Framing on Spending and Saving". *Journal of Behavioral Decision Making* 19, nº 3 (2006), pp. 213-227.
3. LANCHESTER, John. *How to Speak Money: What the Money People Say — and What It Really Means*. Nova York: Norton, 2014.
4. VOHS, Kathleen D. (Universidade de Minnesota); WANG, Yajin (Universidade de Minnesota); GINO, Francesca (Harvard Business School); e NORTON, Michael I. (Harvard Business School). "Rituals Enhance Consumption". *Psychological Science* 24, nº 9 (2013), pp. 1.714-1.721.

CAPÍTULO 11: SUPERVALORIZAMOS AS EXPECTATIVAS

1. DUNN, Elizabeth (Universidade da Colúmbia Britânica); e NORTON, Michael I. (Harvard Business School). *Happy Money: The Science of Happier Spending*. Nova York: Simon & Schuster, 2014.
2. NORTON, Michael I. (MIT); e GOETHALS, George R. "Spin (and Pitch) Doctors: Campaign Strategies in Televised Political Debates". *Political Behavior* 26 (2004), pp. 227.
3. SHIN, Margaret (Harvard); PITTINSKY, Todd (Harvard); e AMBADY, Nalini (Harvard). "Stereotype Susceptibility Salience and Shifts in Quantitative Performance". *Psychological Science* 10, nº 1 (1999), pp. 80-83.
4. *Ibid*.
5. ROSENTHAL, Robert (Universidade da Califórnia, Riverside); e JACOBSON, Leonore (South San Francisco Unified School District). *Pygmalion in the Classroom: Teacher Expectation and Pupils' Intellectual Development*. Nova York: Holt, Rinehart & Winston, 1968.
6. MAKENS, James C. (Universidade Estadual do Michigan). "The Pluses and Minuses of Branding Agricultural Products". *Journal of Marketing* 28, nº 4 (1964), pp. 10-16.

7. ALLISON, Ralph I. (National Distillers Products Company); e UHL, Kenneth P. (Universidade Estadual de Iowa). "Influence of Beer Brand Identification on Taste Perception". *Journal of Marketing Research* 1 (1964), pp. 36-39.
8. McCLURE, Samuel M. (Princeton); LI, Jian (Princeton); TOMLIN, Damon (Princeton); CYPERT, Kim S. (Princeton); MONTAGUE, Latané M. (Princeton); e MONTAGUE, P. Read (Princeton). "Neural Correlates of Behavioral Preference for Culturally Familiar Drinks". *Neuron* 44 (2004), pp. 379-387.
9. AMAR, Moti (Faculdade Onno); CARMON, Ziv (INSEAD); e ARIELY, Dan (Duke). "See Better If Your Sunglasses Are Labeled Ray-Ban: Branding Can Influence Objective Performance" (documento de trabalho).
10. BELSKY e GILOVICH. *Why Smart People Make Big Money Mistakes*, p. 137.
11. SHIV, Baba (Stanford); CARMON, Ziv (INSEAD); e ARIELY, Dan (MIT). "Placebo Effects of Marketing Actions: Consumers May Get What They Pay For". *Journal of Marketing Research* 42, nº 4 (2005), pp. 383-393.
12. BERTINI, Marco (London Business School); OFEK, Elie (Harvard Business School); e ARIELY, Dan (Duke). "The Impact of Add-On Features on Consumer Product Evaluations". *Journal of Consumer Research* 36 (2009), pp. 17-28.
13. QUOIDBACH, Jordi (Harvard); e DUNN, Elizabeth W. (Universidade da Colúmbia Britânica). "Give It Up: A Strategy for Combating Hedonic Adaptation". *Social Psychological and Personality Science* 4, nº 5 (2013), pp. 563-568.
14. LEE, Leonard (Colúmbia); FREDERICK, Shane (MIT); e ARIELY, Dan (MIT). "Try It, You'll Like It". *Psychological Science* 17, nº 12 (2006), pp. 1.054-1.058.

CAPÍTULO 12: PERDEMOS O CONTROLE

1. DA COSTA, Polyana. "Survey: 36 Percent Not Saving for Retirement". *Bankrate*, 2014. http://www.bankrate.com/finance/consumer-index/survey-36-percent-not-saving-for-retirement.aspx.
2. RHEE, Nari (National Institute on Retirement Security); e BOIVIE, Ilana (National Institute on Retirement Security). "The Continuing Retirement Savings Crisis", 2015. http://www.nirsonline.org/storage/nirs/documents/RSC%202015/final_rsc_2015.pdf
3. Wells Fargo. "Wells Fargo Study Finds Middle Class Americans Teeter on Edge of Retirement Cliff: More than a Third Could Live at or Near Poverty in Retirement". 2012, https://www.wellsfargo.com/about/press/2012/20121023_MiddleClassRetirementSurvey/.
4. Financial Planning Association Research and Practice Institute. "2013 Future of Practice Management Study". 2013. https://www.onefpa.org/business-success/ResearchandPracticeInstitute/Documents/RPI%20Future%20of%20Practice%20Management%20Report%20-%20Dec%202013.pdf.

5. HERSHFIELD, Hal Ersner (Stanford); WIMMER, G. Elliot (Stanford); e KNUTSON, Brian (Stanford). "Saving for the Future Self: Neural Measures of Future Self-Continuity Predict Temporal Discounting". *Social Cognitive and Affective Neuroscience* 4, nº 1 (2009), pp. 85-92.
6. WILDE, Oscar. *Lady Windermere's Fan.* Londres, 1893.
7. ARIELY, Dan (MIT); e LOEWENSTEIN, George (Carnegie Mellon). "The Heat of the Moment: The Effect of Sexual Arousal on Sexual Decision Making". *Journal of Behavioral Decision Making* 19, nº 2 (2006), pp. 87-98.
8. VAN DEN BERGH, Bram (KU Leuven); DEWITTE, Sigfried (KU Leuven); e WARLOP, Luk (KU Leuven). "Bikinis Instigate Generalized Impatience in Intertemporal Choice". *Journal of Consumer Research* 35, nº 1 (2008), pp. 85-97.
9. CARLSON, Kyle (Caltech); KIM, Joshua (Universidade de Washington); LUSARDI, Annamaria (Escola de Negócios da Universidade George Washington); e CAMERER, Colin F. "Bankruptcy Rate, among NFL Players with Short-Lived Income Spikes". *American Economic Review*, American Economic Association, 105, nº 5 (maio de 2015), pp. 381-384.
10. TORRE, Pablo S. "How (and Why) Athletes Go Broke". *Sports Illustrated*, 23 de março de 2009. http://www.si.com/vault/2009/03/23/105789480/how-and-why-athletesgo-broke.
11. POLYAK, Ilana. "Sudden Wealth Can Leave You Broke". CNBC. http://www.cnbc.com/2014/10/01/sudden-wealth-can-leave-you-broke.html.

CAPÍTULO 13: SUPERENFATIZAMOS O DINHEIRO

1. WABER, Rebecca (MIT); SHIV, Baba (Stanford); CARMON, Ziv (INSEAD); e ARIELY, Dan (MIT). "Commercial Features of Placebo and Therapeutic Efficacy". *JAMA* 299, nº 9 (2008), pp. 1016-1017.
2. SHIV, Baba (Stanford), CARMON, Ziv (INSEAD); e ARIELY, Dan (MIT). "Placebo Effects of Marketing Actions: Consumers May Get What They Pay For". *Journal of Marketing Research* 42, nº 4 (2005), pp. 383-393.
3. SALMON, Felix. "How Money Can Buy Happiness, Wine Edition". Reuters, 27 de outubro de 2013. http://blogs.reuters.com/felix-salmon/2013/10/27/how-money-can-buy-happiness-wine-edition/.
4. HSEE, Christopher K. (Universidade de Chicago); LOEWENSTEIN, George F. (Carnegie Mellon); BLOUNT, Sally (Universidade de Chicago); e BAZERMAN, Max H. (Northwestern/Harvard Business School). "Preference Reversals Between Joint and Separate Evaluations of Options: A Review and Theoretical Analysis". *Psychological Bulletin* 125, nº 5 (1999), pp. 576-590.

CAPÍTULO 14: APLIQUE SEU DINHEIRO ONDE SUA MENTE ESTÁ

1. ZETTELMEYER, Florian (Universidade da Califórnia, Berkeley); MORTON, Fiona Scott (Yale); e SILVA-RISSO, Jorge (Universidade da Califórnia, Riverside). "How the Internet Lowers Prices: Evidence from Matched Survey and Auto Transaction Data". *Journal of Marketing Research* 43, nº 2 (2006), pp. 168-181.

CAPÍTULO 16: CONTROLE-SE

1. BRYAN, Christopher J. (Stanford); e HERSHFIELD, Hal E. (Universidade de Nova York). "You Owe It to Yourself: Boosting Retirement Saving with a Responsibility-Based Appeal". *Journal of Experimental Psychology* 141, nº 3 (2012), pp. 429-432.
2. HERSHFIELD, Hal E. (Universidade de Nova York). "Future Self-Continuity: How Conceptions of the Future Self Transform Intertemporal Choice". *Annals of the New York Academy of Sciences* 1235, nº 1 (2011), pp. 30-43.
3. READ, Daniel (Universidade de Durham); FREDERICK, Shane (MIT); ORSEL, Burcu (Goldman Sachs); e RAHMAN, Juwaria (Office for National Statistics). "Four Score and Seven Years from Now: The Date/Delay Effect in Temporal Discounting". *Management Science* 51, nº 9 (2005), pp. 1.326-1.335.
4. HERSHFIELD, Hal E. (Universidade de Nova York); GOLDSTEIN, Daniel G. (London Business School); SHARPE, William F. (Stanford); FOX, Jesse (Universidade Estadual de Ohio); YEYKELIS, Leo (Stanford); CARSTENSEN, Laura L. (Stanford); e BAILENSON, Jeremy N. (Stanford). "Increasing Saving Behavior Through Age-Progressed Renderings of the Future Self". *Journal of Marketing Research* 48 (2011), pp. S23-S37.
5. ASHRAF, Nava (Harvard Business School); KARLAN, Dean (Yale); e YIN, Wesley (Universidade de Chicago). "Female Empowerment: Impact of a Commitment Savings Product in the Philippines". *World Development* 38, nº 3 (2010), pp. 333-344.
6. SOMAN, Dilip (Escola de Administração Rotman); e LIU, Maggie W. (Universidade Tsinghua). "Debiasing or Rebiasing? Moderating the Illusion of Delayed Incentives". *Journal of Economic Psychology* 32, nº 3 (2011), pp. 307-316.
7. SOMAN, Dilip (Escola de Administração Rotman); e CHEEMA, Amar (Universidade da Virginia). "Earmarking and Partitioning: Increasing Saving by Low-Income Households". *Journal of Marketing Research* 48 (2011), pp. S14-S22.
8. GIUSTI, Autumn Cafiero. "Strike It Rich (or Not) with a Prize-Linked Savings Account". *Bankrate*, 2015. http://www.bankrate.com/finance/savings/prize-linked-savings-account.aspx.

CAPÍTULO 17: NÓS CONTRA ELES

1. ETKIN, Jordan (Duke). "The Hidden Cost of Personal Quantification". *Journal of Consumer Research* 42, nº 6 (2016), pp. 967-984.
2. AKBAŞ, Merve (Duke); ARIELY, Dan (Duke); ROBALINO, David A. (Banco Mundial); e WEBER, Michael (Banco Mundial). "How to Help the Poor to Save a Bit: Evidence from a Field Experiment in Kenya". Documento para Discussão IZA nº 10.024, 2016.
3. BEVERLY, Sondra G. (George Warren Brown School of Social Work), CLANCY, Margaret M. (George Warren Brown School of Social Work); e SHERRADEN, Michael (George Warren Brown School of Social Work). "Universal Accounts at Birth: Results from SEED for Oklahoma Kids". Resumo de Pesquisa CSD nº 16-07, Center for Social Development, Universidade Washington, St. Louis, 2016.
4. UDLAND, Myles. "Fidelity Reviewed Which Investors Did Best and What They Found Was Hilarious". *Business Insider*, 2 de setembro de 2004. http://www.businessinsider.com/forgetful-investors-performed-best-2014-9.
5. GOLDSTEIN, Daniel G. (Microsoft Research); HERSHFIELD, Hal E. (Universidade da Califórnia, Los Angeles); e BENARTZI, Shlomo (Universidade da Califórnia, Los Angeles). "The Illusion of Wealth and Its Reversal". *Journal of Marketing Research* 53, nº 5 (2016), pp. 804-813.
6. *Ibid.*

CAPÍTULO 18: PARE E PENSE

1. SOMAN e CHEEMA. "Earmarking and Partitioning", S14-S22.

CONHEÇA OS OUTROS LIVROS DE DAN ARIELY

Previsivelmente irracional

Por que continuamos com dor de cabeça depois de tomar um remédio barato, mas a dor vai embora com uma medicação cara? Por que ostentamos em refeições luxuosas, mas queremos economizar vinte centavos em uma lata de ervilha?

Sempre acreditamos que nossas escolhas são inteligentes e racionais, mas Dan Ariely joga por terra essas crenças com revelações surpreendentes que mudam a forma como entendemos o comportamento humano.

Nesta edição revista e ampliada do sucesso internacional, ele apresenta experimentos curiosos e pesquisas inovadoras que têm implicações na nossa vida pessoal e profissional.

Diante de decisões como beber café e perder peso, comprar um carro e escolher um parceiro, nós constantemente pagamos a mais, subestimamos a situação e procrastinamos.

No entanto, nenhuma dessas atitudes equivocadas é aleatória ou sem sentido. Pelo contrário: elas são previsivelmente irracionais e Dan Ariely nos mostra como romper com esses padrões de pensamento e fazer melhores escolhas.

A (honesta) verdade sobre a desonestidade

A chance de sermos pegos afeta nossa probabilidade de fazer algo errado? De que maneira as empresas estimulam comportamentos antiéticos? O trabalho em equipe nos torna mais ou menos honestos? A religião influencia nossa conduta moral?

Neste livro, o economista comportamental Dan Ariely explora de que forma o desvio de conduta ocorre nos âmbitos pessoal, profissional e político, e como isso afeta até mesmo aqueles que todos acreditam ter os mais elevados padrões morais.

Em geral acreditamos que o ato de trapacear é baseado em análises racionais de custo-benefício. Porém, o autor revela que são as forças irracionais, que não levamos em conta, que frequentemente determinam nosso comportamento.

Com um estilo próprio, que lembra Malcolm Gladwell, Ariely demonstra que a desonestidade é inerente à condição humana. Prepare-se para conhecer toda a verdade.

Desinformação

"Por que será que acreditamos em informações erradas e, mais que isso, as buscamos e espalhamos? O que acontece quando uma pessoa aparentemente racional começa a cogitar, adotar e então defender crenças irracionais?

Meu objetivo aqui é mostrar como qualquer um, sob determinadas circunstâncias, pode acabar caindo nessa armadilha.

É mais fácil pensar no assunto como algo que acontece com outras pessoas. Mas este livro também fala sobre cada um de nós. Sobre como formamos nossas certezas e as consolidamos, defendemos e difundimos.

Minha esperança é que, em vez de apenas olhar ao redor e se perguntar 'Como é que alguém pode ser tão louco assim?', a gente comece a entender as necessidades emocionais e as forças sociais e psicológicas que levam cada um de nós a acreditar no que acaba acreditando.

Espero que essa abordagem nos ajude a entender melhor as pessoas que enxergam o mundo de um jeito incompreensível para nós.

E pode ser que, no processo, passemos a questionar algumas das nossas crenças e as razões pelas quais as adotamos."

– DAN ARIELY

CONHEÇA OUTROS LIVROS DA EDITORA SEXTANTE

Pense de novo
Adam Grant

A inteligência geralmente é vista como a capacidade de pensar e aprender, mas em um mundo em rápida mudança, há outro conjunto de habilidades cognitivas que podem ser mais importantes: a capacidade de repensar e desaprender.

A maioria das pessoas prefere o conforto da convicção ao desconforto da dúvida. Em geral só damos ouvidos às opiniões que confirmam as nossas, descartamos ideias que nos façam pensar muito e vemos o desacordo como uma ameaça. O custo disso pode ser bem maior do que se imagina.

Com ideias ousadas e evidências rigorosas, o psicólogo organizacional Adam Grant investiga neste livro como abraçar a alegria de estar errado, trazer nuances para conversas difíceis e incentivar o aprendizado contínuo.

Você vai conhecer excelentes métodos para promover o repensamento, utilizados, por exemplo, por um músico negro que convence supremacistas brancos a abandonar o ódio e um médico que usa seu poder de persuasão para fazer os pais vacinarem seus filhos.

Além disso, vai encontrar dicas práticas para ter conversas mais produtivas, mesmo que envolvam visões de mundo opostas.

Pense de novo demonstra com clareza e bom humor que é possível manter a mente aberta sem perder o poder de convencimento nem a autoconfiança. Se conhecimento é poder, saber o que não sabemos é sabedoria.

Fora de série
Malcolm Gladwell

Baseando-se na história de celebridades como Bill Gates, os Beatles e Mozart, Malcolm Gladwell mostra que ninguém "se faz sozinho". Todos os que se destacam por uma atuação fenomenal são, invariavelmente, pessoas que se beneficiaram de oportunidades incríveis, vantagens ocultas e heranças culturais. Tiveram a chance de aprender, trabalhar duro e interagir com o mundo de uma forma singular. Esses são os indivíduos fora de série – os *outliers*.

Para Gladwell, mais importante do que entender como são essas pessoas é saber qual é sua cultura, a época em que nasceram, quem são seus amigos, sua família e o local de origem de seus antepassados, pois tudo isso exerce um impacto fundamental no padrão de qualidade das realizações humanas. E ele menciona a história de sua própria família como exemplo disso.

Outro dado surpreendente apontado pelo autor é o fato de que, para se alcançar o nível de excelência em qualquer atividade e se tornar alguém altamente bem-sucedido, são necessárias nada menos do que 10 mil horas de prática – o equivalente a três horas por dia (ou 20 horas por semana) de treinamento durante 10 anos.

Aqui você saberá também de que maneira os legados culturais explicam questões interessantes, como o espantoso domínio que os asiáticos têm da matemática e o fato de o número de acidentes aéreos ser significativamente mais alto nos países onde as pessoas se encontram a uma distância muito grande do poder.

CONHEÇA ALGUNS DESTAQUES DE NOSSO CATÁLOGO

- Augusto Cury: Você é insubstituível (2,8 milhões de livros vendidos), Nunca desista de seus sonhos (2,7 milhões de livros vendidos) e O médico da emoção
- Dale Carnegie: Como fazer amigos e influenciar pessoas (16 milhões de livros vendidos) e Como evitar preocupações e começar a viver
- Brené Brown: A coragem de ser imperfeito – Como aceitar a própria vulnerabilidade e vencer a vergonha (900 mil livros vendidos)
- T. Harv Eker: Os segredos da mente milionária (3 milhões de livros vendidos)
- Gustavo Cerbasi: Casais inteligentes enriquecem juntos (1,2 milhão de livros vendidos) e Como organizar sua vida financeira
- Greg McKeown: Essencialismo – A disciplinada busca por menos (700 mil livros vendidos) e Sem esforço – Torne mais fácil o que é mais importante
- Haemin Sunim: As coisas que você só vê quando desacelera (700 mil livros vendidos) e Amor pelas coisas imperfeitas
- Ana Claudia Quintana Arantes: A morte é um dia que vale a pena viver (650 mil livros vendidos) e Pra vida toda valer a pena viver
- Ichiro Kishimi e Fumitake Koga: A coragem de não agradar – Como se libertar da opinião dos outros (350 mil livros vendidos)
- Simon Sinek: Comece pelo porquê (350 mil livros vendidos) e O jogo infinito
- Robert B. Cialdini: As armas da persuasão (500 mil livros vendidos)
- Eckhart Tolle: O poder do agora (1,2 milhão de livros vendidos)
- Edith Eva Eger: A bailarina de Auschwitz (600 mil livros vendidos)
- Cristina Núñez Pereira e Rafael R. Valcárcel: Emocionário – Um guia lúdico para lidar com as emoções (800 mil livros vendidos)
- Nizan Guanaes e Arthur Guerra: Você aguenta ser feliz? – Como cuidar da saúde mental e física para ter qualidade de vida
- Suhas Kshirsagar: Mude seus horários, mude sua vida – Como usar o relógio biológico para perder peso, reduzir o estresse e ter mais saúde e energia

sextante.com.br